Holger Rust

Das kleine Schwarze

Jugendliche Autoträume
als Herausforderung
für das Zukunftsmanagement

VS VERLAG

Bibliografische Information der Deutschen Nationalbibliothek
Die Deutsche Nationalbibliothek verzeichnet diese Publikation in der
Deutschen Nationalbibliografie; detaillierte bibliografische Daten sind im Internet über
<http://dnb.d-nb.de> abrufbar.

1. Auflage 2011

Alle Rechte vorbehalten
© VS Verlag für Sozialwissenschaften | Springer Fachmedien Wiesbaden GmbH 2011

Lektorat: Cori Mackrodt

VS Verlag für Sozialwissenschaften ist eine Marke von Springer Fachmedien.
Springer Fachmedien ist Teil der Fachverlagsgruppe Springer Science+Business Media.
www.vs-verlag.de

Umschlaggestaltung: KünkelLopka Medienentwicklung, Heidelberg
Gedruckt auf säurefreiem und chlorfrei gebleichtem Papier
Printed in Germany

ISBN 978-3-531-17713-7

Inhalt

Vorbemerkung: Thematischer Horizont

Managementkultur als Bezugsrahmen

Das Kernstück dieses Buches ist eine empirische Untersuchung über die Vorstellungen von Jugendlichen und jungen Erwachsenen zwischen 16 und 25 Jahren von der Mobilität der Zukunft, mit einem starken Akzent auf der Frage, welche Rolle für sie persönlich das Auto spielt und in Zukunft spielen wird. Diese Studie setzt die Reihe der vorangehenden Arbeiten des Schwerpunkts Wirtschaftssoziologie am Institut für Soziologie der Universität Hannover fort, die sich mit den Konsequenzen der gesellschaftlichen, politischen und kulturellen Umbrüche für das Strategische Zukunftsmanagement beschäftigten. Dabei konzentrieren sich die empirischen Studien nicht nur auf den Aspekt der so genannten „Unternehmensumwelt", sondern versuchen, wie in dem hier referierten Projekt, auch die Vorstellungen von amtierenden und künftigen Managerinnen und Managern über Reaktionsmöglichkeiten auf Veränderungen in das Marketing, die Personalarbeit und die Produktentwicklung einzubeziehen.

In den vorangehenden Studien deutet sich als eine wichtige Antwort auf diese Frage vor allem bei jüngeren Managerinnen und Managern ein starkes Bedürfnis nach einer realistischen Fundierung ihrer Strategischen Arbeit an. Das heißt, dass sie eine umfangreichere Kommunikation über die Bedeutung alltagskultureller Voraussetzungen der Marktentwicklungen suchen und dabei insbesondere auf die Kompetenz unterschiedlicher Mitarbeiter setzen. Die in diesem Verlag publizierte Studie über die „Ansichten und Absichten der nächsten Führungsgeneration" (Rust 2009) zeigt, dass Nachwuchsmanagerinnen und -manager in dieser Stärkung eines sachbezogenen Diskurses über die Rahmenbedingungen ihrer Arbeit eine wichtige Ergänzung ihrer Führungsaufgabe in der Zukunft erkennen.

Die Annahme, die dieser Orientierung zu Grunde liegt, ist plausibel: Die unterschiedlichen Mitarbeiter stellen eine Art „sozio-kulturelles Sample" dar. Ihre Weltsicht resultiert gleichzeitig aus den jeweils fachlichen Ressortperspektiven ihrer Tätigkeit in den Unternehmen und aus ihren alltäglichen Rollen als geübte Konsumenten. Also erscheint es angebracht, so die Idee einer neuen Innovationspolitik im Unternehmen, die Reaktionsfähigkeit auf unerwartete Herausforderungen auf den breiten Diskurs der unterschiedlichsten Kompetenzträger zu gründen. Diese Kompetenzträger sind keineswegs nur in den Teppichetagen der Unternehmen zu finden, sondern auf allen Hierarchie-Ebenen und in allen Tätigkeitsbereichen.

Diese Einsicht lässt sich an einfachen Beispielen dokumentieren, etwa bei der Frage, was die Praxis der „Social Media" – oder noch enger, des „Twitterns" – für die Marketingbemühungen eines Unternehmens bedeuten könnte. Statt etwa Unternehmensberatungen mit einer Studie zu beauftragen oder die mehr oder minder beliebigen Mutmaßungen der ungezählten Trend-Agenturen zu bemühen, konnte die Lösung in vielen Firmen durch das einfache Gespräch mit den einschlägigen „Opinion Leaders" auf diesem Gebiet erarbeitet werden, mit Lehrlingen und Praktikanten und Trainees und ihren sozialen Partnerinnen und Partnern, mit denen also, für die Twittern eine selbstverständliche Form der Alltagsverständigung darstellt. Wie wird diese Kommunikationsform gehandhabt? Was sind die Inhalte? Wann macht man das, wann nicht? Welche Etikette ist zu beachten?

Die Kommunikation mit den im klassischen kennzahldominierten Formalismus kaum wahrgenommenen „natürlichen" Expertinnen und Experten führt möglicherweise zu einem tieferen Verständnis dieses Social Mediums und zu Ideen, wie es in die Marketingstrategien eingebunden werden könnte. Dabei wurde in allen Befunden, die im angesprochenen Projekt über fast ein Jahrzehnt in einer Reihe von standardisierten Befragungen und vielen Gesprächen gesammelt wurden, die klassische Kernaufgabe des Strategischen Managements nie in Frage gestellt: langfristige Gewinne zu erwirtschaften.

Diese Ansichten repräsentieren also keineswegs nur den Nachhall der modischen Diskussion über ethische Maximen einer menschlichen Mitarbeiterführung. Sie sind deutlich in der Optimierung betriebswirtschaftlicher Abläufe verwurzelt, vor allem in der Idee, dass eine loyale, informierte und auf diese Weise motivierte Mitarbeiterschaft sich an der intellektuellen Wertschöpfung im Unternehmen sehr viel produktiver beteiligen kann als in einem streng hierarchisch durchorganisierten Zuständigkeitssystem.

Das Ziel ist die Steigerung der betriebsinternen intellektuellen Komplexität, mit deren Hilfe die Reaktionsmöglichkeiten auf unerwartete Veränderungen erweitert werden können. Dass eine Unsicherheit besteht, wird noch einmal sehr pointiert in den Befunden unserer neuesten, noch nicht publizierten empirischen Studie „Strategie? Genie? Oder Zufall?" aus dem Herbst 2010 deutlich. Allein die Vielzahl der Begriffe, mit denen die jüngere Wirtschaftswissenschaft diese unerwarteten Brüche, Überraschungen, Emergenzen, Wild Cards, Black Swans, Zufälle umschreibt, zeigt eine erhebliche Irritation. Auf die Frage allerdings, welcher Begriff denn der angemessenste zur Beschreibung dieses Tumults „da draußen" sei, antworten die meisten der wiederum über 300 Befragten und 22 Gesprächspartner: „Herausforderung". Die vollständige Studie wird im Wirtschaftsverlag Gabler erscheinen (Rust 2011).

Zweifel an Kennzahlformalismen und Trendvisionen

Die Zweifel an den klassischen Reaktionen wachsen also merklich. Die letzten Jahrzehnte waren ja von zwei grundlegenden Alternativen der Zukunftsorientierung bestimmt: Auf der einen Seite versuchte man sich in der Konstruktion mathematisch inspirierter Kennzahl- und Berechnungssysteme, auf der anderen Seite konsultierte man so genannte „Trendforschung", um das vermeintlich latente Betriebssystem des Marktes zu entschlüsseln. Beide Strategievorlagen hatten zu Beginn durchaus rationale Wurzeln (und pflegen diese Rationalität, wie sich zeigen wird, in den weniger spektakulär inszenierten Alltagsvariationen auch weiter). Der Kennzahlformalismus erwuchs als pragmatische Übertreibung und systemische Utopie aus der wissenschaftlichen Bemühung, wirtschaftliche Prozesse idealtypisch in mathematische Formeln zu fassen. Damit wurde eine *lingua franca* der wissenschaftlichen Modellbildung vereinbart, mit deren Hilfe sich theoretische Annahmen von begrenzter Reichweite prüfen ließen. Dass diese akademische Form der Auseinandersetzung mit eng umgrenzten und klar definierten Problemen durch Modelle der Wirklichkeit zu Übertreibungen in der praktischen Anwendung führte, hat in den letzten zehn Jahren vor allem auf dem Kapitalmarkt mehrfach zu systematischen Fehlurteilen geführt. In Markt- und Marketing-Studien manifestierte sich die mathematische Überdeterminierung der Wirklichkeit vor allem in einem Trubel von berechenbaren Life-Style-Gruppen, Milieus und anderen stilführenden, vorgeblich attraktiven konsumbestimmenden Segmenten. Mit dieser Vorgehensweise wurde und wird die Illusion genährt, dass die Zukunft der Konsummärkte sich mit klar identifizierbaren Indikatoren voraussagen ließe.

Die zweite Option, nämlich die der Trendforschung, führte ebenfalls aus einem anfänglich eher heuristischen Diskurs über die soziokulturelle Bedeutung statistischer Daten bald zu maßlosen Übertreibungen und Wirklichkeitskonstruktionen, in denen beliebige modische Anekdoten ohne größere strukturelle Bedeutung als „schwache Signale" der Zukunft ausgegeben wurden. Gemessen an den Regeln einer seriösen Forschung sind diese Konstruktionen (wie die ebenfalls in diesem Verlag herausgegebene Expertise „Zukunftsillusionen – Kritik der Trendforschung" belegt (Rust 2008)) meist Artefakte, oft auch nichts anderes als opportunistische Legitimationsstudien für vorgegebene Lobby-Interessen oder sekundäranalytische Kompilationen andernorts erarbeiteter Daten, die, um den Anspruch auf eine wissenschaftliche Legitimation zu begründen, als „Studien" verkauft wurden. Dabei führten – ähnlich wie bei den mathematischen Modellen und formalen Milieutypologien – die oft schon semantisch sinnleeren Konstruktionen von Meta-, Mega- oder Konsumtrends zu einer Reihe teurer Fehleinschätzungen.

Eine neue Führungsgeneration hat also – ohne auf die formalen Modelle verzichten zu wollen – differenziertere Ideen, wie man einer unberechenbaren Zukunft vorauseilen könne, ohne sich auf Prognosen zu verlassen, die möglicherweise in die Irre führen. Dabei wird vor allem die Bereitschaft betont, sich unvoreingenommen auf die gesellschaftliche Alltagsrealität, auf die „Contemporary Culture" zu beziehen. Diese Strategie setzt sich deutlich von den verkappt vulgärphilosophischen Implikationen ab, die in den mathematischen Modellen oder Megatrends verborgen liegen – also von einer berechenbaren Logik von Nutzenerwägungen oder einer soziologischen Kartografie der Konsuminteressen auf der einen und einer Art banalisiertem historischen Materialismus auf der anderen Seite, der beliebige Sortierungen von Epochen etwa nach dem Muster von Kondratieff vornimmt.

Die Zukunft wird in dieser neueren Orientierung weit häufiger als ein offenes System verstanden, das zwar nicht beliebig variabel ist, aber immerhin doch zu variabel, um eine Logik der Zukunftsorientierung zu begründen. Die Neuorientierung der jüngeren Generation im Strategischen Zukunftsmanagement folgt zunehmend anderen Impulsen, gewitzt durch die Erfahrungen der letzten Jahrzehnte. Denn es war ja nicht nur so, dass mathematische Berechnungen und Megatrend-Visionen zu Fehlurteilen führten, weil die realen Entwicklungen oft ganz andere Richtungen vorgaben. Gerade in der unübersichtlichen Situation kultureller, technischer, politischer, gesellschaftlicher und wirtschaftlicher Umbrüche realisierten sich auch (im Wortsinne) unwahrscheinliche Erfolge. Unter welchen Bedingungen das geschah, ist mitunter nicht einmal im Nachhinein zu erklären. Sicher ist nur dies: Die Tendenz geht offensichtlich dahin, mit dem geballten Fachwissen der Belegschaft und einer Art soziologischer Sensibilität für die Alltagskultur der Märkte aktiver und mutiger dem Markt Konzepte denkbarer Zukünfte zu unterbreiten. Natürlich nicht ziellos, wild experimentierend, losgelöst von jeglicher Realität, sondern in möglichst tiefem Verständnis von dem, was Konsumenten an neuen Produkten und Dienstleistungen faszinieren könnte, oder wie die traditionell faszinierenden Produkte und Dienstleistungen im Hinblick auf veränderte Anforderungen modifiziert werden müssten.

Wiederentdeckung des Strategic Issue Management

Diese Art des Umgangs mit der Unsicherheit der weiteren Entwicklung ist insofern interessant, als sie ein Jahrzehnte vergessenes Konzept der Wirtschaftswissenschaft – bewusst oder nicht – wiederbelebt: das von Igor Ansoff entwickelte „Strategic Issue Management" und die ihm zu Grunde liegende Praxis der „Weak Signal Research". Ansoffs Ideen sind in „Zukunftsillusionen" bereits eingehender dargelegt. Eine Beschreibung kann sich daher hier auf die wesentlichen Grundzüge beschränken.

Aufbauend auf seinen Erfahrungen bei verschiedenen Unternehmen, zum Beispiel Lockheed, und inspiriert durch die Logik der wissenschaftlichen Arbeit entwickelte er einen betriebswirtschaftlichen Zugang zur Wirklichkeit, der sich – neben den üblichen strategischen und operativen Notwendigkeiten – im Wesentlichen auf die Entdeckung „schwacher Signale" und ihrer Bedeutung für das Zukunftsmanagement des Unternehmens konzentrierte. „A strategic issue management system (SIM) is a systematic procedure for early identification and fast response to important trends and events both inside and outside an enterprise" (1980: 134). Die schwachen Signale seien „imprecise early indications about impending impactful events" (ebd. 131).

Der Verwirklichung entsprechender Vorgehensweisen erfordere eine Umorganisation der Informations- und Kommunikationssysteme in den Unternehmen, um möglichst viele Personen an der intellektuellen Wertschöpfung dieses Prozesses zu beteiligen und sie in die Verantwortung zu nehmen. Hindernisse erkannte Ansoff vor allem in der Weigerung, strategische Ziele zu formulieren, die nicht zum Erfahrungshorizont des Unternehmens zählen. „The systematic management model ... is based on logical reasoning. One basic assumption is that top management is committed to leading the firm into new strategic domains whenever the necessity for doing so becomes clear. Another assumption is that management relies on comprehensive logical analysis in selecting the new domains. A third assumption is that employers and lower level managers are reasonable people who will do reasonable things, even if these ‚things' violate the historical inertia. Thus the original systematic model was on a single optic – the optic of cognitive logic" (Ansoff 1976: 150).

Demgegenüber betont Ansoff, dass aus dem Wissen der unterschiedlichen Beteiligten eine weit differenziertere Einsicht in die Wirklichkeit möglich sei, als mit den klassischen Systemen der Kennzahlorientierung allein. Erst durch das Verständnis der Kontexte und historischen Bedingungen (wie sie im nächsten Teil des Buches als „Entwicklungspfade" der individuellen Automobilität diskutiert werden) lassen sich „schwache Signale" erkennen, die die gegenwärtigen Verhaltensweisen beeinflussen. Auf diese Weise lässt sich die Fähigkeit steigern, Variationsmöglichkeiten für die Zukunft zu erkennen.

Ansoff selbst geht noch sehr konservativ und schematisch an diese Aufgabe heran und konstruiert zunächst einmal eine Matrix aus drei Dimensionen: externe Trends, interne Trends, Zielsetzungen. Er schlägt eine „Cross Impact Analysis" vor, um die „simultaneous impacts by more than one trend" identifizieren zu können und fasst seine Überlegungen so zusammen: „Strategic evolution of an organization is determined by a three-way feedback interaction between forces of the environment, the internal configuration and dynamics of the organisation, and its strategy." Zentral sei die Idee, die konkreten Befunde von Marktforschungs- und Marktstudien in einen größeren Kontext der Entwicklungen der „Contemporary Culture" und in ihr die Position eines konkreten „Issues", eines Themas, einzuordnen.

Repräsentatives Studienobjekt: das Auto

„Contemporary Culture": Aus kultursoziologischer Sicht bezeichnet dieser Begriff, wie schon angedeutet, ein Universum eng verflochtener wirtschaftlicher, technischer, gesellschaftlicher, politischer und kultureller Errungenschaften, die, in unberechenbarer, aber doch irgendwie systematischer Weise aufeinander einwirkend, die Grundlage des alltäglichen Handelns bilden. Zu diesen Manifestationen zählt die Selbstverständlichkeit der individuellen Mobilität mit Hilfe eines eigenen Autos als technologische Garantie der gesellschaftlichen Teilhabe und als Gründungmythos der Moderne. Roland Barthes hat in seiner Schrift über die „Mythen des Alltags", die 2010 in einer vollständigen Fassung wieder veröffentlicht worden ist, auf diese fundamentale und weit über die technologische Funktion hinausgehende Bedeutung aufmerksam gemacht.

Das wirtschaftliche Potenzial dieses Produkts ergibt sich also aus seiner kulturellen Bedeutung. Nun treten aber „Störfaktoren" in dieser Selbstverständlichkeit auf, die genau diese fundamentale, sinnstiftende Funktion des Autos in Frage stellen – vor allem die Forderung nach der ökologischen Organisation der künftigen Mobilitätskonzepte. Verschiedene gesellschaftliche Bereiche reagieren auf diese Provokation unterschiedlich, was nun wieder – um zum Kernthema dieser Einleitung zurückzukommen – erhebliche Konsequenzen für das Strategische Management auf diesem Gebiet zur Folge hat, zumindest eine Menge Fragen aufwirft, vor allem eben die Fragen nach der weiteren Entwicklung.

Welche Signale sind, so fragen sich die Verantwortlichen für das Strategische Zukunftsmanagement der Branche, in der vielgestaltigen Wirklichkeit zu erkennen, aus denen sich Handlungsoptionen ableiten lassen? Welche Andeutungen sind vor allem in den Vorstellungen der künftigen Konsumenten zu finden, der Jugendlichen und jungen Erwachsenen? Und auf welchem Weg werden wir unsere technologischen Möglichkeiten zur Lösung der offensichtlich durch die klassische Automobilkultur erzeugten Probleme der Öffentlichkeit unterbreiten können?

Die weitere Entwicklung verläuft sicher nicht zufällig, da sie einen geschichtlichen Prozess fortsetzt. Die Art der Entwicklung – und das heißt auch der Reaktionen auf die unmissverständliche Warnungen vor der Fortsetzung eines nun viele Jahrzehnte umfassenden Entwicklungspfades – hängt von vielen regionalen, milieuspezifischen, religiösen, technologischen und anderen Vorbedingungen ab. Ihre Wirkung und Akzeptanz, ihre kognitive und emotionale Einordnung sind nicht einheitlich. Unterschiedliche gesellschaftliche Bereiche werden verschiedenartig auf die Herausforderungen der Zukunft reagieren. William Ogburn hat diese gesellschaftliche Phasenverschiebung bereits in den 1930er Jahren mit dem Begriff des „Cultural Lag" gekennzeichnet. Derartige Phasenverschiebungen sind vor allem bei technologischen Veränderungen an der Tagesordnung, die ein starkes kulturelles Gewicht besitzen und sich in den kaum noch hinterfragten Formen des allgemeinen alltäglichen Verhaltens manifestiert haben. Für diese Studie ist der Weg gewählt worden, die Mentalität der Konsumenten von morgen zu untersuchen, was natürlich heißt, dass wir nur ihre Vorstellungen vom „Morgen" untersuchen können.

Zum Aufbau dieser Studie

Die Befunde dieser Erhebung, der ihr zur Seite gestellten Gespräche und der kontextuellen Überlegungen in diesem Buch sind in Modulen angeordnet, die jeweils eine Perspektive auf das Gesamtthema bieten. Die hier gewählte Reihenfolge resultiert aus den Bemerkungen des Vorworts zur soziologischen Orientierung des Strategischen Issue Managements, in dessen Zentrum der Diskurs über die schwachen Signale in den alltagskulturellen Konventionen steht, um dann anhand des konkreten Produkts Schlussfolgerungen zu ziehen, die empirisch begründet werden. Das Ziel ist, die Rahmenbedingungen zu erörtern, aus denen sich die Selbstverständlichkeit des alltäglichen Mobilitätsverhaltens verstehen lässt. Die Reihenfolge dieser Module muss allerdings bei der Lektüre nicht unbedingt eingehalten werden. Jeder Leser und jede Leserin kann die einzelnen Module nach eigenen Interessenschwerpunkten anordnen.

Modul 1: Entwicklungspfade der Automobilkultur

In einem ersten Modul werden drei Entwicklungspfade aufgezeichnet, zunächst jener, auf dem wir seit den 50er Jahren in jene automobile Zukunft gegangen sind, die unsere heutige Gegenwart darstellt. Das Ziel ist ein besseres Verständnis davon, welche Motive zukunftsweisend und welche eher hemmend für zukünftige Orientierungen sind. Das wiederum bedeutet, die von heute ausgehenden Impulse in ähnlicher Weise zu ordnen und zu fragen, wie ein weiterer Entwicklungspfad aussehen könnte. Sicher ist, dass die globale Automobilisierung dabei eine wichtige Rolle spielt. Immerhin sind gegenwärtig Gesellschaften wie Indien oder China dabei, einen ähnlich vehementen Auto-Mobilisierungsprozess zu starten wie er in der Bundesrepublik in den 50er Jahren stattfand – und wie sich zeigen wird, mit ähnlichen emotionalen Begleiterscheinungen, was die über den bloßen Gebrauchswert hinausgehende „Warenästhetik" betrifft. Die klassischen westlichen Konventionen erscheinen auf diesem Gebiet zurzeit noch als prägende Gestaltungselemente des Alltags, vor allem, was die Verbindung von Automobilisierung und Status betrifft. Ein Entwicklungspfad 2 wäre also durch die Globalisierung des Entwicklungspfades 1 charakterisiert und die dadurch bedingten Variationen der Strategien. Doch es gibt Zweifel, die zur Idee eines dritten Entwicklungspfades führen, der viele konventionelle Vorstellungen relativiert und in einer extremen Ausformung einen „Epochenbruch" inszeniert, in dem nichts mehr gilt, was gestern galt.

Die Beschreibung der Entwicklungspfade, so wie sie hier angelegt worden ist, stellt keineswegs die einzige Möglichkeit dar. Das wird an einigen Beispielen zum Abschluss des Moduls deutlich gemacht. Hier, wie in der Praxis des Strategischen Managements, fußt die Inszenierung eines Kontextes für das konkrete Handeln (und für die Interpretation der Bedeutung von empirischen Befunden) auf der Entscheidung für eine plausible Rekonstruktion der Geschichte. Im Falle dieser Studie setzt diese plausible Rekonstruktion in den ersten Jahren nach dem Zweiten Weltkrieg an, in denen sich das historisch einzigartige Gebilde einer breiten bürgerlichen Mittelschicht etablierte, die ihr Selbstverständnis vor allem über den Konsum festigte und dokumentierte. Kernstück dieses Konsums war – das Auto.

Modul 2: Veröffentlichte Meinungen

An diesen Essay über den alltagskulturellen Kontext, aus dem sich die heutige Bedeutung des Autos für eine junge Generation ableiten lässt, schließt sich als zweites Modul eine Analyse der Medienberichterstattung über Autos und Mobilität an, wieder insbesondere unter dem Aspekt der Zukunftsorientierungen von Jugendlichen und jungen Erwachsenen. Dabei stehen zunächst die definitiv auf die hier befragten Altergruppen von 16 bis 25 Jahren ausgerichteten Magazine zur Untersuchung an: Neon, Joy, FHM, Unicum und Audimax. Darauf folgt dann eine Contentanalyse der meist gesehenen TV-Rahmenprogramme für jüngere Zielgruppen. Eine weitere Betrachtung widmet sich dann einer bestimmten Art der Berichterstattung in den allgemein informierenden Tageszeitungen: den dort regelmäßig referierten „Studien" über die Zukunft des Autos.

Dreizehn dieser Studien, die in mehreren Printmedien (bzw. ihren Online-Ausgaben) als Referenzen der Berichterstattung benutzt wurden, werden skizziert. Dabei stellt sich heraus, dass die Befunde uneinheitlich, ja widersprüchlich sind. Darüber hinaus lassen sich bei den Studien oder ihrer Interpretation eine Reihe handwerklicher Fehler spätestens bei der Interpretation der Befunde erkennen. Da diese Interpretationen die öffentliche Wahrnehmung und mithin auch die Orientierung des Strategischen Issue Managements beeinflussen können, werden die fraglichen Punkte im Einzelnen aufgeführt.

Modul 3: Befragungen und Gespräche mit Jugendlichen und jungen Erwachsenen

Diesen Analysen folgt als drittes Modul die Auswertung einer standardisierten Online-Befragung von jungen Leuten. Diese Befragung ist ebenfalls nach dem Handlungsmodell des Strategischen Issue Managements angelegt. Das heißt, sie geht davon aus, dass sich in den Reaktionen der jungen Leute auf die Impulse der Erhebung Signale auf eine denkbare Zukunft verbergen, weil sie es sind, die am besten über ihre eigene Situation Auskunft geben können. Dies wird sich in der unmittelbar anschließenden umfangreichen Dokumentation der Ansichten und Absichten, der Gegenwarts- und Zukunftsbilder über Autos und Mobilität verdichten. Das ist die zweite Hälfte des dritten Moduls.

In ihr werden Passagen aus den 30 Tiefen-Interviews dokumentiert, angeordnet nach den Motiven, die sich aus dem Versuch über die Entwicklungspfade aus der Vergangenheit in die Zukunft, der Medienanalyse und den Fragekomplexen der standardisierten Befragung ergeben. Hier kommen der Lehrling zu Wort und die Praktikantin, die noch studiert, junge Berufstätige, Gymnasiasten und Realschülerinnen. Die Gespräche sind von eigens geschulten studentischen Mitarbeiterinnen und Mitarbeitern unseres Instituts durchgeführt worden, die im Durchschnitt 22 Jahre alt sind. Die zitierten Passagen zeigen, dass durch diese Altersgleichheit eine autoritätsfreie Atmosphäre geschaffen werden konnte, die ein frisches Gesprächsklima begünstigte. Die nach Motiven gegliederte Dokumentation ist umfangreich und unkommentiert, um Leserinnen und Lesern einen lebendigen Eindruck vom Alltagsverständnis der Jugendlichen und jungen Erwachsenen zu vermitteln.

Modul 4: Konsequenzen für das Strategische Issue Management

Das anschließende vierte Modul beschäftigt sich dann mit den Konsequenzen der Befunde. Dabei ist es vor allem ein Ergebnis, das überrascht und herausfordert: die kaum verhohlene Forderung an die Unternehmen, kreative technologische Lösungen zu finden und zu realisieren, die auch morgen eine problemlose, individuelle, selbst bestimmte und gleichzeitig umweltfreundliche Mobilität garantieren. Denn eines bleibt sicher: Das Auto wird für junge Leute weiterhin eine wichtige und zentrale Rolle in ihrem Leben spielen. Sie sind daher offensichtlich auch nicht bereit, ihren Anspruch auf „intergenerationelle Mobilitätsgerechtigkeit" aufzugeben, das heißt weniger zu fahren, weil die Vorgängergenerationen zu viel gefahren sind. Deutlich schlägt in dieser Haltung die über Jahrzehnte gefestigte Konvention durch. Es sind zwar auch Ansätze zu erkennen, neue Produkte oder Produktinnovationen zu akzeptieren. Aber was genau, wird nie so recht deutlich. Im Gegenteil: Sie fordern von den Unternehmen akzeptable technologische Lösungen, also eine Art Unterrichtung über die Möglichkeiten, alte Bedürfnisse mit innovativen Mitteln weiterhin zu befriedigen. Um derartige Innovationen im Alltag zu platzieren, gilt die Ansprache über die so genannten Social Media als bester Weg. Daher schließt dieses Modul über die aktive Rolle des strategischen Issue Managements mit einer Analyse von Studien ab, die sich mit genau diesem Thema beschäftigt haben.

Modul 1: Entwicklungspfade automobiler Alltagskultur

Autos, Status und Rollenmuster in den 50er und 60er Jahren

Nachkriegs-Kultur der US-Middle Class

Auf Grund der Vielfalt von widersprüchlichen Impulsen in der Alltagskultur und in den Medien scheint kaum eine gesicherte Idee davon zu bestehen, wie es denn nun weitergehen soll. Was wir wissen ist nur, wie es gestern war. Daher liegt es nahe, sich diesen Entwicklungspfad in die Gegenwart der Automobilkultur näher anzusehen. Als Beginn wird hier die Nachkriegszeit angesetzt, in der wesentliche Impulse für Deutschland aus den USA stammten: vor allem die mittelständische Orientierung, die das Auto zum ultimativen Symbol des Erfolgs kürte und eine ganze Lebensart auf diesem Produkt gründete. In den Jahren der Eisenhower-Regierung verdichtet sich diese Kultur. Die Kulisse bildet die Suburbanisierung der Großstädte durch die wachsende Anzahl von Familien, zum großen Teil gegründet von den heimgekehrten GIs, denen großzügige Kredite für den Hausbau gewährt werden – in den dazu eigens neu entworfenen Vorstädten. Eine Angestelltenkultur entsteht, die im Wesentlichen von der Möglichkeit preiswerter individueller, alltäglicher Mobilität geprägt ist: Die Arbeitsplätze sind in der City und können leicht mit dem Auto (oder seltener mit dem Commuter-Train) erreicht werden, Energie ist billig, und die Regierung Eisenhowers hat ein umfangreiches Programm aufgelegt, mit dem diese Mobilität forciert wird, den High Way Act vom Juni 1956. Die Regierung stellt zum Bau von 66 000 Kilometern Straße für die Verbindung der Mittelschichten-Vorstädte mit der City, der Kernstadt, 25 Milliarden Dollar zur Verfügung. Bis in die späten 50er Jahre hinein ist dies die Struktur der amerikanischen Stadt, betrachtet aus der Perspektive der weißen Mittelschichten. „Seit den 30er Jahren beschleunigten der extensive Straßenbau, die staatliche Subventionierung des Eigenheimbaus und die allgemeine Zunahme der Motorisierung die Bevölkerungssuburbanisierung, aus der nach Ende des Zweiten Weltkriegs eine Massenbewegung wurde, aus der die „klassischen" standardisierten Wohn-*Suburbs* entstanden" (Web-Dokument 1). In der Zeitschrift American Heritage war zu lesen: „Baby-boom children grew up in the open automobile suburbs their parents invented and saw their way of life depicted in television shows, in magazines, even in gradeschool primers. For them such suburbs represented the world, a world open to bicycling, to backyard adventure, and ruled every weekday by women, not men. In a land without public transportation, traveling alone into cities was impossible, indeed unthinkable; everywhere within bicycle range was suburban, and cities meant only the workplaces of fathers" (Web-Dokument 2). Manche dieser Automobile Suburbs sind weltweit bekannt: Babylon, N. Y., gegründet 1948, Burbank, Calif., ebenfalls 1948, Greenwood, Ind., 1949 oder Amityville, N. Y., 1958.

Das Auto wird in diesen 50er Jahren zwangsläufig zum funktionalen und symbolischen Zentrum der familiären Existenz, dieser sich konsolidierenden Mittelschicht von „like minded people", also eines durch einen gemeinsamen Habitus geprägten homogenen Milieus. Es prägt vor allem seine nachbarschaftliche Kultur. Allenfalls in der variierten Inszenierung von Konsumgütern lässt sich eine soziale Differenzierung und eine vorsichtige Idee von Individualisierung ausdrücken. Eine Strategie ist der soziale Vergleich, der durch das zentrale und aussagekräftigste Konsumgut ermöglichst wird, das neue Auto. Diese Mittelschicht bleibt über Jahrzehnte, bis zum Beginn der 60er Jahre, der kulturell bestimmende Kern der amerikanischen Gesellschaft.

Der amerikanische Soziologe David Riesman hat diese Zeit anschaulich in einigen seiner Essays analysiert, die im Band „Wohlstand wofür?" zusammengefasst sind. Illustrativ beschreibt darin der Aufsatz: „Laufbahnen und Konsumverhalten", den er zusammen mit Howard Roxborough 1955 verfasste, die Mentalität dieser Zeit. „Der Zug in die Vorstädte", „Autos in Amerika" (mit Eric Larrabee) und weitere Analysen vertiefen das Genrebild einer Mittelschicht und ihrer Orientierung auf das „Standardpaket" des bürgerlichen Konsums zur Mitte des vergangenen Jahrhunderts. Larrabee war übrigens von 1946 bis 1958 Herausgeber von Harper's Magazine; danach bis 1962 verantwortlicher Herausgeber von American Heritage und Ko-Herausgeber des Standardwerkes „Mass Leisure", das 1959 erschien. Diese biografischen Angaben sind insofern von Bedeutung, als sich in den Betrachtungen von Riesman und Larrabee, also schon Ende der 50er Jahre, eine gehörige Skepsis gegenüber der dominierenden Rolle des Autos in der amerikanischen Alltagskultur bemerkbar macht. Die Passagen zum Entwicklungspfad 3 werden diesen, damals zwar sehr vorsichtig, aber eben auch sehr weitsichtig formulierten Impuls wieder aufgreifen.

Nachvollzug amerikanischer Konsumkultur

Zunächst geht es um die machtvollen Abstrahlungseffekte dieser Kultur auf Deutschland, wo man sich solche weitsichtigen Fragen noch nicht stellte. Hier herrschte zu dieser Zeit eine rückhaltlose Bewunderung der amerikanischen Kon-

sum- und Konsumentenkultur. Im Herbst 1955 startete Peter von Zahns monat-
liche Sendereihe „Bilder aus der Neuen Welt". In 50 Sendungen mit einer Länge
zwischen 21 und 55 Minuten lieferte er seinen Landsleuten Einblicke in das Post
War-America. Auch wenn sein Ziel die Aufklärung über die Vielschichtigkeit und
Widersprüchlichkeit dieses gigantischen Landes war, ließen sich die Zuschauer in
der Bundesrepublik doch am ehesten von den Verheißungen des Konsums faszinieren – und insbesondere vom zentralen Symbol des konsumgestützten Auf-
stiegs auf der sozialen Leiter, vom Auto. Es waren transatlantische, soziologische
Lehrstunden aus einer, wie John Kenneth Galbraith damals schrieb, „Affluent Society". Die Story vom American Way of Life modellierte die Fantasien der europäischen Fernsehzuschauer für dieses Jahrzehnt. Selbst Mercedes konnte sich
dem Design-Diktat nicht gänzlich widersetzen und verpasste 1959 seinen Baurei-
hen W110, W111 und W112 mit den Modellen 220, 220S und 220SE Heckflossen.

Eine persönliche Reminiszenz mag die Durchschlagskraft derartiger stilis-
tischer Elemente und die tiefgreifende Emotionalität zum Auto illustrieren: Als
eines Tages, es muss um 1960 gewesen sein, in der Nähe des Gymnasiums ein
Mercedes 300 SE mit opulenten Chrom-Applikationen und natürlich der Heck-
flosse parkte, erfasste unsere Gruppe von 14- und 15-Jährigen eine Art vor:aus-
eilender Nostalgie. Wir waren uns einig, dass in diesem Fahrzeug der Höhepunkt
der automobilen Ästhetik erreicht war und dass es nie wieder etwas so Schönes
geben würde. Dass dahinter ein Marktkalkül stand, war niemanden von uns klar:
Die Entscheidung der Stuttgarter Designer erhöhte natürlich die Attraktivität
der Fahrzeuge auf dem amerikanischen Markt – und setzte auf die beginnende
Attraktion europäischer Konsumgüter, die bald darauf zu neuen Statussymbolen
der Amerikaner avancierten.

So sind die Wirtschaftswunderjahre auch in Deutschland für alle Schich-
ten von der Idee geleitet, dass die Motorisierung das eingelöste Versprechen der
Nachkriegsdemokratie sei und dass sich beruflicher und persönlicher Erfolg in der
Wahl des Autos zeige. Die Wachstumslogik der Wirtschaft überträgt sich auf die
Bedeutungszumessung dieses Symbols: Die stetig zunehmende Größe der Autos
zeigt den wachsenden persönlichen Erfolg.

Diese Geschichte der „Aufwärtsmobilität" lässt sich an der Werbung dieser
Jahre anschaulich an den Bildern nachvollziehen, die den Entwicklungspfad in
unsere Gegenwart prägen. Wichtig ist die Inszenierung von Prestige durch die
Platzierung der Fahrzeuge in prestigestarken Kontexten. Sie ergänzen das Motiv
der durchschnittlichen Familie und der von Riesman so eindringlich beschriebenen Verheißungen des Standardpakets bürgerlichen Konsums durch den Blick auf
die Oberschicht. Dieser Blick bietet den aufstiegsorientierten Mittelschichten und
ihren Kindern eine erweiterte Perspektive auf die nächsten Podeste der status-
geprägten Konsumgesellschaft.

Autos erscheinen nun vor den Kulissen des gehobenen Konsums – auch des gehobenen Kulturkonsums. Der Kontext wird zunächst in den klassischen Szenarien von Status und Prestige (meist durch den Beruf des Mannes erworben) arrangiert – Hotels, Soirées, Restaurants und Stätten gehobener Kultur. Dieses Arrangement lässt sich recht preiswert und eindringlich herstellen, weil die Werbung dieser Jahre wie vor dem Krieg vor allem durch Zeichnungen realisiert wird. Die großen Namen auf diesem Gebiet sind Godi Leiser und Bernd Reuters. Durch ihren Stil wirken selbst Autos wie der VW Käfer dynamisch, gestreckt und größer als sie in Wirklichkeit sind. Im Vergleich mit ihrem realen Aussehen sind sie in der virtuellen Welt von damals der realen schon einen Schritt voraus.

So strebt die Fantasie der Autobesitzer, inspiriert durch die Veredelung der Wirklichkeit, ebenfalls weiter. Es sind nicht nur die Männer, die mit dieser Inszenierung angesprochen werden sollen. Die Frauen sind in dieser Kulisse zwar oft nur als äquivalente „Wertgegenstände" platziert. Symbolisch ist diese Äquivalenz durch die farblich auf das Auto abgestimmten Roben der Frauen inszeniert. Diese Inszenierungsmerkmale sind sehr schön zu analysieren auf einer CD-Rom, deren Cover eine Anzeige aus den frühen 50ern zeigt: Zwei Cadillacs Eldorado Brougham parken vor dem Fairmont Hotel, eines in resedagrün, das andere in rosé. Eine zentral positionierte Frauenfigur trägt ein rosafarbenes Abendkleid und ein grünes Cape. Cadillac verfolgt dieses Motiv der Farbharmonie von weiblicher Kleidung und Auto über ein ganzes Jahrzehnt.

Frauenrollen und Autos

Marketingfachleute wie Ernst Dichter ahnten – zumindest aus der eigenen Rückschau – schon sehr viel früher, dass bereits eine Variation des weiblichen Status denkbar wurde und nur sichtbar gemacht musste: der Status der Hintergrundentscheiderin. Dichter schreibt in seinen Quasi-Memoiren „Getting Motivated" (1979), dass es einer großen Marketinganstrengung bedurfte, um das Käuferinnen-Potenzial zu aktivieren und stellt seine Kampagne für den Plymouth des Jahres 1940 als Initiation eines neuen Bewusstseins für die Entscheidungsmacht der Frauen beim Autokauf dar. Er fand in seinen Gesprächen heraus, dass Männer zwar nicht zugeben wollten, in der Kaufentscheidung von Frauen beeinflusst zu sein, es aber tatsächlich weitgehend waren. Gleichzeitig wunderte sich Dichter, dass nur zwei Prozent der in den 30er Jahren gebauten Autos Cabriolets waren. Ein Experiment zeigte, dass der Wunsch nach „Convertibles" weit größer war als seine Realisierung.

Cabriolets, fand Dichter weiter heraus, wurden vor allem von Junggesellen und Männer zwischen 45 und 50 gekauft. Von einigen absurden, eher freudianisch inspirierten Schlussfolgerungen abgesehen, die das Cabriolet als eine Art heimliche, aber legitime Geliebte sahen, entstand auf dieser empirischen Grundlage ein interessantes Agenda Setting-Projekt, das nun Frauen an die Seite der Männer stellte und Anzeigen für Cabriolets in Frauenmagazinen platzierte. „Imagine us in a car like that" lautete der Slogan eines Plakats, auf dem ein Paar entzückt einen Plymouth des Jahres 1940 betrachtete.

Die Realität sieht anders aus, und sie stellt sich auch in der Werbung auf einem weitaus differenzierteren Kontinuum dar. Schon in den 40er Jahren erscheint die Frau in der Autowerbung als eine eigenständige Person, als Fahrerin und Besitzerin der Autos, für die geworben wird. Das ist auf den zweiten Blick auch wenig verwunderlich, wenn man den Kontext des damaligen Lebens in den USA einbezieht: Da viele junge Ehemänner im Kriegseinsatz in Europa und Fernost waren, änderte sich die Rolle der Frau nicht nur in den USA zwangsläufig. Sie wurde zur alleinerziehenden Managerin der Familie, sie war berufstätig und mithin volkswirtschaftlich und vor allem für die Kriegswirtschaft unverzichtbar. Sie war in diesen Rollen öffentlich sichtbar – selbstverständlich auch als entscheidende Instanz beim Konsum. Es ist eine Variation des bis heute zur Dokumentation weiblicher Unabhängigkeit benutzten Motivs der Frau im Arbeitsanzug mit aufgekrempelten Ärmeln. Automobilmarken wie Hudson, Studebaker, Buick, Oldsmobile setzen auf dieses Motiv der unabhängigen und selbständigen Frau, die die kriegsbedingte Abwesenheit der Männer virtuos kompensierte.

Nachdem für eine kurze Phase in den frühen 50er Jahren die Frauen eher wie edle Accessoires inszeniert wurden, farblich abgestimmt auf das Auto (oder umgekehrt), präsentierte sich bald immer häufiger und dann regelmäßig das Motiv der selbständig entscheidenden Autobesitzerin und Fahrerin erneut – und wieder vor allem (wenngleich nicht exklusiv) in den Werbbotschaften der Marke Cadillac mit der Protagonistin der „Cadillac Woman". Die unmittelbare assoziative Verknüpfung zwischen dem Statussymbol Auto und der weiblichen Persönlichkeit nimmt „schwache Signale" aus den Alltagskonventionen der 40er Jahre auf und fügt beides zu einem neuen Frauenbild zusammen.

Selbständigkeit, dokumentiert durch eine ebenso rationale wie emotionale Beziehung zum eigenen Luxusauto wird zu einem sozialen Attribut der Frau, die sich zusehends auch in einer Art finanzieller Emanzipation äußert. Über die Jahre hinweg posieren Frauenfiguren vor, neben oder hinter dem Fahrzeug, weiterhin in den Farben der Autos gekleidet – dieses stilistische Spiel ändert sich nicht. Doch sie erscheinen in emanzipierten Rollen als selbstbewusste und stilsichere Autobesitzerinnen. Im Text einer Anzeige heißt es: „Never, to our knowledge, has a motor car captured the hearts of America's women motorists so quickly – or so completely – as has the 1954 Cadillac. And little wonder! For here, in this single motoring creation, is everything a lady could ever hope to find in an automobile –

breath taking beauty, magnificent luxury, brilliant performance and unrivalled prestige." Acht Jahre später, 1962, verdichtet sich das Motiv der nach technischen wie ästhetischen Kriterien urteilenden Cadillac Woman: „She's more impressed by the tangible things than she is by Cadillac's prestige. Things like the Cadillac ride. Ease of handling. Traditionally high resale value."

Dieses Motiv wird im Übrigen auch in Deutschland gepflegt. Überraschend sind dabei die Platzierungen von deutschen Frauen in der Werbung der späten 40er Jahre in Mercedes-Limousinen und Cabriolets – entweder als alleinige Fahrerinnen oder als Chauffeure der gesamten Familie, wobei nicht selten die Männer hinten sitzen und vorn die Fahrerin mit der Tochter und ihrer Puppe auf dem Beifahrersitz. Wir finden dieses Motiv gleichrangig neben den klassischen Rollenverteilungen bei Opel (vor allem für das gehobene Modell Kapitän) und anderen Marken, etwa bei den Mercedesmodellen 170 und 220.

In Deutschland tritt allerdings das Motiv schon in den 50er Jahren wieder in den Hintergrund – auch wenn sich weiterhin in der Werbung eine schüchterne Vorwegnahme der denkbaren weiblichen Selbständigkeit andeutet, etwa in den Anzeigen für die BMW Isetta: Die Bayerischen Motorenwerke preisen dieses hybride Fahrzeug als „Befreiung" der Frau. „Endlich hast Du mir die Freiheit geschenkt. Endlich brauche ich nicht mehr nach Deinem Autoschlüssel zu fragen" (1958).

Individualisierung, Jugendkultur und Massenmotorisierung

Erste Ansätze der Individualisierung

Schaut man sich die Werbemotive der prägenden amerikanischen Automobilkultur insgesamt an, sind die Darstellungen weiblicher Repräsentanz in der Autowelt vielgestaltig: Auf der einen Seite markiert (natürlich) die dümmliche Zurschaustellung leicht gekleideter Cheerleaders auf den Auto-Shows die rückwärtsgewandte klassische Rollenzuteilung. Die Variation setzt sich fort in der abhängigen Position als Ehefrau neben einem aktiven Mann. Daneben etabliert sich das Bild der vorstädtischen Familienmanagerin, die ihren Mann, den Angestellten, vom Commutertrain abholt, oder (auf gehobenem Niveau) den Piloten zu seinem Flugzeug chauffiert. Die nächste Stufe ist die der gleichberechtigten Position in einem sozialen Kontext (Freunde, Sport, Kultur) – prototypisch inszeniert in der bereits beschriebenen Werbelinie des führenden amerikanischen Statuslieferanten Cadillac. Dieses letzte Motiv wird im Laufe der 50er Jahre stärker. Und es wird luxuriöser, wie die bereits erwähnte Werbelinie mit der Cadillac Lady von 1952 bis in die späten 60er Jahre zeigt. Schon zum Beginn des Entwicklungspfades, auf dem sich die alltagskulturelle Bedeutung des Autos etablierte und differenzierte, finden sich also alle denkbaren Variationen der Frauenrollen, in denen sich auch bereits das Motiv der Individualisierung andeutet. In der Variation der Frauenrollen, vor allem in den farblichen Synchronisationen von Autos und weiblicher Kleidung manifestiert sich die persönliche Haltung über die Farbe. In ihr zeigt sich in der mittelständischen Gesellschaft eine auf Distinktionsgewinn ausgerichtete Praxis, die bis dahin den vermögenden Eliten vorbehalten war: die Nutzung eines persönlichen Stils.

Die Ausdrucksaktivitäten des Mittelstandes bleiben allerdings eher bescheiden, wenn man einen Vergleich anstellt. Wo auf der einen Seite, auf der der Vermögenden, Karosseriefirmen wie Touring, Autenrieth oder Pininfarina Produkte wie Delahaye und Bugatti, Bentley, Horch und Mercedes veredelten und individuelle Kreationen lieferten, die in Pebble Beach oder in der Villa d'Este vorgeführt werden, wird auf der mittelständischen Szene das Bedürfnis nach Distinktionsgewinn zunächst erst einmal farblich realisiert. Diese Tendenz ist für die USA besonders eindrucksvoll an den unzähligen Gestaltungsvariationen des 1955er Chevrolet Bel Air zu illustrieren.

Es gab dieses Auto als Limousine, Station Wagon, Coupé und Cabriolet. Eine gewaltige Chromleiste auf halber Höhe des hinteren Wagens teilte den Kotflügel, so dass eine Begrenzungslinie für eine zweite Farbe entstand. Die Kombinationen sind aus heutiger Sicht abenteuerlich, zeigen aber die Experimentierfreude, die an einem Grundprodukt ausgelebt wird: Karmesinrote Fahrzeuge waren cremeweiß abgesetzt, es gab die Kombination von Resedagrün und Metallic-Rosé – mal die eine Farbe als Grundfarbe des Vorderwagens, mal die andere, dagegen weiß abgesetzt das Cabriodach und farblich passend das chromstrotzende Armaturenbrett. Man kombinierte türkis mit weiß, weiß mit himmelblau, pink und grün, pink und himmelblau, wählte mitunter aber auch uni: Grau und schwarz. Als Dienstwagen für Militärs trat das Auto in einem militärisch matten Tarn-Grün auf, als Polizeifahrzeug in den üblichen Ausgestaltungen.

Noch ist die Individualisierung nur verhalten und bewegt sich sozusagen in einem vorgegebenen Spielraum von Variations-Modulen. Doch auch die Marken gewinnen an differenzierenden Konturen. Riesman schreibt: „Wir können hier anmerken, dass interessante Untersuchungen gezeigt haben, dass die Besitzer von Minoritäts-Autos, wie zum Beispiel der Studebaker, in der Regel andere Besitzer der gleichen Automarke persönlich kennen; sie brauchen einen intimeren Rückhalt, während die Besitzer der Massenautos ihren Rückhalt in der allgemeinen Umwelt finden" (Riesman 1966: 217).

In Deutschland hatte sich diese Kultur in den unterschiedlichen Bereichen ebenfalls etabliert, ging allerdings einen anderen Weg. Schon kurz nach dem Krieg, während noch ein großer Teil der Bevölkerung seine Automobilisierung über den Umstieg von Zweirad auf Hybriden zwischen Motorrad und Auto vorbereitete, sich in Kleinwagen zwängte oder gebrauchte VW Käfer Standards in mausgrau erwarb, entwickelte sich für die bereits anspruchsvollere Motorisierung des aufwärtsorientierten Mittelstandes durch Firmen wie Hebmüller, Rometsch, Aigle, Karmann, Ghia oder Dannenhauer-Stauss eine Industrie der Modell-Variationen – die sich vor allem auf die Massenprodukte konzentrierte, insbesondere auf den VW Käfer. Aber auch DKW wurde zum Monza oder zur Auto Union 1000 Sp aufgewertet, Borgward lieferte die Träume Isabella Coupé und Cabriolet – ein „echtes" Frauenauto und als solches auch in der Werbung inszeniert. Gleichzeitig nimmt Opel die Werbelinie von Cadillac auf und platziert seine Spitzenprodukte wie den Kapitän in den späten 50er und frühen 60er Jahren mit den Porträts mondäner Besitzerinnen.

Affirmative jugendliche Revolution

Die Motive der mittelständischen amerikanischen Lebenswelt sind auf zweifache Weise eng verbunden mit den Motiven der Jugend: Erstens durch die Prägung der kollektiven Vorstellungen von einer aufwärtsmobilen Biografie, zweitens durch Konfrontationen und jugendliche Rebellion. Diese Rebellion der Jugend arbeite sich an den Statusträgern der Elterngeneration ab, indem Serienfahrzeuge zu kulturellen Hybriden umgebaut werden, etwa zu den berüchtigten Hot Rods. Das waren umgebaute Gebrauchtfahrzeuge, meist aus den 30er und 40er Jahren, billige Kleinwagen oder Kleintransporter, die mit einem gigantisch aufgerüsteten Motor zu illegalen Straßenrennautos mutierten. In ihnen manifestierte sich eben den Custom Cars (auch „Kustom Cars"), die eine edle Variante der Mobilitätsästhetik von Jugendlichen darstellten, der Anspruch auf die Teilhabe an der amerikanischen Mobilitätskultur. Was also die Erwachsenenwelt im Farbenspiel ihrer Sedans oder Station Wagons auslebten, wird von den Jugendlichen und jungen Erwachsenen weiterentwickelt.

Der amerikanische Autor und Journalist Tom Wolfe hat in einem damals Aufsehen erregenden Buch diese Kultur erstmals beschrieben: „The Kandy-Kolored Tangerine-Flake Streamline Baby" (1965). Es ging ihm dabei um die Frage, wie Status erworben und gegen andere Statusmilieus abgesetzt werden kann. Lange bevor Umberto Eco die Idee von „Low Brow Culture" formulierte und die Legitimität aller künstlerischen und alltäglichen Ausdrucksformen als „Kultur" definierte, waren es – so Tom Wolfe – amerikanische Jugendliche, die ihr Selbstverständnis musikalisch, modisch und eben in der Formen- und Farbensprache ihrer selbst gebastelten Automobile ausdrückten. Auch auf diesem Terrain etablierte sich eine Parallele in Deutschland, die oft belächelt wurde, obwohl sie eine wichtige Ausdrucksform des Umgangs mit dem Auto dokumentierte: vor allem in den Umbauten der VW-Käfer- und später der Opel Manta-Modelle.

In den 50er Jahren war das Auto ein zentrales Werkzeug zur Erfüllung dieser Wünsche, und wer kein Auto zur Verfügung hatte, sah sich beträchtlichen Schwierigkeiten gegenüber. Riesman prägt den Begriff des „sozialen Engpasses" als Kennzeichnung der habituellen Notwendigkeit für junge Männer, ein Auto zu besitzen, um ihre „Dates" auszuführen und erste erotische Erfahrungen zu machen. Mädchen sind im Durchschnitt ebenfalls deutlich stärker vom Statuswert der Autos fasziniert als heute. Die individuelle Emanzipation vom Elternhaus erfolgte im und mit dem Auto – häufig im Auto der Eltern. Die Texte der Rock'n Roll-Songs dieser Zeit umspielen dieses Motiv in unmittelbarer Verflechtung mit dem anderen Kernmotiv der Pop-Musik: Liebe. Boy meets girl – in a car. Von Chuck Berry (50er Jahre) über die Rolling Stones (60er Jahre) bis zu Mink de Ville (seit den 70er Jahren) und Mickey Jupp (80er Jahre) – Autos, und dabei insbesondere Cadillacs, spielen eine tragende Rolle in den epischen, den direkten, den metaphorischen Beschreibungen des Alltags der Teenager. Das Auto begleitet das Erwachsenwerden, es ist Symbol für Freiheit und Sex. Es erlaubt die Annäherung der Geschlechter – auf der durchgehenden Bank der Frontsitze mit ersten erotischen Versuchen: Küsse, Petting. Auf der Rückbank dann mit fortgeschrittenen Aktivitäten bis hin zur Familiengründung, nicht immer gewollt. So werden viele Ehen zwar nicht im Himmel, aber unter dem Dachhimmel des Autos geschlossen.

Viele Filme haben diese herausragende Rolle des Autos aufgegriffen, mit James Dean in „Jenseits von Eden", oder, am überzeugendsten, in „American Grafitti" von George Lucas, der seine Teenager-Tage in den Sphären der Hot-Rodders in Modesto, Kalifornien, beschreibt, verkörpert von den Darstellern Ron Howard, Cindy Williams und Richard Dreyfuss. Dreyfuss spielt die Hauptrolle des jungen Mannes Curt, der am nächsten Tag seine heimatliche Kleinstadt verlassen wird, um zu studieren. Autos selber spielen die Rolle symbolträchtiger Anker. Ein weißer Ford Thunderbird zum Beispiel, eine Gang von Halbstarken, die in einem Chopper (ein Serienfahrzeug, tiefergelegt, mit schmalen Fensterschlitzen durch das in der Höhe halbierte Dach, wie man es in der offiziellen Automobilkultur von den Speedsters kennt, dramatisiert durch eine bedrohliche Farbe) durch die Kleinstadt „cruisen", Hot Rods, die sich ein Rennen liefern, oder der elterliche Straßenkreuzer, den ein Junge sich ausleiht, um sein Mädchen zu beeindrucken – und vielleicht ein wenig mehr. Es gelingt Curt nicht, die Sirene im weißen Thunderbird zu treffen, obwohl er alles daran setzt. Eine Reminiszenz, auch eine Elegie, musikalisch untermalt von 41 Rock'n Roll-Sound Tracks und ästhetisch inszeniert von den vielfältigen Formen der amerikanischen Autoträume und ihrer Variation durch die Jugendlichen.

Kleinwagen als Einstieg in die Automobilität

Die individuelle Motorisierung, hieß es oben, erschien als die ultimative Ausdrucksform des persönlichen Erfolgs. Für die, die sich keine renommierte Marke
und kein großes Auto leisten können, beginnt der Einstieg mit Zwischenmodellen
zwischen Motorrad und Auto, mit Messerschmitts Kabinenroller, dem NSU Prinz,
der Isetta von BMW. Für die Wirtschaft leistete der Tempo die erste Hilfe. In
heute kaum noch vorstellbarer Breite wurden Modelle variiert, zum Beispiel der
Maico „Champion" mit dem Zweitaktmotor von ILO und später Henkel, wichtigen Produzenten eines anderen bedeutsamen Symbols der Jugend: Mopeds, vor
allem die 1956 erstmals präsentierte Kreidler Florett. Für den arrivierten Anspruch war vom zweisitzigen Sport-Cabriolet über die Cabrio-Limousine bis zum
Viersitzer alles im Angebot. Die Motive waren Status und Bequemlichkeit. Vor
allem Status, das Statement auf einem Weg nach oben zu sein, dokumentiert
durch ein Dach über dem Kopf. Selbst die Hybriden, Mischprodukte aus Klein-
motorrädern und Autos wie Messerschmitts Kabinenroller fanden großen Absatz.
An der Werbung kann es nicht gelegen haben: „Selbst der Weihnachtsmann rollert
nun im Messerschmitt, darum stört ihn auch die Kälte nicht".

In Italien wurde für die Bewältigung der (wie es später heißen wird) Logistik
vor allem der Klein- und Mittelunternehmen das dreirädrige Geführt Ape Calesso
entwickelt, die Bevölkerung träumte vom Fiat Topolino, später dann vom 500
und wagemutig von den kleinen Limousinen der viertürigen Einliter-Reihe, zum
Beispiel vom Fiat 1100, mit dem Pier Paolo Pasolini 1959 seine legendäre italieni-
sche Reise mit dem Fotografen Paolo di Paolo antrat, rundherum um den Stiefel.
Das Auto war von der Zeitschrift Successo gesponsert, die Pasolinis Bericht in
drei großen Folgen druckte, heute als Buch erhältlich: „La lunga strada di sabbia".
Interessant an diesem Bericht ist die Beobachtung des einsetzenden Tourismus
aus Deutschland ins klassische Sehnsuchtsland Italien. In Frankreich vollzog sich
der automobile Aufstieg mit dem Citroën 2 CV oder dem Renault 4 CV.

Diese Kleinwagen waren für die Autohersteller von enormer wirtschaftlicher
Bedeutung. BMW zum Beispiel verdankt die Überwindung großer Schwierigkei-
ten in den 50er Jahren – vor allem durch die geringen Erlöse auf dem Markt der
Luxusfahrzeuge wie dem BMW 501 V 8 (Barockengel) – dem großen Erfolg der
Isetta, einem Lizenzbau der italienischen Firma Iso Rivolta, bestückt mit einem
BMW Einzylinder-Motorradmotor.

Wenig später wird der nächste Schritt in der Entwicklung zum vollwerti-
gen Auto mit Modellen wie dem viersitzigen BMW 600 und dem Zündapp Ja-
nus (in dem die Fondpassagiere entgegen der Fahrtrichtung sitzen und aus dem
Rückfenster schauen) vollzogen. Es folgen weitere aus der heutigen Sicht skurrile
Fahrzeuge wie das Goggomobil (1959), während die „richtigen" Autos, wie im

Abschnitt über das „Motiv Individualisierung" beschrieben, bereits in luxurierten Variationen erscheinen. Auf diese Impulse reagierte wiederum auch der Klein- wagenmarkt, zum Beispiel mit dem Sport-Coupé von Goggo, um die Wünsche nach gehobener und individuellerer Fortbewegung für die weniger begüterten Schichten zu erfüllen.

Ein interessanter Nebenaspekt an der Geschichte, der als schwaches Signal einer denkbaren Zukunft gedeutet werden konnte, ist durch die Konzentration auf die Erlöslage durch den großen Absatz eines Kleinwagens stets im Hintergrund geblieben. Es ist die Faszination, die Kleinwagen auf Besitzer großer Fahrzeuge ausübten. Eine Reihe von Fotos (die nicht nur aus Marketinggründen aufgenom- men sind) zeigt eine Art spielerischen Umgang von Prominenten mit dem neuen Angebot für die Motorisierung der weniger Begüterten kleinbürgerlichen Schich- ten. Das Stichwort lieferten die Italiener: Un po' snob ma non troppo, Beschrei- bung einer Art Kleinwagen-Snobismus, amüsant inszeniert mit einem Foto auf einer Münchener Straße, wo Cary Grant aus einer Isetta steigt, 1955. Im selben Jahr zeigen sich auch Curd Jürgens und Stirling Moss auf Auto-Shows, ebenfalls in einer Isetta.

Der berühmte Fotograph der Prominenz an der Côte d'Azur, Edward Quinn lieferte 1958 eine bezeichnende Illustration dieses „Trends" mit dem Schnapp- schuss einer Szene vor dem Hotel de Paris in Monte Carlo. Das Foto zeigt Loel Guinness und seine Frau in einem Fiat 500 Jolly in einer Auseinandersetzung um einen Parkplatz, den auch Emery Reeves (als Verleger von Winston Churchills Büchern in den USA bekannt) mit seinem Rolls Royce angesteuert hatte. Der Jolly ist offen, ohne Türen, mit geflochtenen Sitzbänken, also jenes Auto, das von Ghia am 4. Juli 1957 vorgestellt worden war, und mithin wiederum ein frühes Dokument der Individualisierung. Die FAZ beschrieb launig diese Fahrzeuge als „Badetaschen auf Rädern", die den Traum vom sonnigen Süden verkörperten und sich „in den besten Kreisen" bewegten. „Noch heute wecken sie Erinnerun- gen an den heißen Strand von Rimini: die Strandwagen. Wirklich gebraucht hat sie keiner – aber spielt das eine Rolle?"

Zuvor und gleichzeitig und nachher gab es ähnliche Variationen, den Renault R 4 plain air, den Citroën 4CV San Remo, den Citroën Mehari, den Mini Moke und eine Reihe von Sonderkarosserien auf der Basis der Fiat-Kleinwagen 500, 600 von Vignale und anderen Karossiers. Später dann wurden die Prinzipien auf weitere Alltagsfahrzeuge angewendet, den Fiat Panda zum Beispiel. In Kaliforni- en reüssierten die Buggies auf der Basis des VW Käfer.

Doch die heftigste Spreizung zwischen Nutzwert und purer Freizeit erfährt (sich) der Ape Calesso, das Fahrzeug, mit dem Italiens kleine und mittelständi- sche Wirtschaftstreibende in den Nachkriegsjahren sich und ihre Güter bewegen. Das aus dem italienischen Stadtbild nicht wegzudenkende dreirädrige Vehikel wird vom Motorroller-Fabrikanten Piaggio 1948 vorgestellt und als Nahverkehrs-vehikel, Lastwagen, Transportfahrzeug und eben auch als Gepäcktransporter von den Fähren zu den Hotels in Gegenden eingesetzt, die in den 50er Jahren zu den Traumgefilden des luxuriösen Tourismus zählten: Capri, Amalfi, Portofino. Dort erlebten sie bald ihre Gentrifizierung, offenkundiges Zeugnis der ostentativen Bescheidenheit, die man sich leisten konnte. Nun, 2010, *Snob ma non troppo*, wird der kleine Transporter in limitierter Auflage von 100 Exemplaren als Elektrofahr-zeug angeboten, Ape Calessino Electric Lithium, für 19 900 Euro. Ein Motiv der Vergangenheit wird zum Fundament der Zukunft?

Globalisierung der Automobilkultur und neue Märkte

Globalisierung des Entwicklungspfads 1

Eine Zeitlang mutet es an, als sei die amerikanische Norm sowohl unter techni-schen als auch ästhetischen Gesichtspunkten für den europäischen Markt prägend. So sind die Vorgaben für die Opel Kapitän oder Ford-Modelle der 50er Jahre auch auf Grund der Besitzverhältnisse eng an die amerikanische Design-Politik der Konzerne General Motors oder Ford angelehnt, was sich vor allem in den gehobenen Opelmodellen zeigt. Interessant ist auch die Bedeutung amerikani-scher Automodelle in den Filmen der 50er und frühen 60er Jahre, sowohl in der Bundesrepublik als auch insbesondere in den *films noirs* und im *cinéma vérité* des französischen Kinos. Abgesehen davon werden die nach US-Vorbild stilisierten Luxusfahrzeuge wie Facel Vega mit amerikanischen Motoren wie dem Chrysler-Desoto V 8 bestückt. Die bereits beschriebene Heckflossen-Ära bei Mercedes Benz ist ein weiterer Indikator für die Dominanz der amerikanischen Einflüsse.

Doch in zunehmendem Maße verändert sich auch die amerikanische Status-hierarchie, die sich neue Symbole sucht – und diese Symbolik wird stark geprägt von europäischer Ästhetik und Technologie, dies wieder auch auf dem Gebiet der Automobile. Schon in den frühen 50er Jahren ist es die Firma Studebaker (von Riesman als Individualisten-Marke charakterisiert), die den Impuls aufgreift und mit der europäischen Linie ihrer Modelle wirbt: „Announcing the new 1953 Studebaker. The new American Car with the European Look", einmal in gelb und einmal in rot inszeniert vor französischer Kulisse und gelenkt von einer Frau.

In den 80er Jahren geht mit der Veränderung der klassischen amerikani-schen Unternehmenskultur eine weitere Verdichtung der Europäisierung einher. Für die Young Urban Professionals, die sich in ihren beruflichen Tätigkeitsprofi-len deutlich von den klassischen, hierarchisch organisierten Karrieremustern der „Organizational Men" absetzen, avancieren nun BMW- oder Saab-Cabriolets, für die Familienväter und -mütter dieser geburtenstarken Generation Volvos zu Statusträgern.

Inwieweit diese Entwicklung auch eine Konsequenz im Kontext der sich auch in den USA globalisierenden Autowelt – vor allem auf die japanische Offensive – darstellt, kann an dieser Stelle nicht analysiert werden. Wichtig ist nur, dass sich dieser erste Entwicklungspfad zu verzweigen beginnt, die Alternativen nehmen zu, wenngleich das Prinzip des Autos als Statussymbol und die mit dieser Symbolik verbundene soziale Aufwärtsmobilität durch immer größere und stärkere Modelle nicht grundsätzlich in Frage gestellt wird. Zudem wirbelt die japanische Autoindustrie vor allem den amerikanischen Markt durcheinander, sowohl, was zukunftsweisende Produkt-Variationen als auch produktionstechnische Innovationen betrifft. Es wäre allerdings hier zu platzgreifend, diese doch sehr gut dokumentierte Geschichte auszubreiten. Nur zwei Produkte sollen stellvertretend erwähnt werden, die wichtige Impulse gesetzt haben: Da ist zum einen der Mazda Miata, ein Roadster im Stil der 50er Jahre, in dem sich die Geschichte mehrerer Jahrzehnte noch einmal in einer Vielzahl von Motiven verdichtet: Sportlichkeit, Luxus, Status, Jugendlichkeit und vor allem ein unglaubliches Preis-Leistungsverhältnis. Da ist zum anderen die Palette der billigeren SUVs und Pick Ups (namentlich von Toyota), die einen wesentlichen Beitrag zur Auto-Mobilisierung der südostasiatischen Länder leisteten.

Die wichtigste Differenzierung des Entwicklungspfades 1 ist allerdings durch den Aufstieg der so genannten Schwellenländer charakterisiert, allen voran China und Indien. Zur Zeit scheinen dort vornehmlich die Werte zu dominieren, die in den 50er und 60er Jahren den aus diesem Grund umfangreich beschriebenen Entwicklungspfad 1 charakterisieren: Das Auto wird zum Statussymbol neuer „Mittelschichten" und zum Traumobjekt der weniger Begüterten, was zu einer seltsamen Parallelität führt.

Wir beobachten also die Weiterführung des bisherigen Entwicklungspfades, der die Kultur aufnimmt und nun sozusagen im Zuge einer globalen Generationsgerechtigkeit auf das Niveau führt, auf dem sich die Ansprüche der westlichen Industrienationen der letzten 50 Jahre als Zielprojektion für ihre Alltagskultur etabliert haben. Der Prozess ist dem sehr ähnlich, den die in den 50er Jahren geborenen Deutschen in der eigenen Biografie erlebt haben: Ein unvergesslicher Eindruck auf Reisen durch Südostasien in den 70er Jahren (zum Beispiel Vietnam, Kambodscha, Philippinen, Indonesien) ist die geradezu irritierende Faszination eines anarchischen Verkehrs mit allem, was irgendwie motorisiert ist. Dieser Alltagsverkehr war (und ist, wenn auch in schwindendem Maße) im Wesentlichen von drei Säulen getragen: von Zweirädern (oder den aus Zweirädern konstruierten rikschaartigen Gefährten), Taxis und Bussen. Der Grundbestand der Fortbewegungsmittel stammt zunächst (je nach früherer Kolonialmacht) aus britischen und französischen, später aus amerikanischen und deutschen, in einer weiteren Phase schließlich aus japanischen Gebrauchtfahrzeugen.

Mit Dreirad-Rikschas beginnt der Umstieg vom Moped auf die überdachten und etwas bequemeren Fahrzeuge. Die Taxis sind umgebaute Jeeps, abenteuerlich individualisiert wie auf den Philippinen, oder amerikanische Straßenkreuzer – vornehmlich 59er und 60er Chevrolets Impala, Mercedes 190 D, Heckflossen, später die so genannten „Strich Acht"-Modelle, oft in schwarz und türkis. Der Traum der malaysischen, indischen, indonesischen Unternehmensgründer vom wirtschaftlichen Aufstieg über viele Jahrzehnte, eine Busgesellschaft zu gründen, ist sogar literarisch verarbeitet: in Eric Amblers „Passage of Arms" aus dem Jahr 1959.

Das Entwicklungsmuster der 50er Jahre wiederholt sich also auf dem asiatischen Markt, beschleunigt durch das mittlerweile globalisierte Angebot und die auf spezielle Bedürfnisse des ländlichen Verkehrs ausgerichteten japanischen Nutzfahrzeuge. Ebenso wenig wie damals in den Kernländern der westlichen Industrienationen spielen Umweltfragen eine Rolle. Zu den unauslöschlichen Assoziationen der Asienreisen in den 70er und frühen 80er Jahren gehört der Geruch von Auspuffgasen genau so wie der Geruch von Garküchen und Duranfrüchten. Der Traum vom eigenen Auto beginnt sich zu materialisieren.

Unschärfe der empirischen Grundlagen

Alle so neu entdeckten Trends erscheinen also im Grunde als Variationen von Ausdrucksaktivitäten konventioneller Verhaltensmuster, das heißt in der Alltagskultur lang angelegter Handlungsoptionen. Alle Megatrends wären – wenn diese These gilt – nur die soziologische, kulturelle, technologische und wirtschaftliche Fortsetzung der bestehenden Bedürfnisse mit anderen Ausdrucksmitteln, eine Art Quell-Code des Fortschritts westlichen Ursprungs, der nun auch die Märkte der Schwellenländer bestimmt. Die Wachstumsmargen auf dem chinesischen Markt erscheinen als verführerische Wegzeichen hin zu einem Entwicklungspfad 2, als östliche Reinkarnation des Entwicklungspfades 1.

China ist für BMW inzwischen der drittwichtigste Markt. Elf Prozent des Absatzes werden auf diesem Markt realisiert. Auch VW und Daimler melden wachsende Absatz- und Umsatzzahlen und scheinen von der gewaltigen Konsumwelle erfasst. Wiederholt sich also hier die Geschichte des Entwicklungspfades 1 auf höherem technologischen Niveau in einem neuen Markt? Manche Anzeichen sprechen dafür, dass dieser Entwicklungspfad 2 einen ähnlichen Verlauf nimmt wie der Pfad 1. Andere Signale sprechen, wie sich später zeigen wird, dagegen – so die unerwartete politische Intervention, um die Zulassungszahlen für Autos zentralistisch zu steuern, wie es sich Ende Dezember 2010 abzeichnete. Ein eher starkes Signal für den Beginn eines dritten Entwicklungspfades.

Eine seriöse Analyse müsste den Bedarf an individueller Mobilität und seine Befriedigung durch ein eigenes Auto im Schnitt aller regionalen Bedürfnisse errechnen. Der bloße Hinweis, dass sich bis 2050 eine wie auch immer berechnete Steigerung der Bevölkerung von Metropolen abzeichnet, ist an sich nicht aussagekräftig. Bei diesen Tendenzen werden meist Städte wie Shanghai oder Shenzen angeführt, wo in der Tat auf einem Quadratkilometer knapp 2 600 respektive 3 400 Menschen leben. Es muss aber in die Berechnung einbezogen werden, dass andererseits – um beim Beispiel China zu bleiben – in Mega-Cities wie Chongqing (der größten Stadt des Landes) zwar mehr als 30 Millionen Menschen leben, dies aber verteilt auf eine Fläche von der Größe Österreichs. Wird nur die Kernstadt (hohe Bebauungsdichte und geschlossene Ortsform) als Grundlage genommen, leben in Chongqing 4,3 Millionen Menschen. Der Ballungsraum (einschließlich der Vororte) hat 7,7 Millionen Einwohner (2007). Das heißt, dass in der Metropol-Region von Chongqing 370 Menschen auf eine Quadratkilometer kommen, in Harbin (Einwohnerzahl über 9 Millionen) sind es um die 170. Das heißt, dass in diesen Metropolregionen ganz andere Mobilitäts-Bedürfnisse bestehen als in den hochverdichteten „Modell"-Metropolen, aus denen die meisten Trend-Berichte stammen. Immerhin zählen zurzeit 86 Städte in China mehr als 5 Millionen Einwohner. Diese Mobilitätsbedürfnisse sind im Übrigen auch von den geografischen Besonderheiten der jeweiligen Metropolen geprägt. Die an steilen Berghängen gebaute Stadt war nie eine Fahrradstadt. Um dem drohenden Verkehrskollaps zu begegnen, sollen in den kommenden 20 Jahren etwa 550 U-Bahn-Kilometer gebaut werden.

Man wird in Chongqing den offiziellen Plänen zufolge aber weniger auf den Individualverkehr durch E-Mobilität setzen als auf den Ausbau des Netzes öffentlicher Verkehrsmittel nach dem Muster deutscher S-Bahnen. Wie sich – in der weitläufigen Region – der Individualverkehr entwickeln wird, hängt darüber hinaus von der soziokulturellen Bedeutung ab, die die individuelle Mobilität haben wird: vom Status- und Prestigewerte eines Autos etwa. Im Übrigen taugt auch das Beispiel Chongqing nicht zu einer auch nur halbwegs validen Prognose für den Gesamtmarkt, da sich die Metropole und die sie umgebende Region wieder von Tausenden von anderen Städten, Gemeinden und Regionen im Land unterscheiden, die weniger im publizistischen oder auch entwicklungspolitischen Interesse stehen. Der Hinweis auf „China" – ebenso wie auf „Indien" – wo eine zwar andersartige, aber nicht minder differenzierte Struktur herrscht – ist also aus entwicklungssoziologischer Perspektive naiv, wenn nicht arrogant.

Zweifel am Modell der neuen Mittelschichten

Überdies, merken chinesische Studierende an, seien die Informationen, die westliche Medien erreichen, selektiv, weil sie vor allem die Weltbilder der kosmopolitischen Chinesen und die Sichtweise ihrer nicht minder kosmopolitischen Kontaktpersonen aus dem Westen repräsentierten – dies weitgehend unter dem Gesichtspunkt allgemein wirtschaftlicher Erwartungen einerseits und individueller Vorstellungen von Karrieren im neuen System andererseits. „Viele in den Großstädten arbeitende Büroangestellte können gegenwärtig den Druck von Leben und Arbeit kaum noch aushalten. Deswegen möchten sie die Großstädte verlassen. Sie versprechen sich in den sich schnell entwickelnden mittelgroßen Städten ein besseres Leben", berichten die Autoren der Website „Chinatoday". Das heißt, dass die Prognosen, die auf der Grundlage von Konsumtendenzen bei arrivierten jungen Leuten in den Megalopolen gestellt werden, kaum die tatsächliche Zukunftsentwicklung im Allgemeinen, aber auch die Entwicklung der Mobilität im Besonderen erfassen können.

Als Beispiel wird der Angestellte Hu Size zitiert. „Bereits 2006 fuhr er kurz entschlossen nach Chengdu. Vorher war er als Verkaufsangestellter in Beijing tätig. Gestützt auf seine Erfahrung in Beijing hat er in Chengdu einen guten Job gefunden. Hu Size hat 2007 im Stadtgebiet von Chengdu mit seinen Rücklagen eine Wohnung mit 110 m² gekauft. Der Preis betrug 3000 Yuan pro Quadratmeter. ‚Das Einkommensniveau in Chengdu ist fast so hoch wie in Beijing, aber die Lebenshaltungskosten sind viel niedriger', sagte Hu Size. ‚So konnte ich Geld sparen, um die Anzahlung meiner Wohnung zu leisten. In Chengdu ist mir das möglich. Um auch nur eine Wohnung in der Vorstadt von Beijing kaufen zu können, müsste ich noch 20 Jahre arbeiten, selbst wenn ich nichts essen und trinken würde. Und für eine Wohnung im Stadtgebiet würden nicht einmal 30 Jahre ausreichen.'" Mit seinem immer höheren Einkommen hat er sich 2009 ein Auto gekauft (Web-Dokument 3).

Diese Impressionen zeigen keine klare Tendenz. Zwar widersprechen sie nicht der Annahme, dass sich der Individualverkehr neben den infrastrukturellen Maßnahmen zur Förderung des öffentlichen Verkehrswesens insbesondere in den großen und mittleren Millionenstädten Chinas auf einem der europäischen Entwicklung der letzten 40, 50 Jahre ähnlichen Entwicklungspfad abspielen werden. Das Problem ist nur, dass es aus einem anderen Grund völlig gleichgültig ist, welche umweltfreundliche Technologie bevorzugt wird: Wenn diese Technologie dazu führt, dass die Wachstumsraten der Zulassungen weiter steigen, wird es zunehmend Staus geben, egal, mit welchem Motor. Die chinesische Regierung hat, wie schon angedeutet, Ende Dezember 2010 reagiert. Die Nachrichtenagentur AWP international schrieb: „Einem Bericht des Handelsblatts zufolge will die

Stadtregierung in Peking die Zahl der Zulassungen für Autos im kommenden Jahr halbieren, um die Staus in den Griff zu bekommen. Sollte dies auch anderswo geplant sein, könnte China seine ,Lokomotiv-Funktion für die Branche' verlieren, sagte Marktstratege Carsten Klude von Warburg Research. Zudem hatte die chinesische Notenbank am Wochenende eine Zinserhöhung beschlossen. Mit einem solchen Schritt gehe stets die Sorge einher, dass sich die wirtschaftliche Dynamik abschwächen könnte." Die Frage für die Automobilindustrie ist also, wie schnell andere, weniger besiedelte und heute noch strukturschwache Gebiete in der Lage sein werden, die Restriktionen in den Mega-Städten zu kompensieren.

Schwellenländer zwischen Statusklassikern und Kleinwagen

Luxusautos in Indien

Diese Relativierungen gelten auch für Indien. Die Zahl der Mega-Cities ist zwar nicht ganz so beeindruckend wie in der Volksrepublik China, immerhin werden aber doch 42 Millionenstädte gezählt. Auch hier sind wenige Ballungsgebiete von internationalem Interesse, doch die soziologischen und regionalen Strukturdifferenzen in diesem Land sind nicht minder groß als in China. Als treibende Kräfte der Automobilisierung werden auch hier die so genannten neuen Mittelschichten beschrieben, die die Vorbilder der statusorientierten, aufwärtsmobilen europäischen Milieus nachahmen. Dabei spielen vor allem jüngere städtische Mitglieder dieser Milieus eine wichtige Rolle, weil sie neben der traditionellen eine globalisierte Sozialisation durchlaufen. Indische Studierende an unserem Fachbereich und ihre Freunde und Bekannte in anderen Studiengängen halten es allerdings für geradezu skurril, von den „neuen" Mittelschichten in Indien zu sprechen. Nach der Auffassung dieser jungen Leute, die aus Millionenstädten wie Aurangabad, Patna, Bhopal oder Vadodara stammen oder aus eher kleineren Gemeinden wie Guntur, Jammu oder Ulasnagar, geht die Tendenz in der indischen Gesellschaft sehr viel schneller als erwartet zu einer starken Segregation von neuem Reichtum und weiterhin bestehender Armut. Die Gesellschaft – ebenso wie die chinesische – mit den Kategorien einer amerikanischen oder deutschen Schichtentheorie der 50er Jahre zu kartografieren, sei vermessen. Die Diagnose der sich ausbreitenden Mittelschichten sei nur eine Momentaufnahme auf dem Weg zu einer starken Segregation zwischen der zunehmenden Oberschicht und einer weiterhin von den hier diskutierten Tendenzen unberührten breiten Masse. Die alten (zum Teil auch religiös begründeten) sozialen Segregationen würden durch diese Tendenz kaum überwunden. Widersprüche auch hier: Die New York Times vom 23. Oktober 2010 berichtete zum Beispiel über ein spektakuläres Beispiel der Veränderung sozio-kultureller Mentalität in Indiens aufwärts-mobiler Mittelschicht, die ihren Status und den Anspruch auf die Teilhabe an den Gewinnen der globalisierten Wirtschaft durch einen ostentativen Autokauf dokumentierte. „A group of more than 150 local businessmen decided to buy, en masse, a Mercedes-Benz car each, spending nearly $15 million in a single day and putting this small but thriving city on the map. Frustrated that the usual Chamber of Commerce brochures were slow to attract new investment, the businessmen decided to buy the cars as a stunt intended to stimulate investment in Aurangabad, one of several largely unknown but thriving urban centers across India's more prosperous states."

Debashish Mitra, Verkaufs- und Marketingvorstand für Mercedes-Benz in Indien, kommentierte diese Aktion als repräsentativen Einblick in die sich wandelnde Mentalität generell. „There are many cities like Aurangabad, where Indians have money but were not indulging in luxury; they were always in a saving mode. But now that is changing. People want to spend, and feel they deserve luxury." Ob dies ein schwaches Signal für eine ernstzunehmende Entwicklung darstellt, bleibt offen.

Die New York Times interpretiert das Beispiel allerdings in dieser Weise und illustriert es an weiteren Einzelfällen, wie zum Beispiel am Bauunternehmer Pramod Khairnar Patil, der sich der Initiative zum ostentativen Kauf eines Mercedes anschloss: „Initially he had planned to buy the least expensive model, which sells for about $50,000, but his daughter persuaded him to upgrade, which nearly doubled the cost. ... That certainly describes Mr. Nagouri, Aurangabad's answer to Donald Trump. He has made a fortune buying and developing land in highly leveraged deals. He lives in a sprawling modern house kitted out with Italian marble floors and designer sofas. Four cars sit in his driveway, including the latest, a gleaming white Mercedes sedan with buttery chocolate leather seats." Der neue Wagen sei zwar teurer, aber man müsse nach vorne schauen, sagte Patil. Und: „People's dreams are changing."

Meldungen über diese Aktion mit dem Ankauf der Mercedes-Limousinen oder darüber, dass ein chinesischer Tycoon 250 000 Euro für zwei weiße Trüffel aus Alba mit dem Gewicht von einem bzw. einem halben Kilo ausgegeben habe, greifen diese Interpretation auf. Ihre Aussagekraft liegt weniger in der faktischen Bedeutung als in der Tatsache, dass sich eine kulturelle Transformation andeutet. Wie gesagt – diese Einblicke haben noch keinen repräsentativen Wert, sie sind wie viele Meldungen eher anekdotischer Natur, zeigen aber zumindest, dass die Statusbedürfnisse sich auch (und vielleicht in revolutionärem Maße) von klassischen soziologischen Differenzierungen durch Geburt und Stand auf westliche Konsumgüter verlagern und damit auch eine Beschleunigung der sozialen Mobilität bewirken.

Kleinwagen auf dem Entwicklungspfad 2

Wie weit diese mediengerechten und medialen Inszenierungen des Wandels tatsächlich einen nachhaltigen Trend widerspiegeln, ist ebenso wenig zu überprüfen wie das Gegenteil. Die regionalen, kulturellen, sozialen, wirtschaftlichen Unterschiede in diesen Ländern sind einfach zu groß, um ein einheitliches Bild zu entwerfen. Darüber hinaus sind die Entwicklungsgeschwindigkeiten unterschiedlicher Regionen, Schichten und Milieus zu disparat, um von generellen Trends zu sprechen. Wenn aber die Entwicklungspfade der westlichen Industrienationen nach dem Zweiten Weltkrieg ein Modell abgeben, wird sich die individuelle Mobilisierung über verschiedene symbolische Akte manifestieren. Ein symbolischer Akt könnte (und zwar mit hoher Wahrscheinlichkeit) der Besitz eines eigenen Autos sein. Bleiben wir zunächst bei der arbeitstechnischen Annahme der Kontinuität und folgen der Idee eines Entwicklungspfades 2 weiter: Wenn man den Gesamtmarkt aus dem Blickwinkel dieser Absatzzahlen betrachtet, spielen bis jetzt die Produkte der ausländischen (und hier insbesondere der europäischen) Premium-Marken die Rolle, die die amerikanischen Automarken und insbesondere ihre mythischen Spitzenprodukte wie die Cadillacs auf dem Entwicklungspfad 1 spielten. Parallel zu dieser Entwicklung wächst das allgemeine Bedürfnis nach Automobilisierung, das nun in erneuter Parallelität durch das Angebot von Kleinwagen realisiert wird. Die Frage wird sein, wie sich dieses konventionelle Muster auf dem künftigen Markt der ökologisch nachhaltigen individuellen Automobilität ausnehmen wird.

Eine VDI-Studie greift diesen Aspekt unter finanziellen Gesichtspunkten auf: „Billigautos sind bei Preisen zwischen drei- und achttausend Euro anzusiedeln. Die Kosteninnovationen resultieren aus dem Einsatz von Leichtbau mit geringem Metallanteil, modularem Aufbau – sowohl mechanisch, als auch elektrisch – und vereinfachte Montage bei einer überschaubarer Zahl von Produktkonfigurationen. Auch bei der Ausstattung sind Unterschiede möglich: in Fahrzeugen für die Märkte der Schwellenländer können in Westeuropa gültige Minimalstandards wie Katalysator oder Airbag weggelassen werden." Exemplarisch für das Billig-Auto-Konzept stehe, so der VDI, das Modell „Nano" des indischen Konzerns Tata. Ein Zweizylinder-Heckmotor mit 0,6 Liter Hubraum leistet 33 PS, soll weniger als 5 Liter Benzin auf 100 Kilometer verbrauchen und die Abgasnorm Euro 4 erfüllen. Als Viersitzer mit vier Türen ausgestattet, bietet er wesentlich mehr Komfort und Möglichkeiten als die in Indien gängigen Motorroller.

Interessant sind die Kommentare, die die Vorstellung dieses Fahrzeugs begleiten und Reminiszenzen an das Europa der 50er und 60er Jahren beschwören: an den Käfer der Deutschen, die Ente der Franzosen und den Nachfolger des Mäuschens (Topolino), den Fiat 500 der Italiener.

Umkehrung des Entwicklungspfades

Die hier nur in groben Zügen skizzierte Entwicklung hat aus der Sicht der Befunde unserer Studie einige Konsequenzen für die europäischen Produzenten. Eine Veränderung der Mentalität von Jugendlichen und jungen Erwachsenen zum Auto könnte den Konzeptionen der Produzenten aus den Schwellenländern einen Zugang zum deutschen Markt eröffnen. Das unmissverständliche Bekenntnis zu individueller Mobilität, das aber nicht unbedingt an die klassischen Vorstellungen von Autos gebunden scheint, könnte den Absatz preiswerter Kleinwagen aus (z. B.) fernöstlicher Produktion befördern. Wenn zudem noch, wie manche Beobachter meinen, die Bedürfnisse der jüngeren Generation nach bezahlbaren umweltfreundlichen Alternativen berücksichtigt werden, könnte sich die Tendenz, die aus der Sicht des Entwicklungspfades 1 beschrieben wurde, umkehren. Denn die Vermutung liegt nahe, dass die Konventionen in dieser neuen Phase der globalen Auto-Mobilisierung sehr viel schneller auf relativierende Ideen treffen (insbesondere und zusehends unter ökologischen Gesichtspunkten), als dies in der Automobilisierung der USA und ihnen nachfolgend der Bundesrepublik und der Länder des westlichen Europas der Fall war.

Es ist also nicht sicher, dass die gegenwärtigen Entwicklungen auf den Märkten der Schwellenländer auch weiterhin diesem Entwicklungspfad 2 folgen und damit den Entwicklungspfad 1 unter neuen Rahmenbedingungen weiterführen werden. Das würde bedeuten, dass gerade die Konventionalität der automobilen Grundbedürfnisse die Bereitschaft prägt, sich anderen als den deutschen Produkten zu öffnen, vor allem, wenn das konventionellste aller Motive durchschlägt: die Kostenfrage. Eine Tatsache nämlich unterscheidet die Träume heutiger Jugendlicher und junger Erwachsener von den Träumen ihrer Vorgängergeneration in den Jahrzehnten zwischen 1950 und 1980: Sie legen – zumindest zurzeit – weniger Wert auf das Prestige eines Fahrzeugs. Es gibt nur zwei Möglichkeiten, einer denkbaren Offensive für die Motorisierung der breiten Masse mit umweltfreundlichen Einstiegsmodellen entgegenzukommen: Entweder preiswerte Autos aus Deutschland anzubieten oder die ökologisch nachhaltige Mobilität zu einem Status zu erheben, für den Konsumenten bereit sind, mehr Geld auszugeben – das heißt: das sichtbare Engagement für die Umwelt an die Marke eines Konzerns zu binden.

Volkswagen hat mit einer Reihe von innovativen Konzepten bereits einige Schritte auf diesem Weg getan, allerdings nicht sehr erfolgreich, unter anderem mit dem Lupo 3 Liter. Das Auto war kein Verkaufserfolg. Die nächste Stufe der technologischen Entwicklung ist der „Up". Es ist zu erwarten, dass unter dem Gesichtspunkt einer umweltverträglichen Technologie auch dieses Fahrzeug teurer werden wird, als jüngere Konsumenten akzeptieren wollen. Das Experiment mit dem Concept Car des 1-Liter-Autos war publizistisch höchst interessant, wurde zunächst nicht weiter verfolgt, dann aber im Frühjahr dieses Jahres in Katar publikumswirksam doch als Option für die nächsten Jahre vorgestellt. Dass Ideen dieser Art dennoch als Wegweiser in die Zukunft betrachtet werden können, gilt vielen Beobachtern der Automobilmärkte als sicher. Beide Konzeptionen sind heute gute Voraussetzungen für eine Weiterentwicklung der Mobilität auf dem Entwicklungspfad 3, auch wenn der Zeitpunkt ihrer Ersteinführung möglicherweise verfrüht und dem Zeitgeist zu weit voraus war. Gleichzeitig beginnt nun – verhalten auf Grund der Zurückhaltung der Konsumenten – die Erprobungsphase mit Car-Sharing-Konzepten, Stadtautos und anderen integrierten Mobilitätssystemen.

Zweifel an der Kontinuität der automobilen Entwicklung

Wachsende Brüche auf dem Entwicklungspfad 2

Die Geschichte der automobil geprägten Alltagskultur als einen dominierenden Entwicklungspfad 1 zu beschreiben, der sich auf neuen Märkten in einer moderat variierten Neuauflage wiederholt, basiert auf einer arbeitshypothetischen Entscheidung. Das wurde mehrfach bereits angedeutet. Die Geschichte dieser Jahrzehnte könnte – um den Diskurs über schwache Signale zu differenzieren – im Hinblick auf dasselbe Thema auch anders erzählt werden: als die Geschichte der für die Alltagskultur lange Zeit bedeutungslosen Kritik an der ungezügelten Mobilität, als Geschichte einer Kritik, die in den späten 60er Jahren, vor allem aber in den beiden Ölpreis-Krisen der Jahre 1973 und 1979 gesellschaftsfähig wurde, allerdings damals noch kein bestimmendes Gewicht erlangte, doch doch nun durch die aktuellen Entwicklungen neue Bedeutung gewinnen könnte.

Diese andere Geschichte könnte ebenfalls in den 50er Jahren ansetzen, und auch für den in dieser Geschichte verborgenen und sozusagen unterschwellig immer präsenten Zweifel lässt sich die soziologische Arbeit von Riesman und Larrabee als Ausgangspunkt nehmen. Im Vorwort zu „Wohlstand wofür" schreibt Riesman mit Bezug auf den Essay über „Autos in Amerika: „Unsere Haltung ist ... die von Menschen, die die Stadt lieben und ihre Strangulierung durch die Privatwagen befürchten. Wir müssen jedoch hinzufügen, dass das Auto in unserem Leben und im Leben unserer Freunde viele neue Möglichkeiten und in gewissem Umfang eine Kompensation für die Dezentralisierung durch Vororte und Trabantengemeinden geschaffen hat. Aber der Haken ist, dass das Auto nicht bloß ein Spielzeug oder Hobby ist; es hat eine ganze Gruppe dynamischer, schwer zu zähmender Institutionen geschaffen, die sich praktisch der Kontrolle durch die

Gesellschaft entziehen. Dies trifft für den einzelnen Autofahrer zu, der sich ...
zwar *im* Verkehrsstrom befindet, aber kein integraler verantwortlicher Teil des
Verkehrsstroms ist, so dass sein Verhalten dem Urteil entzogen ist. Und es trifft
für die Autofahrer als Gruppe zu, die in bezug auf die gesamte Kultur als geschlossene Einflussgruppe handelt" (Riesman 1966: 14).

Es lassen sich viele dieser Zeichen eines kritischen Umgangs mit den alltagskulturellen Konsequenzen finden. Sie zeigen, dass die dominierende Kultur
immer von einer relativierenden Mahnung begleitet war, doch millionenfach individuell nicht wahrgenommen wurde. Erst mit den globalen Konsequenzen des
jeweils individuellen Verhaltens und der gleichzeitig rückwirkenden individuellen
Betroffenheit von diesen globalen Konsequenzen gewinnen diese Markierungen
eine neue Bedeutung im Hinblick auf den Entwicklungspfad 3 und einen mehr
oder minder gravierenden „Epochenbruch". Um also die Geschichte des Entwicklungspfades 1 im Hinblick auf die Gestaltung einer andersartigen Zukunft vollständig verstehen zu können, wäre auch das Studium dieser schwachen Signale
interessant. Das kann hier nicht geleistet, nur angedeutet werden. Hier können nur
die heute sichtbaren Alternativen skizziert werden, die einen Entwicklungspfad 3
markieren. Auch der hat seine historische Logik, die ohne die dominante Kultur
auf dem ersten Entwicklungspfad nicht denkbar wäre.

Grenzen der Analogie

Die Analogie zwischen den beiden Entwicklungspfaden 1 und 2 hat noch in einem
anderen Punkt ihre Grenzen: Unbestritten galt die amerikanische Lebensart vor
allem auf dem Gebiet der individuellen Motorisierung als faszinierendes Vorbild.
Doch aus wirtschaftlichen Gründen kauften Deutsche deutsche Autos oder zumindest deren Derivate, obwohl der Besitz eines amerikanischen Straßenkreuzers
als ultimativer Ausweis des Erfolgs galt. Wirtschaftlich war nichts anderes möglich. Die Statussymbole der heutigen neuen Automärkte sind – analog zur Vor-
bildwirkung der USA in den 50er Jahren – die deutschen (also aus der Perspektive
der Kunden: ausländische) Produkte. Diese Produkte sind im Vergleich – auch in
den Premium-Bereichen – auf den neuen Märkten weit verbreiteter als damals
die amerikanischen Fahrzeuge in Deutschland oder Europa. Das hat sicher einen
Grund in der Unvergleichbarkeit der Ausgangsbedingungen – der chinesische
Markt etwa entwickelt sich aus wirtschaftlichem Aufschwung durch die Globalisierung, dessen Bedürfnisse nicht von der heimischen Produktion gedeckt werden
können. Erst allmählich entwickelt sich eine entsprechende Produktplatte, die an
ein traditionelles automobiles Bedürfnis der chinesischen Bevölkerung anschließt:
den Besitz eines Hongqi, ultimatives Statussymbol der chinesischen Elite seit

50 Jahren mit einer roten Kunststoffleiste auf der Motorhaube, die im Dunkeln illuminiert wird und weithin den Status demonstriert. Das Spitzenmodell HQ 430 wird von einem 4,3 Liter großen V8 mit 206 kW/280 PS (von Toyota) bis auf eine (potenzielle) Höchstgeschwindigkeit von 250 km beschleunigt und kostet umgerechnet 70.000 Euro. Die Produktpalette umfasst einen Geländewagen, der den Cadillacs und Cayennes Konkurrenz macht und aus einem Zwölfzylinder-Motor 440 PS abruft. Mittlerweile ist neben diesem ultimativen Statusträger eine Reihe von Neuentwicklungen auf dem Markt, deren Erfolg in China, aber auch weltweit noch nicht einzuschätzen ist.

Die Frage ist nun, wie dieser Weg weitergeht. Auch hier sind die Zeichen nicht eindeutig. Es wäre auf diesem zweiten Entwicklungspfad durchaus denkbar, dass das Bedürfnis nach luxuriöser Fortbewegung zunehmend durch die chinesischen Eigenprodukte übernommen wird. Näherliegend scheint aber, dass die Statusbedürfnisse in großem Umfang von den Premium-Fahrzeugen deutscher Hersteller befriedigt werden, während in der Heimatindustrie eine Tendenz zur Entwicklung ökologischer, in erster Linie elektrisch betriebener Fahrzeuge zu beobachten ist. Vor allem die beschriebene Verkehrsüberlastung in den Metropolen veranlasst die Regierung, das Programm zu forcieren. Aber das sind nicht die einzigen Gründe: Auf dem Gebiet der massenkompatiblen Automobilität wird die chinesische Industrie noch eine vergleichsweise lange Zeit brauchen, um konkurrenzfähige Standards zu erfüllen. Auf dem Gebiet der E-Mobilität sind die Startbedingungen fast gleich. Die chinesische Regierung will bis 2015 zwischen 500.000 und einer Million Elektrofahrzeuge auf die Straßen bringen. Das wäre der erste Schritt auf dem weltweit größten Markt für Elektroautos. Der Entwicklungspfad 2 könnte von sehr kurzer Distanz sein. Die Welt schrieb am 26. September 2010: „Auf einen einheitlichen Stecker haben sich die Mitglieder der ‚Nationalen Plattform Elektromobilität' in Deutschland als kleinsten gemeinsamen Nenner immerhin schon einigen können. In anderen Ländern wie China werden unterdessen Fakten geschaffen, die das Fahren mit elektrischen Autos zur Realität werden lassen. So richtet China bereits fünf Demonstrationsregionen für Stromfahrzeuge ein, denn in den nächsten fünf Jahren sollen bis zu einer Million Batterieautos auf den Straßen unterwegs sein. Verliert Europa seine Technologieführerschaft?" Das Fazit klingt bedrohlich: „Autos mit Benzinmotoren gelten in China als Auslaufmodelle. Die Zukunft hat dort schon begonnen."

Andererseits bleibt es dabei, dass die Statusträger die Konsumfantasien in der reicher werdenden Zivilgesellschaft mehr bewegen als die sparsamen Gleiter. Die Frage ist also, ob sich auf diesem Entwicklungspfad 2 die Wende zu einer neuen Zeit ähnlich anbahnt wie die individuelle Massenmobilisierung in Europa nach dem Krieg: durch Kleinwagen, Hybride, Volksfahrzeuge und dergleichen mehr. Eine selten gestellte weitere Frage ist in diesem Zusammenhang von er-

heblicher Bedeutung: Werden die klassischen Autokonzerne ihre Bedeutung be-
halten? Man geht zwar davon aus, dass die Konkurrenz um diesen Markt neuer
Angebote für die individuelle Mobilität von heute dominierenden Unternehmen
ausgetragen wird. Doch das ist auf Grund der fundamental neuen Kompetenzen
nicht unbedingt ausgemacht. Es könnten auch junge Firmen sein, Cluster, kleine
Konglomerate innovativer Ingenieure, Logistiker und Politiker, die demnächst
mit neuen Statusträgern von sich reden machen.

Widersprüchliche Märkte

Der Entwicklungspfad 3 beginnt also nicht mit einem technologischen „Epochenbruch", in dem das alte Konzept global ersetzt wird, sondern folgt zunächst
noch der Richtung der beiden vorangehenden Entwicklungspfade: erstens der
Premium-Motorisierung im Sinne der klassischen Automobilisierung, die auf
Status und Größe setzt und somit die Wiederaufnahme der symbolischen Bedeutung des Automobils darstellt; zweitens der Massenmotorisierung durch die
Entwicklung preiswerter Kleinfahrzeuge. Anders als auf den früheren Entwicklungspfaden allerdings stammen die Angebote nicht mehr nur aus den klassischen
Herstellermärkten USA, Europa oder Japan und Süd-Korea, sondern auch aus den
bisherigen „Absatz"-Märkten dieser Konkurrenz, Indien und China. Die technologische Offensive wird also globalisiert. Gleichzeitig aber werden, wie eben
bereits skizziert, alternative Konzepte forciert, die zunächst den Bedürfnissen des
chinesischen Binnenmarktes genügen sollen. So beginnt die Entwicklung der ökologischen Alternativen auf diesem dritten Entwicklungspfad mit unterschiedlichen Zugängen zur gegenwärtig dominierenden Alternative der Elektro-Mobilität.
     Allerdings sind sich die Repräsentanten der Automobilindustrie keineswegs
sicher, ob die Elektromobilität tatsächlich die Rolle spielen wird, die der „dominierenden Medien-Diskurs" ihr zuschreibt. BMW Vorstandschef Norbert
Reithofer relativiert auf dem „Zukunftsgipfel" der Zeit: „Uns wird ein Stichwort
vorgegeben, und dann wird öffentlich nur noch in diese Richtung diskutiert. Es
wird weder der Zeithorizont zum Aufbau dieser Technologie betrachtet noch die
Tatsache, dass wir bereits über Technologien verfügen, um wesentlich energieeffi-
zientere Autos zu bauen, und die uns zugleich künftige Technologien finanzieren
helfen" (zitiert aus einer Anzeige).
     Diese Unsicherheit erinnert an die Einführungsphase der Video-Technologie,
als verschiedene Ideen zueinander in Konkurrenz standen, darunter die längst
vergessene „Bildplatte". Das heißt, einem technologischen Pfad zu folgen, der
gegenwärtig als zukunftsträchtig gilt, kann schwerwiegende Folgen haben, wenn
sich eine andere Technik durchsetzt. Vor allem aber verläuft diese technologische

Transformation auf einem eher parallelen, nur leicht versetzten Entwicklungspfad, weil das grundsätzliche Prinzip des Individualverkehrs durch das Auto nicht in Frage gestellt wird. Es kann sich aber als ebenso schwerwiegender Irrweg herausstellen, der Technologie batteriegetriebener Fahrzeugkonzepte nicht zu folgen. Das Problem mündet in einer ebenso betriebswirtschaftlichen wie soziologischen Irritation und wirft die Frage auf: Welche Alternativen lassen sich im Wertesystem der konsumbestimmenden Segmente der künftigen Weltgesellschaft ebenso kurzfristig wie nachhaltig verankern?

Dieser Wandel kann sich umso leichter vollziehen, als mittlerweile ein demografischer Effekt greift: die Zahl der Jugendlichen und jungen Erwachsenen, deren Sozialisation nicht mehr direkt vom Entwicklungspfad 1 geprägt ist, nimmt zu. Die Vermächtnisse der 50er und frühen 60er Jahre verblassen. Das Spektrum der Möglichkeiten erweitert sich. Das Prinzip der individuellen Mobilität bleibt allerdings von diesem Wandel unberührt – bis heute, wie unsere Erhebung zeigt. Und doch hat sich der Gedanke an eine notwendige Alternative seit den späten 70er Jahren zusehends verdichtet, ja sogar der Gedanke, dass die Automobilisierung in eine technologische Sackgasse geraten war. Die bislang auf reine „Fahrlust", wie der Psychologe Rainer Schönhammer es in einem viel beachteten Vortrag nennt, ausgerichtete Interpretation des Autos wurde ergänzt durch „Wirtschaftlichkeit" (Schönhammer 1993). Das Versprechen der individuellen Massenmobilität erschien brüchig, wenn nicht die Technologie reagierte und sparsamere Motoren lieferte. Das geschah und geschieht. Große Autos werden leichter, neue Motoren verbrauchen weniger Kraftstoff. Kleinwagen werden zu Alternativen, ohne dass jedoch der Premium-Markt beeinträchtigt würde. Doch wird gleichzeitig auch die Konfrontation der Status-Milieus sichtbarer, weil sich der Distinktionsgewinn vergrößert. Wer es sich trotz hoher Energiepreise leisten kann, wird weiterhin große Autos zu fahren, jedenfalls solange wie sich das Vermächtnis des Entwicklungspfades 1 noch als unausgesprochene Wunschvorstellung vom „eigentlichen" Auto hält: groß, schnell, prestigeträchtig, stark.

Konfrontation von Mobilitätsansprüchen und „Degrowth"

Intergenerationelle Mobilitätsgerechtigkeit

Die Opposition gegen fundamentale Veränderungen wird auf Grund solcher sozialer Inkonsistenzen groß sein. Denn die Forderung nach ökologisch begründeter Bescheidenheit wirft verschiedene als moralisch empfundene Probleme von hoher Emotionalität auf, unter anderem das der intergenerationellen Mobilitätsgerechtigkeit als Teil der ökologischen Gerechtigkeit. Eine solche Gerechtigkeit sei erreicht, wenn niemand auf Grund seiner Zugehörigkeit zu einer bestimmten Generation benachteiligt werde, schreibt zum Beispiel Heubach (2008). Die ökologische Generationengerechtigkeit betrifft alle Aspekte einer nachhaltigen ökologischen Entwicklung und mündet letztlich, so der Zukunftsforscher Rolf Kreibich, in der normativen Vorstellung, jede Generation müsse so handeln, dass das „natürliche Kapital" für künftige Generationen erhalten bleibe und die Lebensgrundlagen nicht gefährdet seien.

Otfried Höffe fasst in einer philosophischen Abhandlung die intergenerationelle Gerechtigkeit noch pointierter. Keine Generation dürfe mehr an Ressourcen verbrauchen, als sie an Äquivalenten oder Substituten hervorbringe. Der Verbrauch von nicht erneuerbaren Rohstoffen sei ganz einzustellen (2001). Dementsprechend leben Menschen heutzutage ökologisch generationengerecht, wenn sie zum Beispiel ihren Verbrauch fossiler Brennstoffe reduzieren. Die Realisierung der Gerechtigkeit drängt aber auch auf die Beantwortung der Frage nach Kompensationen: Welcher Ausgleich wird für die subjektiv empfundene Beeinträchtigung der Lebensqualität der nachwachsenden Generation geboten?

Die junge Bevölkerung in Deutschland hat – insbesondere in den Städten – bereits ihr Mobilitätsverhalten geändert und nutzt mehr als früher den Öffentlichen Nah- und Fernverkehr oder das eigene Fahrrad. Dies geht mit erstmalig sinkenden Führerscheinquoten in dieser Gruppe einher. Die Ergebnisse lassen, wie beispielsweise die regelmäßige Studie „Mobilität in Deutschland" in ihrer Ausgabe 2008 feststellt, eine Trendwende vermuten, deren Fortgang sich aber in den kommenden Jahren erst noch erweisen müsse (Web-Dokument 4). Doch tendenziell vermuten Experten auch in der Zukunft eine Zunahme der individuellen Mobilität mit dem Auto. Die „Shell Pkw-Szenarien 2009" zum Beispiel beschreiben mögliche Folgen des demografischen Wandels für künftige Auto-Mobilität in Deutschland und mit Nachhaltigkeitsperspektiven von Pkw-Trends anhand alternativer Zukunftsentwürfe – jeweils bis 2030 (Web-Dokument 5).

Die heutigen Jugendlichen und jungen Erwachsenen werden dann erwachsen sein, ihre Karriere konsolidiert haben und eventuell gute Positionen mit einem relativ hohen Einkommen einnehmen. Aus Sicht der Experten bedeutet das: „Die Motorisierung der Frauen wird von heute etwa 340 auf gut 430 Pkw je 1 000 Frauen ansteigen; sie erreicht 2030 damit etwa 60 Prozent der Pkw-Motorisierung der Männer. Die Motorisierung der Männer legt nur noch geringfügig von heute knapp 700 auf etwa 715 im Jahr 2030 zu." Insgesamt werde die „PKW-Dichte und damit PKW-Flotte in Deutschland weiter wachsen."

Die Studie „Mobilität in Deutschland" aus dem Jahr 2008 zeigt, dass dieses bei gleichbleibender oder gar sinkender Einwohnerzahl leicht wachsende Verkehrsaufkommen wesentlich auf eine gesteigerte Mobilität der heutigen Senioren zurückzuführen sei. Sie seien aktiver als frühere Generationen in diesem Alter und nutzten, nicht zuletzt aufgrund ihrer bisherigen Verkehrssozialisation, häufiger das Auto. Der Anteil der Personen im Alter von 65 Jahren oder mehr ist zwischen 2002 und 2008 um 16 Prozent, der Anteil der Wege, die diese Gruppe zurücklegt, um 31 Prozent gewachsen. Der Mobilitätszuwachs ist bei den Frauen relativ größer als bei den Männern.

Globale Mobilitätsgerechtigkeit

Wenn das Mobilitätsverhalten der älteren Generation sichtlich unbeeindruckt von den bereits durch diese Generation erzeugten Kosten unverändert bleibt oder sich gar steigert, könnte das gegenwärtig zu beobachtende Verhalten vieler Jugendlicher, häufiger auf Fahrrad und öffentliche Verkehrsmittel umzusteigen, eine prognostisch irrelevante Momentaufnahme sein. Denn die Mutmaßung, dass man nicht gleichzeitig die vergangenen und die gegenwärtigen Konsequenzen des Verhaltens Älterer ausbügeln will, ist nach den Befunden unserer Erhebung durchaus angebracht. Es kommt noch ein Aspekt dazu, der bislang in den Überlegungen der jungen Leute noch keine wesentliche Rolle spielt: die in diesem jungen Jahrtausend an Geschwindigkeit zunehmenden globalen Ansprüche nach Mobilitätsgerechtigkeit. Es ist zu verstehen, dass die Bevölkerungen Chinas und Indiens auf das Recht pochen, im Zuge ihrer wirtschaftlichen Konsolidierung einen Entwicklungspfad wie den der ehemaligen Kerngesellschaften der westlichindustrialisierten Welt zu beschreiten. Neben der Konfrontation der unmittelbar auf dem Territorium eines Staates oder eines Staatenbundes zusammenlebenden Generationen entwickelt sich damit eine weitere Konfrontation zwischen Gruppen, die vordergründig nichts miteinander zu tun haben – außer, das sie ein Weltklima teilen. Die Skizze des Entwicklungspfades 2 hat deutlich gemacht, dass die Automobilisierung von Schwellen- und Entwicklungsländern zunächst noch dem Entwicklungspfad 1 folgt, das heißt, dass sich die Probleme verschärfen werden. Eine theoretische Lösung dieser Probleme könnte nun darin liegen, dass der Westen Verzicht übt, um die ökologischen Defizite, die andere Bereiche erzeugen, zu kompensieren. Das ist nur möglich, wenn die jüngere Generation der westlichen Gesellschaften verzichtet. Es wäre die Analogie zum Emissionshandel: Verzicht auf Mobilität müsste erkauft werden.

Verzicht allein könnte nur die Lösung für bestimmte Bereiche der Gesellschaft sein, die in der Lage sind, im Sinne einer Walden-Utopie regional autark zu leben. Alle anderen sind gezwungen, anders zu leben. Ganz gleich, ob es sich um beruflich erforderliche oder die Freizeit betreffende Mobilität handelt, um die Anforderungen der globalisierten Märkte oder die Annäherung von Gesellschaften mit unterschiedlichen kulturellen Verfassungen durch die millionenfach persönliche Kommunikation der Menschen – die Welt der Zukunft ist ohne Kommunikation und damit Mobilität nicht zu denken, ja, sie erfordert in weit größerem Umfang als heute die Mobilität als Mittel der individuellen und kollektiven Existenzsicherung. Also wird die praktische Lösung nur über revolutionär neue Technologien zu realisieren sein. Die aber sind kostspielig, sowohl was die Entwicklung als auch was die individuelle Anschaffung angeht.

Plausible Schätzungen gehen daher zunächst von einer Individualisierung der Antriebstechnologien aus. Eurotax/Schwacke und das Prognoseinstitut BDW Automotive prognostizieren einen solchen Mix in ihrer Studie „Alternativ angetriebene Fahrzeuge in Europa". Um unattraktive Fahrzeuggesamtkosten (Finanzierung, Steuern, Wertverlust, Kraftstoff und Service) zu vermeiden, müssten Fahrzeuge mit alternativen Antriebstechnologien, insbesondere Elektrofahrzeuge, relativ hohe Jahresfahrleistungen absolvieren, die von Privatleuten nicht immer erreicht werden, schreiben die Experten. Individuelle Berechnungen müssen zeigen, ob Fahrmuster und Jahresfahrleistungen zu Kostenvorteilen der alternativen Antriebskonzepte führen oder nicht. Ansonsten bestünde die Gefahr, dass Kunden („auch aufgrund des derzeitigen Medienrummels") angesprochen werden, deren Fahrmuster nicht zum gewählten alternativen Antriebskonzept passen und die sich anschließend enttäuscht von der neuen Technologie abwenden und die weitere Marktdurchdringung negativ beeinflussen. Unstrittig ist für die Gutachter aber eines: Für alle alternativen Antriebskonzepte muss die entsprechende Infrastruktur in Deutschland rasch ausgebaut werden. Dieses gelte insbesondere für die Installation von Elektroladestationen.

Degrowth als alternatives Statussymbol

Derartige Modifikationen scheinen einer wachsenden Schar von eher fundamental andersdenkenden Gruppen nur als Verlängerung eines in die Irre führenden Pfades. Unter dem global verbreiteten Stichwort „Degrowth" formulieren sie eine deutliche Absage an den Entwicklungspfad 2. Das Kommunique einer Konferenz über „Economic Degrowth" vom 26. bis zum 29. März 2010 in Barcelona, die von 500 Teilnehmer aus 40 Ländern besucht wurde, beispielsweise formuliert eine unmissverständliche Kritik am Habitus des konventionellen Alltagsverhaltens und zielt deutlich auf das Verhalten der globalen Mittelschichten, die dabei sind, den Entwicklungspfad 2 zu beschreiten. „An international elite and a ‚global middle class' are causing havoc to the environment through conspicuous consumption and the excessive appropriation of human and natural resources. Their consumption patterns lead to further environmental and social damage when imitated by the rest of society in a vicious circle of status-seeking through the accumulation of material possessions. While irresponsible financial institutions, multi-national corporations and governments are rightly at the forefront of public criticism, this crisis has deeper structural causes." Auf den ersten Blick ist die Radikalität der Veränderungen, die den Delegierten des Kongresses in Barcelona notwendig erscheinen, bestürzend. Welche kulturellen Verfremdungen diese „proposals" enthalten, wird vor allem in der Forderung nach einer Veränderung der Car-Culture deutlich.

Man wird einwenden können, dass die Radikalität dieser Vorschläge, die sich noch einmal sehr deutlich in den dokumentierten Ergebnissen der Arbeitsgruppen zu erkennen gibt, die politischen Programme fundamental-alternativer, zum Teil wirtschaftsferner Gruppierungen widerspiegele (Web-Dokument 6). Der Einwand ist – auch wenn die Charakteristik der teilnehmenden Gruppen und Personen weitgehend zutrifft – unberechtigt. Denn die Radikalität der „Degrowth"-Bewegungen bietet weit über die Horizonte der gegenwärtigen Diskussion hinausreichende Lösungen. Diese Reichweite kann für die konkreten Überlegungen in einzelnen Feldern der technologischen Zukunftsgestaltung ein wichtiges Korrektiv bilden. Die Ergebnisse und Diskussionsbeiträge der Konferenz sind in den Institutionen für Technikfolgenabschätzung auf zumindest akademisches Interesse gestoßen.

Sie sind in gemilderter Form auch in den Zukunftsvorschlägen deutscher Experten sichtbar, etwa der IFMO-Studie „Zukunft der Mobilität. Szenarien 2020" von 2002, in der eine Reihe von relativ starken Signalen eines generellen Umdenkens im Rahmen der konventionellen Mobilität identifiziert werden. „Die Kfz-Hersteller haben die Trends in Gesellschaft und Wirtschaft in ihrer Modellpolitik berücksichtigt. So wurden in den vergangenen zwei Jahrzehnten immer mehr unterschiedliche Fahrzeugkonzepte auf den Markt gebracht. Viele, die es sich leisten können, besitzen neben einem gut ausgestatteten großen Pkw auch einen Kleinwagen, der als Stadtauto oder für kurze Fahrten genutzt wird. Die kommunale Verkehrspolitik, die in vielen Städten eine Beschränkung des innerstädtischen MIV zum Ziel hat, sowie die häufig angespannte Verkehrssituation in vielen Zentren sind Gründe dafür, derartige ‚Stadtautos' anzuschaffen" (Web-Dokument 7). Eine Reihe von technologischen und infrastrukturellen Maßnahmen werden als förderliche Kontextbedingungen beschrieben, darunter die technologische Ausrüstung der Autos, das Upgrading des Öffentlichen Personen-Nahverkehrs (der in den Antworten unserer Befragten als höchst unangenehme Mobilitätsvariante erscheint) oder die so genannte „Intermodalität als verkehrsorganisatorisches Konzept".

Modul 2: Contentanalysen

Mobilität und Autos in den Medien

Die Vermittlung von Konventionen, ihre Verdichtung in gesellschaftsfähigen Metaphern und Symbolen, vollzieht sich über die Medien. Im vorangehenden Modul ist verschiedentlich die Bedeutung der Massenmedien betont worden, etwa bei der Verbreitung des „Standardpakets" des mittelständischen Konsums durch Kataloge und Inszenierungen in Fernsehserien oder durch Reportagen aus anderen Kulturen wie bei Peter von Zahn. Die Medien haben also in erheblichem Maße zum dominierenden Bild der Auto- und Mobilitätskultur beigetragen und, um Roland Barthes Idee aufzugreifen, diesem zentralen Produkt einen mythischen Charakter verliehen. Dennoch hat es Variationen, Gegenbilder, Brüche in der Logik der unaufhörlichen Weiterentwicklung dieser Kultur des Entwicklungspfades 1 gegeben, die nicht (zumindest nicht in der Phase ihrer Entstehung) von Medien getragen wurden, sondern in mitunter unbeachteten sozialen Netzwerken entstanden. Ein faszinierendes Beispiel hat – wie beschrieben – Tom Wolfe mit seinem Feature über die amerikanische Jugendkultur der 50er und frühen 60er Jahre geliefert. Die Variation des Massenkonsumguts Auto zu einem ästhetischen Nischenprodukt zeigt, wie sich die dominierende Entwicklung plötzlich in unterschiedliche Facetten auflöst. In diesem Beispiel sind es noch gewissermaßen affirmative Variationen.

Doch mit dem Ende der 70er Jahre gelangen, wie schon angedeutet, andere Ideen in die Medien, die dem konventionellen dominanten Diskurs der herrschenden Alltagskultur widersprechen, vor allem aus den Kreisen der ökologischen Szene. Sie etabliert sich langsam, aber sehr sicher als ein Teil des allgemeinen Lebensstils, der auch eine Neubewertung des Autos umfasst. Es ist daher interessant, dieser Frage weiter nachzugehen und vor dem Hintergrund der Frage nach der künftigen Richtung der automobilen Entwicklungspfade die Berichterstattung in den Medien zu betrachten.

Die Befunde werden dann mit den Ergebnissen der Onlinebefragung und der Gespräche konfrontiert, wobei sich – das sei an dieser Stelle vorweggenommen – kaum messbare Einflüsse der Medien bemerkbar machen. Das hat einen ganz einfachen Grund: Die gegenwärtige Berichterstattung (unter Einbezug der Werbung) ist diffus, widersprüchlich, zum Teil kontrovers und sensationsorientiert, dann wieder oberflächlich und beiläufig. Sie spiegelt insgesamt die Unsicherheit wider, die sich auch bei der Diskussion der Entwicklungspfade gezeigt hat.

Im Hinblick auf das Strategische Zukunftsmanagement stellt sich natürlich die Frage, wie denn die Kommunikation der Unternehmen mit der nächsten Konsumentengeneration gestaltet werden soll. Eine naheliegende Idee ist natürlich, dass ein wichtiger Teil der Selbstverständigung Jugendlicher und junger Erwachsener über die webbasierte Kommunikation erfolgt, so dass die Unternehmen diesen Weg wählen, um die Konsumentenbedürfnisse zu treffen. Die These ist plausibel genug, um im Anschluss an die Dokumentation von Befragung und Gesprächen die Erfolgsaussichten dieses Weges auszuloten. Zunächst aber sollen die Ergebnisse einer Contentanalyse der meistverbreiteten Zielgruppen-Medien dargestellt werden.

Analyse von Zielgruppen-Magazinen

Von April bis Oktober 2009 wurden parallel zur der weiter unten dokumentierten Online-Befragung und zu den Gesprächen die Zeitschriften Unicum, Audimax, Joy, FHM und Neon nach drei Mobilitätstypen analysiert: „Autofahrer", „Nutzer öffentlicher Verkehrsmittel" und „Fußgänger". Diese Mobilitätstypen wurden nach Maßgabe der „Evaluative Assertion Analysis" als „Attitude Objects" identifiziert und nach ihrer generellen Wertigkeit (positiv, neutral, negativ) eingestuft. Damit sind die aufwändigen Codierungsregeln dieses contentanalytischen Verfahrens stark vereinfacht und auf nominalskalierte Einschätzungen beschränkt, da es sich bei dieser Analyse nur um eine Ergänzung der Befunde aus Online-Erhebung und Tiefen-Interviews handelte (siehe für die Einzelheiten des Verfahrens Osgood 1956). Insgesamt umfasst die Analyse 32 Exemplare. Die drei Attitude Objects wurden insgesamt in 922 redaktionellen Motiven identifiziert. Darüber hinaus wurde das Motiv „Mobilität" in 155 Erwähnungen in der Kombination mit den Motiven Lebensstil, Reisen und Voraussetzung beruflicher und privater Lebensführung ausgemacht.

Unicum und Audimax

Charakteristisch sind Berichte von Studenten über ihre Erfahrungen von Auslandssemestern oder -praktika. Diese Berichte sind nicht unbedingt typisch für das studentische Leben, spiegeln also nicht die Lebenswirklichkeit des normalen Studentenalltags wider. Der redaktionelle Schwerpunkt bei Mobilitätsthemen wird durch Reisen und Bildung geprägt. Insgesamt erscheint in diesen beiden Magazinen Mobilität als normale Beigabe des Alltags und Voraussetzung moderner Bildung; ein Zusammenhang, der von den Befragten in den Gesprächen nicht ein einziges Mal angesprochen wurde.

Joy

Selbstbeschreibung: Trendmagazin für junge Frauen. Der Fokus bei Mobilitätsthemen liegt insgesamt – neben dem Motiv Automobil – auf Reisen beziehungsweise auf einer Lebensweise, zu der Reisen gehört. Dies liegt mit daran, dass sich ein großer Teil der Berichterstattung um Prominente und ihr Leben dreht. Daher wird sehr oft über den Urlaub und die Reisen von Stars geschrieben. Auch werden häufiger Models auf den internationalen Laufstegen begleitet. Dazu gibt es in jeder Ausgabe der Joy Reisetipps. Bei den Attitude Objects dominiert eindeutig das Auto. Obwohl sich Joy an eine weibliche Leserschaft richtet, wird deutlich, dass das Auto gerade für Männer von besonderer Bedeutung zu sein scheint. Diesen Schluss legen metaphorische Vergleiche mit dem Auto zu wie: „Was ihm ein Ferrari, sind für sie kostbare Erotik-Accessoires" (Juni). Außerdem gibt es in einer Umfrage über Rachegelüste die Antwortmöglichkeit „Sie spritzen Sekundenkleber in das Autoschloss ihres Feindes" (April). Ebenfalls sehr deutlich zeigen zwei (von insgesamt zehn) Rachetipps im Anschluss an diese Umfrage die herausragende Bedeutung des Autos für Männer. Der eine ist: „Machen Sie seine neue Freundin mürbe, indem Sie Ihrem Ex täglich eine rote Rose unter den Scheibenwischer seines Autos klemmen" (ebd.). Der andere Tipp lautet: „Stecken Sie eine Banane in den Auspuff seines/ihres Autos" (ebd.).

FHM

Sieht sich selbst als Lifestyle- und Trendmagazin für die junge männliche Elite, thematisiert auffallend häufig das Automobil und vernachlässigt die anderen Attitude Objects (öffentliche Verkehrsmittel sowie das Fahrrad/zu Fuß gehen). Das Kernmotiv dieser Zeitschrift umspielt ebenfalls die Freude am Reisen. Das Auto ist zwar in allen Zeitschriften – und somit generell – das meist beschriebene Mobilitätsmittel, jedoch behandelt FHM prozentual gesehen das Auto eindeutig am meisten. Also scheint das Auto gerade für Männer, speziell für die trendbewusste, wohlhabende junge männliche Elite – oder die, die es gerne wären – von besonderer Bedeutung zu sein. Dies verdeutlichen unter anderen zwei Aussagen in FHM, in denen die Verbindung von Männern und Autos erläutert wird: „Männer mit gepflegten Autos und schönen Klamotten und ein bisschen

Geschmack" (April) sowie: „Die meisten Luxusautos werden nicht von denen gekauft, die ohnehin schon viel Geld haben. Diese Fahrzeuge werden von denen gekauft, die gerne reich wären" (Juni). Das Auto wird nicht nur als ein Mittel zur Mobilität dargestellt, sondern auch als Statussymbol, gewissermaßen als Ausdruck der Persönlichkeit oder Charaktereigenschaft, wie eine Unterhaltung in FHM mit einer Frau verdeutlicht: „Was fährt er privat? Einen Porsche? Nein, einen Audi. Als wir uns kennengelernt und für den nächsten Tag verabredet haben, dachte ich mir, wenn der einen Porsche fährt, ist die Sache für mich erledigt. Hättest du lieber einen Ferrari-Fahrer? Nein, eher einen Oldtimer-Fahrer" (Juli). Ein tolles Auto wird zudem als Zeichen für den Erfolg im Leben angesehen: „Die Vorstellung, zuschauen zu müssen, wie meine ehemaligen Mitschüler mit dicken Autos ankommen und ihre gut aussehenden Frauen im Arm halten, macht mir Angst" (Juni). Darüber hinaus wird das Auto auch mit der sexuellen Orientierung beziehungsweise mit dem Erfolg bei Frauen in Verbindung gebracht.

Neon

Bewirbt sich selber als ein Unisex-Magazin für jung gebliebene Erwachsene. In diesem Magazin werden die drei Attitude Objects insgesamt am häufigsten behandelt. Dies liegt zum einen sicherlich daran, dass Neon den größten Umfang aller Zeitschriften hat. Aber auch prozentual sind die Themenfacetten der physischen Mobilität in Neon am häufigsten thematisiert – neben dem Auto auch sehr häufig die öffentlichen Verkehrsmittel. Sie scheinen also in der Zielgruppe eine bedeutende Rolle zu spielen. Ein Grund hierfür kann sein, dass der Anteil von Studenten unter den Neon-Lesern relativ hoch ist.

Ansonsten häufen sich die beiden Kombinations-Motive Mobilität und Lifestyle sowie Mobilität und Reisen. Auffällig ist, dass die Fernbeziehung ein häufiges Motiv darstellt (das im Übrigen in keinem Gespräch thematisiert wurde). Außerdem werden teilweise Lebenswege beschrieben, deren Basis die Mobilität ist. In einigen Passagen wird zudem eine besondere Bedeutung des Autos hervorgehoben: „Dabei gehört das lässige Cruisen mit dem Auto zu den großen Momenten des Erwachsenwerdens […]. Eine Bahn fährt ihren Plan ab, mit einem Auto übt man Selbstbestimmung" (April). Allerdings überwiegen in Neon insgesamt ganz eindeutig Aussagen über eine zweckgebundene Mobilität.

Allgemeine Auswertung

Die Analyse der Zeitschriften insgesamt verdeutlicht, dass Mobilität in den Lebenswelten junger Erwachsener eine bedeutende Rolle spielt. Die identifizierten 922 Nennungen der drei Attitude Objects sowie die 155 Fälle der Kombinations-Motive belegen, dass Mobilität eine Grundvoraussetzung, ein Teil des Alltags in den Lebenswirklichkeiten junger Erwachsener ist. Auffällig ist hierbei, wie selten die Kategorie Mobilität und Umweltschutz behandelt wird. Ebenso fällt auf, dass Elektroautos bei der Berichterstattung über Automobile – mit Ausnahme der Auto Bild, die als Kontrollmedium herangezogen wurde – fast vollständig außer Acht gelassen werden. Mobilität ist in diesen Medien also größtenteils neutral bewertete Beigabe des normalen Alltags. Die Bewertungen von Auto-, Bahnfahren oder zu Fuß gehen, lassen keine spektakulären Prioritäten erkennen, allenfalls leichte Tendenzen zur vergleichweise kritischen Betrachtung des Autofahrens.

Tabelle 1   Verteilung und Wertung der Attitude Objects „Autos“, „Öffentliche Verkehrsmittel“ und „zu Fuß gehen“ in den Zeitschriften (N = 922 in Prozent)

	Auto	Öff. Verkehrsmittel	Fahrrad/zu Fuß	gesamt
Positiv	19	21	21	20
Neutral	54	61	58	56
Negativ	27	18	21	24
Gesamt n	571	232	119	922

Bei den Erwähnungen der Mobilität im Allgemeinen lässt sich feststellen, dass Fragen des Lebensstils und des Reisens die größte Beachtung erfahren. Beide werden annähernd gleich häufig thematisiert (Reisen in 60, Lifestyle in 58 von 155 Nennungen). Das entspricht einem Anteil von (gerundet) 39 beziehungsweise 37 Prozent aller Nennungen. Auf die Kategorie „Mobilität als Voraussetzung der alltäglichen privaten und beruflichen Lebensführung“ entfallen 24 Prozent aller Fälle.

Auffällig ist, dass die Kategorie „Mobilität und Reisen“ die einzige ist, die in allen Zeitschriften thematisiert wird. Ansonsten zeigt sich deutlich, dass die beiden Lifestyle-Magazine Neon und FHM am häufigsten „Mobilität und Lifestyle“ behandeln und „Mobilität als Voraussetzung“ gar nicht, während die Studentenzeitschriften Unicum und Audimax ihren Fokus auf „Mobilität als Vorausset-

zung" legen, „Mobilität und Lifestyle" dagegen nur marginal (Unicum) oder gar
nicht (Audimax) thematisieren. Joy hingegen behandelt alle Kategorien, zumeist
jedoch „Mobilität und Reisen". Besonders erwähnenswert ist bei den weiteren
Kategorien, dass die Kombination „Mobilität und Umweltschutz" fast gar nicht
thematisiert wird.

Tabelle 2   Häufigkeit des Themas „Mobilität, Lebensstil, Reisen und
                Beruf" in den Zeitschriften (Nennungen in absoluten Zahlen)

	Mobilität und Lifestyle	Mobilität und Reisen	Mobilität als Voraussetzung	gesamt
Neon	31	24	0	55
FHM	19	5	0	24
Joy	5	18	1	24
Unicum	3	4	12	19
Audimax	0	9	24	33
gesamt	58	60	37	155

Analyse der Werbung im Zielgruppen-TV

Als Programm-Umfelder für die jugendorientierte Werbung wurden folgende
Sendungen identifiziert und untersucht: „Die Simpsons", „U20", „Grey's Anato-
my", „Scrubs", „Auto Mobil", „King of Queens", „We Are Family", „Gute Zeiten
Schlechte Zeiten" und der „PRO7-Blockbuster am Sonntag". Auf dieser Grundlage ist es nun interessant, die Assoziationen zu identifizieren, die Jugendliche und
junge Erwachsene mit dem Autofahren verbinden.
      Die Befunde zeigen ein deutlich anderes Bild als sich in den Zielgruppen-
Medien abzeichnet. Zunächst einmal ist das Auto in den untersuchten Werbe-
blöcken das häufigste Mobilitäts-Motiv (mit 54 Prozent) neben dem Handy
(27 Prozent) und dem Reisen generell (19 Prozent). Das Auto wird also im untersuchten Themenfeld der physischen Mobilität am häufigsten wahrgenommen.
Das wichtigste Hilfsmittel für Jugendliche, um sich physisch mobil zu fühlen,
ist jedoch das Handy. Mobilität erscheint weit häufiger im Kontext individueller
Alltagsgestaltung als in einer Gruppensituation oder als Element außergewöhn-
licher Situationen. In der Charakteristik der dargestellten Personen dominiert
mit 43 Prozent der untersuchten Spots Jugendlichkeit und Dynamik. Es folgt mit

32 Prozent der Anspruch, im Trend zu liegen (modern zu sein). Umweltbewusst-sein rangiert bei 13 Prozent. Kostenaspekte – also Preisvorteile und Ersparnis – sind nur zu 6 Prozent identifiziert. Die Werte, mit denen geworben wird, folgen einer klaren, den Befragungen und Gesprächen zuwiderlaufenden Hierarchie: 48 Prozent sind durch den Faktor Prestige bestimmt, zu 19 Prozent durch Unab-hängigkeit und Flexibilität, zu jeweils 10 Prozent durch Umweltbewusstsein und Kostenaspekten. Sicherheit spielt mit 6 Prozent eine noch geringere Rolle. Das Wertegefüge, das sich später in der Befragung und den Gesprächen zeigen wird, kehrt sich hier um (siehe die Aufstellung auf S. 153). Das kann als Hinweis auf eine von den Medien- und Nachrichtenwerten unabhängige Haltung der Jugendlichen und jungen Erwachsenen interpretiert werden. Eine Erklärung für diese Diskre-panz liegt in der funktionalen Einordnung der Medien: die TV-Werbung setzt, ge-mäß einer klassischen Funktionsdifferenzierung der Medien offensichtlich stärker auf die emotionalen Faktoren der Mobilität.

Analyse von Tageszeitungen

Zu ähnlichen Ergebnissen wie die im hier referierten Projekt durchgeführte Con-tentanalyse kommt eine Medienresonanzanalyse der Deutschen Energie-Agentur, in der die Auto- und Verkehrsberichterstattung großer deutscher Tageszeitungen aus dem Jahr 2009 analysiert wurde. Das zentrale Ergebnis dieser Studie lautet: Energie- und klimarelevante Themen spielen innerhalb der Berichte der Mobili-tätsteile eine eher untergeordnete Rolle. In dieser Studie wurden 4 173 Artikel in vier überregionalen und sechs regionalen deutschen Tageszeitungen im Zeitraum vom 1. April 2008 bis zum 31. März 2009 inhaltsanalytisch untersucht. In die Analyse flossen ausschließlich redaktionelle Beiträge in den einzelnen Mobilitäts-seiten ein, die den bodengestützten Personenverkehr thematisierten.

  Lediglich 22 Prozent der Nennungen thematisiert klimarelevante Themen, während 78 Prozent der Berichterstattung von Themen wie Leistung, Komfort und Design der Automobile determiniert sind. Ein weiteres zentrales Ergebnis der Studie ist, dass die Berichterstattung besonders durch das Automobil ge-prägt ist, das in 90 Prozent der Fälle behandelt wird. Öffentliche Verkehrsmittel sowie Fahrrad fahren und zu Fuß gehen spielen mit weniger als 5 Prozent der Berichterstattung nur eine untergeordnete Rolle (vgl. Deutsche Energie-Agentur 2009: 13 ff.).

  Die Tendenzen bestätigen sich weiter in einer Studie, die vom statistischen Bundesamt im Oktober 2009 publiziert wurde. Das am meisten genutzte Ver-kehrsmittel für den Weg zur Arbeit ist das Auto mit rund 60 Prozent. Öffentliche Verkehrsmittel benutzen laut der Studie 12,9 Prozent, während insgesamt 17,8 Prozent den Arbeitsweg mit dem Fahrrad oder zu Fuß absolvieren (vgl. Süddeutsche Zeitung vom 4.11.09).

Die Analyse hat ebenfalls ergeben, dass die Mobilitätsmittel zumeist neutral dargestellt werden. Auf neutrale Beschreibungen entfallen mit 56,5 Prozent aller Fälle mehr als die Hälfte aller Fälle. Die Deutsche Energie-Agentur erreicht vergleichbare Ergebnisse. Der motorisierte Individualverkehr wird in 58 Prozent aller Fälle und der sonstige Personenverkehr in 56 Prozent aller Fälle neutral beschrieben (vgl. Deutsche Energie-Agentur 2009: 20). Dies verdeutlicht, dass bei der Mobilität insgesamt der Zweck im Vordergrund steht. Es geht darum, mobil, unabhängig und flexibel zu sein und zügig von A nach B zu kommen. Nachrangig sind bei der Mobilität – und der Wahl des Mobilitätsmittels – hingegen Faktoren wie Status und Prestige, Spaß oder eine bestimmte Automarke, wie die Analyse der Zeitschriften gezeigt hat. Interessant ist nun, dass sich diese Hierarchie in der TV-Werbung umkehrt. Doch auch in diesem eher neutralen Umfeld setzt sich die Konfrontation der in Magazinen und TV-Werbung verbreiteten Motive fort. Das wird allerdings erst deutlich, wenn man die redaktionelle Inszenierung des Themas ganzheitlich betrachtet.

Dann nämlich eröffnet sich der Blick auf eine interessante Differenzierung, vor allem durch die Nutzung von „Studien". Während Automobilität generell eher als alltäglich beschrieben wird und sich die Berichterstattung vor allem auf interessante Neuwagen und Tests konzentriert, wird durch die Studien ein anderer Nachrichtenwert realisiert: die Betroffenheit der Autonutzer von gravierenden Veränderungen.

Hier ist nicht der Raum, um über die Gründe für diese redaktionelle Inszenierung zu spekulieren. Es zeichnet sich aber seit einigen Jahren eine Tendenz ab, die journalistische Bewertung von gesellschaftlichen und kulturellen Veränderungen bei kontroversen Themen und unübersichtlichen Szenarien für die Zukunft durch die Platzierung derartiger Studien zu ersetzen, deren Befunde die ganze Tragweite des unausweichlichen Wandels belegen sollen. Vielleicht liegt der Grund darin, dass die Komplexität der Themen die journalistischen Recherche-Kapazitäten überfordern, vielleicht aber auch nur in einer Tendenz, eigene Meinungen zu vermeiden, um eine möglichst breite Leserschaft zu bedienen. Diese Tendenz zu Studien zeichnet sich vor allem bei gesellschaftlichen Groß-Themen ab: Klimawandel, Bildung, Gewalt und natürlich Mobilität. Der Sensationswert der tief greifenden Veränderungen ist auf all diesen Gebieten sehr hoch: Es geht um das Überleben kultureller Konventionen, die Sicherung des gewohnten Lebensentwurfes, um Zukunftsgarantien in den konstitutiven Bereichen von Kultur und Wirtschaft gleichzeitig. Das Auto ist ein Produkt, das in fast allen Bereichen eine zentrale Rolle spielt.

Wenn nun also eine noch nicht greifbare, dennoch bereits als unausweichlich erkannte Störung die Selbstverständlichkeit des zentralen Konsumguts und konstitutiven Symbols gesellschaftlicher Wertschätzung betrifft, dann ist das mehr als eine Sensation. Die Störungen dieses Systems – Unfälle, Staus, Wintereinbrüche, Abstürze, Benzinpreise, Ölkrisen, Klimakatastrophen – erzeugen massive Unsicherheit. In der Häufung vor allem der Berichte über globale Konsequenzen deutet sich ein Epochenbruch an, der diese Gesellschaft in ihren soziokulturellen Grundfesten erschüttern könnte. Wie bereits geschrieben: Hundert Jahre technologische Entwicklung werden in Frage gestellt, wirtschaftliche Potenziale scheinen bedroht, Arbeitsplätze in zentralen Industrien, bei Zulieferern, Designern, Software-Entwicklern, Autohäusern, Tankstellennetzen und Energieversorgern, Gaststätten der Naherholungsgebiete und Auto-Veredlern, bei Raststätten und Hunderten anderer von der Mobilität abhängigen Unternehmen. Darüber hinaus sind kulturelle Konventionen bedroht: Individualität, Status, Unabhängigkeit, Selbstbestimmung, Freiheit, die Wahl eines Wohnortes fernab vom Arbeitsplatz, die Pflege von Beziehungen. Und so stellt sich sofort die Frage, wer kompetent antworten könnte, wobei „Kompetenz" offensichtlich mit einer irgendwie dokumentierten empirischen Evidenz unterfüttert wird.

So sind es also vor allem Studien, die sich mit der Zukunft des Autos beschäftigen und dabei, um die illustrative Potenz zu erhöhen, die Zukunft derer hinterfragen, die als potenzielle Käuferschichten von morgen in Frage kommen: Jugendliche und junge Erwachsene. Die Plausibilität liegt auf der Hand: Wenn Konsumenten von morgen sich bereits heute für einen anderen als den konventionellen Weg entscheiden, drohen massive Veränderungen für Gesellschaft und Wirtschaft gleichermaßen.

Ein Problem ist allerdings, dass die Studien in ihrer Gesamtheit ein ausgesprochen unübersichtliches, wenn nicht wirres Bild abgeben, dessen Komponenten aus verschiedenen punktuell herausgesuchten internationalen Entwicklungen, aus Mutmaßungen, Trendvisionen und zum Teil opportunistischen Befunden von Gegnern und Befürwortern individueller Mobilität stammen. Die folgende Passage – zum größeren Teil mit dem Fokus auf der Konsumentengruppe der Jugendlichen und jungen Erwachsenen – stellt eine Reihe solcher Studien vor, die in den Medien platziert wurden. Eine kritische Analyse wird sich im Anschluss an die Beschreibung mit der Validität der Befunde beschäftigen.

Analyse publizierter Studien

Studien Beispiel 1: Verlorene Jugend-Träume

Die Tageszeitung Die Welt berichtet: „Individuelle Mobilität bedeutet den jungen Menschen heute nicht mehr so viel. Schuld ist die permanente Kommunikation über Handy und Internet. ... Die große amerikanische Marktforschungsfirma J.D. Power, bekannt für ihre in vielen Ländern erhobenen Untersuchungen zur Kundenzufriedenheit, hat die sogenannte Generation Y (Y für Young) unter die Lupe genommen. Es ging um die Autovorlieben der Jahrgänge ab 1980, die zu den Nutzern der sozialen Netzwerke wie Facebook gehören, und die überwiegend mit Handy und Laptop Kontakt zur Welt halten. J.D. Power sah Hunderttausende von Online-Chats bei Facebook und seinen Konkurrenten ein und stöberte in individuellen Blogs (Internet-Tagebüchern). Ziel der Untersuchung war zu erfahren, welche Automarken die Generation Y bevorzugt, unterteilt in die ‚Teens' zwischen zwölf und 18 Jahren und die ‚early careerists' zwischen 22 und 29.“

Man fand, so das Blatt, „Erstaunliches": „War das Auto jahrzehntelang der lang ersehnte Traum amerikanischer Jugendlicher gewesen, die sich an Idolen von James Dean bis Vin Diesel orientiert hatten, interessierte sich die Jugend von heute kaum mehr für Autos." Eindeutige Indikatoren für das Desinteresse werden nicht erwähnt, dafür aber schlussfolgert der Artikel: In Deutschland sei das „kaum anders", wenn man die Zulassungszahlen des Kraftfahrt-Bundesamtes zu Grunde lege: „Waren 1988 noch 16,4 Prozent der Neuwagenkäufer zwischen 18 und 29 Jahre alt, so ist dieser Anteil bis 2008 auf 7,6 Prozent gesunken. Die jüngste Zahl vom September 2009 zeigt ein weiteres Nachgeben auf sieben Prozent." Diese Meldung war in einer Reihe von Medien zu lesen, hier zitiert aus der Welt (Web-Dokument 8).

Studien Beispiel 2: Zufriedenheit mit Billigautos

Eine weitere Studie von J.D. Power widmet sich der Kundenzufriedenheit und kommt zu dem auf den ersten Blick überraschenden Ergebnis, dass die Käufer von Billigmarken vergleichsweise so zufrieden sind wie die Käufer von Premium-Fahrzeugen. Die Zeitschrift Stern zitiert einen Repräsentanten des Beratungsunternehmens: „„Um eine außergewöhnlich hohe Zufriedenheit bei den Kunden zu erzielen, bedarf es eines guten Verständnisses der Kundenerwartungen vom Zeitpunkt des Kaufs bis zum Ende des Fahrzeuglebenszyklus', sagt Martin Volk, Senior Research Manager bei J.D. Power and Associates." Kundenzufriedenheit werde am besten durch Ehrlichkeit erzielt. Die Erwartungen, die eine Marke hervorrufe, bevor der Kunde den Wagen kaufe, müssten später erfüllt werden. „Zum Beispiel gehören für Besitzer von Daihatsu-Automobilen niedriger Kraftstoffverbrauch und niedrige Wartungskosten zu den wichtigsten Kriterien beim Kauf eines Neuwagens."

In Deutschland habe Mercedes die zufriedensten Kunden, liest man. Aber „schon auf Platz zwei" habe sich der „Billigschreck Dacia breit gemacht und konnte immerhin mit BMW gleichziehen." Auf Platz drei und vier folgen Marken, denen man so eine gute Platzierung noch vor Audi und VW kaum zutrauen würde, nämlich Mazda und Nissan.

Auf Dauer, so die Interpretation in mehreren Zeitungen und Zeitschriften, die über diese Studien berichteten, bestehe für die Autoindustrie die Gefahr, dass Kunden sich mit günstigen Wagen zufrieden geben und das ersparte Geld in Dinge und Dienstleistungen investieren, die mehr Zufriedenheit und Glücksgefühl versprechen als ein besseres Auto.

Studien Beispiel 3: „Neue Rationalität"

Zu ähnlichen Ergebnissen kommt die Studie „Jugend und Automobil 2010", durchgeführt vom Center of Automotive Management der Fachhochschule der Wirtschaft (FHDW) in Bergisch Gladbach. Es wurden 1 100 junge Erwachsene zwischen 18 und 25 Jahren befragt. Die Studie sieht Hinweise darauf, dass die „emotionale Bindung" der jungen Generation an das Statussymbol Automobil „deutlich" nachlasse. Bei einer wachsenden Gruppe von rund 20 bis 30 Prozent von jungen Frauen und Männern in Deutschland macht sich dieser Studie zufolge eine „neue Rationalität" im Hinblick auf das Automobil breit. Dabei stehe primär die Funktionalität des Pkw als Fortbewegungsmittel im Vordergrund, während der „automobile Mehrwert" zunehmend in den Hintergrund gedrängt werde.

Wörtlich heißt es in der Presseaussendung: „Auf die Frage, ob sie mit dem Automobil mehr als nur Fortbewegung verbinden, antworten ca. 22 Prozent der jungen Frauen und Männer mit einem klaren Nein. Sie sehen im Automobil vielmehr allein ein Funktionsgut, ein reines Transportmittel, das sie von Punkt A nach Punkt B bringt."

Es folgt eine beliebte Strategie solcher Umfragen, bei der eine Reihe von Konsumgütern aufgelistet werden und die Befragten anhand dieser Liste zu einem Ranking ihrer persönlichen Präferenzen aufgefordert werden. „Vor die Wahl gestellt, auf welche der Investitionen zugunsten eines Autos am ehesten verzichtet werden würde, votieren fast 30 Prozent der jungen Erwachsenen kategorisch gegen das Auto. Jeder Dritte bzw. Vierte ist nicht bereit, für ein neues Auto auf Urlaubsreisen, eine eigene Wohnung etc. Verzicht zu üben." Für diese Gruppe be-

sitzt das Automobil keinen „emotionalen Mehrwert" und spielt als „Statussymbol"
keine wichtige Rolle.

Doch ein weiteres Ergebnis ist irritierend: Es sei erstaunlich, so der Re-
präsentant des Instituts, dass die jungen Erwachsenen bei ihrem nächsten Autokauf vorwiegend an eher teuere Modelle von Audi (A3, A4), VW (Golf) und
BMW (3er) dächten. „Gefragt nach den wichtigsten Kaufentscheidungskriterien
stehe bei jungen Frauen und Männern aber nicht nur die „Ratio" in Form des
Preisleistungsverhältnisses im Vordergrund, sondern auch die „Emotion", vor
allem im Bezug auf Design und zugeschriebenes Image. „Wer beides geschickt
miteinander verbindet und etwa attraktive Einstiegsmodelle anbietet, kann bei
vielen Jugendlichen punkten", meint Bratzel. Allerdings: „den" Jugendlichen gebe
es nicht. Rund 20 Prozent bis 30 Prozent der 18- bis 25-Jährigen suchten vorwiegend den Grundnutzen Mobilität und günstige Autos.

Studien Beispiel 4: „Abdankung" des Statussymbols Auto

„Automarken verlieren die Jugend" – so wird die Pressemitteilung über die
deutschlandweit durchgeführte Jugendstudie Timescout überschrieben. Weiter
heißt es: „Autos sind heute nicht besonders angesagt". Diese Meinung vertre-
ten 40 Prozent der befragten Jugendlichen der deutschlandweit durchgeführten
Erhebung. Befragt wurden 1200 Jugendliche und junge Erwachsene „unter anderem auch zu Ihrer Meinung über Automarken und Mobilität." Das Ergebnis
wird pauschal so zusammengefasst: „Autos sind uncool. Die Kfz-Branche sollte
sich Gedanken machen." Als Indikatoren werden einige Zahlen genannt: „Rund
75 Prozent der 20- bis 29-jährigen besitzen hierzulande eine Fahrerlaubnis, jedoch
fahren 45 Prozent von ihnen kaum Auto." Ohne nun über die Verfügbarkeit über
ein eigenes Auto (oder eines in der Familie) zu informieren, schlussfolgern die
Interpreten der Studie: „Über den Grund dieser Fahrfaulheit liefert die Studie eine
These: Nahezu 80 Prozent der Befragten sind der Ansicht, in der Stadt brauche
man aufgrund öffentlicher Verkehrsmittel kein Auto."

Ein weiterer „Indikator": „45 Prozent finden zudem ‚Leute, die dicke Autos fahren, unsympathisch' und fast 40 Prozent sind der Meinung, dass ‚Autos
heute nicht besonders angesagt sind'". Die Interpreten schließen daraus, dass Autos keine Statusträger mehr seien: „Auch scheint das Kfz als Statussymbol bei
der Jugend an Bedeutung zu verlieren. So sind lediglich 20 Prozent der 20- bis
29-Jährigen der Ansicht, dass ‚man mit einem tollen Auto bei Freunden besser
ankommt'". Und: „Lediglich für 40 Prozent der Befragten ist beim Auto die Marke von großer Bedeutung." Diesem Befund wird ein Ergebnis zur Seite gestellt,
das auf den zweiten Blick nichts mit dem Thema zu tun hat – es sei denn, es kann

eine Alternative zwischen beiden Produktkategorien nachgewiesen werden: „Weit größere Wichtigkeit haben Marken für die jungen Deutschen indes bei Notebooks, Mp3-Playern oder Handys."

Die Studie hat sich offensichtlich zu einem festen Modul der journalistischen Auseinandersetzung mit der Zukunft des Autos etabliert und diente zum Beispiel der Zeit am 18. November in einem Beitrag über die Bereitschaft arrivierter Städter zum Verzicht auf ein eigenes Auto zu Gunsten des Car Sharing als Belegstück (verschiedene Quellen, siehe unter anderem Web-Dokument 9).

Studien Beispiel 5: Alternative Statussymbole

Im Vorabbericht eines Projekts der Beratungsfirma Progenium über die Reaktionen von Jugendlichen auf die Frage „Was am meisten Status verspricht" zeigt sich das Problem, das eben beschrieben wurde, erneut. In der Presseaussendung wird festgestellt, dass die Bedeutung von I-Phones und Mountainbikes höher sei als die von VW Golfs. Der Beitrag wertet diesen Befund als „sensationelle" Entwicklung. Auf die etwas vage Frage bei 1 000 deutschen Autobesitzern „Welchen Stellenwert würden Sie folgenden Gegenständen zumessen?" ergeben sich folgende Befunde für Autos:

- 17 Prozent schätzen das Auto als Statussymbol
- 41 Prozent betonen Funktionalität

Aus der Formulierung „welche Bedeutung zumessen" wird ein „Verlust an Sexappeal". Die Reaktionen auf „erschreckende Nachrichten" stammen von „verstörten Managern". Von Informationen wird geschrieben, dass sie „erschütternd für den Wolfsburger Dauerbrenner" Golf seien. Die Anschaffung eines Mercedes ist laut Umfrage heute weniger imageträchtig als der Kauf eines Tickets für das WM-Finale.

Die Welt formuliert vorsichtiger, offensichtlich auf der Grundlage einer tieferen Einsicht in die Studie: „Insbesondere Frauen, Großstädter, Westdeutsche und die kaufkräftigen älteren Generationen verspüren heute weniger den Drang, mit dem Autokauf ein soziales Zeichen zu setzen", sagt Progenium-Chef Michael Mandat. „Mit einem Auto, selbst wenn es teuer ist, lässt sich heute wesentlich weniger Staat machen als früher." Die Marktforscher ziehen daraus den Schluss, dass auf die Autokonzerne große Veränderungen zukämen: Motorleistung werde weniger wichtig, ein werteorientierter Markenaufbau dafür umso mehr (Web-Dokument 10).

Andere Medien stellen noch vorsichtigere Schlussfolgerungen an. Der Stern zum Beispiel relativiert die „Vorab-Mitteilung" von Progenium, indem er auf wichtige Elemente des Samples hinweist: die Marke und das Alter der Autos der durchschnittlichen Bundesbürger. „In der Umfrage wurden nicht allein die Fahrer eines nagelneuen 5er BMW befragt. Autobesitzer zu sein, bedeutet im statistischen Durchschnitt, dass der Befragte einen etwa zehn Jahre alten Golf durch die Gegend kutschiert. Der durchschnittliche Restwert der Privatflotte dürfte bei etwa 5 000 Euro liegen. Kein Wunder, dass bei diesen Fahrzeugen eher auf den Nutzwert geschaut wird. Zu etwas anderem taugen sie nicht" (Web-Dokument 11).

Studien Beispiel 6: Das reale Durchschnittsauto

Snook, AGC Custom & Performance und Bad Toys untersuchten die Präferenzen von etwa 35 Millionen Nutzern des Online-Fahrzeugmarktes mobile.de und des Teile- und Zubehör-Marktplatz eBay Motors im Zeitraum zwischen Januar und September 2009. Sie konstruierten aus den meistgefragten Merkmalen ein Durchschnittsauto. Im Ergebnis präsentiert sich eine Mischung der Limousinen von VW und Astra in schwarz oder silber, mit 138 662 Kilometer Laufleistung.

Die meist gefragte Marke war VW. Das meist gefragte Modell war ein Opel Astra, jeweils mit vier Türen, Schiebedach, Sportfahrwerk, einer hochwertigen Musikanlage mit Endstufe und Subwoofer sowie Navigationsgerät.

Diese Präferenzen ähneln den Entscheidungen unserer Befragten. Wichtig aber ist eine Relativierung, die dieser launigen Studie nachgestellt wird: Ein Jahr nach der Erhebung zeigt sich, dass auf dem Gebrauchtwagenmarkt wieder etwas teurere und luxuriösere Objekte gefragt sind.

Die Interpretation bleibt offen (Web-Dokument 12).

Studien Beispiel 7: Käuferentscheidungen

Die Zweifel an der Validität der im vorvorigen Absatz angesprochenen Progenium-Studie verstärken sich, wenn man weitere Befunde anderer Studien aus demselben Haus zur Kenntnis nimmt – denn die vorgeblich sensationellen Befunde von Progenium widersprechen sich mit anderen Befunden, etwa über die Frage: „Wie sich Autokäufer entscheiden – 12 Chancen, Interessenten zu gewinnen und Kunden zu binden."

Es handelt sich um eine Studie über Käuferentscheidungen bei 3 000 Befragten. Das Ergebnis: Neben einem hohen Bekanntheitsgrad sei vor allem das

Image entscheidend für den Erfolg einer Marke. Das Image drückt die Summe der Erwartungen, Einstellungen und Eindrücke der Konsumenten mit einer Marke aus. „Kennzeichnet eine Marke eine niedrige Bekanntheit und zugleich ein schwaches Image, sprechen wir von einer schwachen Marke. In Deutschland trifft dies, aufgrund geringer Bekanntheit und nicht ausreichender Profilierung, vor allem auf die Importeursmarken zu. ‚Out-Marken' weisen eine hohe Bekanntheit und zugleich ein schwaches Image aus. Viele Automobilkäufer kennen diese Marken und wenige ‚mögen' sie. Opel und auch Ford werden aus Kundensicht diesem Quadranten zugeordnet."

Die Autoren der Studien raten daher den Autohäusern: „Setzen Sie das Image der Marke optimal im Autohaus um! Die Marke muss spürbar am Handelsplatz und im Service gelebt werden. Konkretisieren Sie den Markenkern und implementieren Sie die Markenwerte im Autohaus. Identifizieren Sie Ihre regionalen Mitbewerber und bauen Sie eine begehrenswerte und differenzierte regionale Händlermarke auf."

Studien Beispiel 8: Typologien

Eine Reihe von Studien geht einen anderen sehr beliebten Weg und bietet den Abnehmern einen Blick in die vorgebliche Segmentierung des Zukunftsmarktes, auf dem Automobilmarkt etwa Arthur D. Little mit „Zukunft der Mobilität im Jahr 2020". Basierend auf den Mega-, Gesellschafts- und Konsumententrends, erläutert Marc Winterhoff, formieren sich bis 2020 neue Konsumententypen für Mobilität." Die ADL-Berater unterscheiden dabei unterschiedliche Märkte und identifizieren für die „Triade" folgende Typen: Greenovator, Family Cruiser, Silver Driver, High-Frequency Commuter, Global Jet Setter, Sensation Seeker und Low-End User.

Für die BRIC Märkte seien aufgrund des stark unterschiedlichen gesellschaftlichen Umfeldes zusätzlich noch die Mobilitätstypen Basic, Smart Basic und Premium relevant (Web-Dokument 13).

Die in der Verteilung drei größten Typen werden noch einmal differenzierter beschrieben:

High-Frequency Commuter
Hochgradig mobile Jobnomaden, permanent auf dem Weg zu Kunden, Geschäftspartnern und temporären Projekten. Die Bedürfnisse des High-Frequency Commuter verlangen, so die Analyse, nach netzwerkartigen Konzepten, die mehrere Mobilitätsdienstleistungen intelligent kombinieren. Mit Hilfe moderner digitaler

Vernetzungsmöglichkeiten würden sie sich spontaner und kurzfristiger in Fahrgemeinschaften organisieren bzw. zeigten eine hohe Affinität zu Carsharing- und kurzzeitigen Mietwagenangeboten.

Silverdriver
Konsumfreudig, mobil, vielseitig interessiert und ausgesprochen aktiv in ihrem Freizeitleben. Silver Driver seien nicht nur gut situiert, sondern vor allem auch bereit, ihr Geld auszugeben, anstatt es zu sparen. Als Mobilitätskonzepte kämen für den Silver Driver v. a. Fahrzeuge in die engere Auswahl, die zwar einerseits ihr Bedürfnis nach Komfort bedienen, dies aber keineswegs vordergründig in Form einer biederen Seniorenlimousine verpacken.

Greenovator
Verbindet Umweltbewusstsein und einen nachhaltigen Lebensstil unmittelbar mit Lebensqualität. Zurückhaltung in Konsum und Luxus stelle für diesen Typus einen wesentlichen Teil seines Kultur- und Lebensverständnisses dar – mit entsprechenden Konsequenzen für seinen Mobilitätskonsum. Für den Greenovator seien vorwiegend intelligente und nachhaltige, teilweise sogar asketische Fahrzeugkonzepte von Interesse. Greenovators wollen ganzheitliche ökologische Mobilitätskonzepte, die auf das persönliche Wohlbefinden und das Wohl der Gesellschaft ausgerichtet sind.

Studien Beispiel 9: Weitere Typologien

Die Faszination für solche Konstruktionen führt naturgemäß zu einer regen Konkurrenz der Anbieter. Zahllose Typologien von miteinander konkurrierenden Marktforschungs- oder Trendinstitutionen werden als die jeweils sicheren Zugänge zum Konsumenten der Zukunft angepriesen und in den Medien ohne soziologische Gegenrecherche als selbstverständliche Beschreibungen herumgereicht. Die seriöseren Typologien sind weitgehend bekannt, so dass allein die Erwähnung ihrer Gattungsbezeichnungen ausreicht: zum Beispiel die Euro-Socio-Styles, die vom International Research Institut on Social Chance (RISC) in Frankreich entwickelte Milieutypologie RISC Eurotrends, die Semiometrie von TMS Emnid oder die Values and Life-Style-Typologie vom Stanford Research Institute (SRI International). Darüber hinaus stehen ungezählte von unterschiedlichsten Beratungsunternehmen entworfene Konsumtypologien zur Diskussion – in den letzten zehn Jahren auch unter Zuhilfenahme vorgeblicher Kartierungserfolge der Hirnforschung in ihrer vulgarisierten Form des „Neuromarketing", wo beispielsweise der Berater Hans Georg Häusel folgende Segmente festgestellt haben will:

Bewahrer (Anteil: 35 Prozent), Genießer (Anteil: 22 Prozent), Hedonisten (Anteil: 16 Prozent), Disziplinierte (Anteil: 12 Prozent), Abenteurer (Anteil: 9 Prozent), Performer (Anteil: 6 Prozent). Die Typen erinnern trotz der markengeschützten Identifikationsmethode der so genannten Limbic Map stark an das meist genutzte deutsche Modell der Typologisierung: die „Sinus-Milieus". Folglich versucht der bekannteste Anbieter von Typologien, Sinus Socio Vision, sein Milieumodell durch stete Differenzierung konkurrenzfähig zu halten. Interessant ist hier die Erweiterung des Modells auf Jugendliche. Titel der Studie: „Wie ticken Jugendliche? Sinus-Milieustudie U 27."

In dieser „Milieu-Studie" wird das klassische Modell der Sinus-Milieus auf jugendliche Konsummuster übertragen. Die entsprechende Grafik wird hier als bekannt vorausgesetzt. Sie zeigt, dass die Milieus sich nicht ändern, sondern nur andere Produkte platziert bzw. die Haltung zu Produkten charakterisiert werden (Web-Dokument 14).

Studien Beispiel 10: Zielgruppe der Lohas

Eine ähnliche Strategie findet sich an der für dieses Thema enorm wichtigen „Zielgruppe" der so genannten Lohas, also jener Bevölkerungsgruppe, die vorgeblich einen Lifestyle of Health and Sustainability pflegt. Zunächst einmal erscheint es fast unmöglich, den charakteristischen Kern und die Reichweite zu bestimmen, die diese vermutete Gruppe bestimmen. Je nachdem, welche Verhaltensweisen in die Charakteristik einbezogen werden, variiert schon das vermutete Potenzial. AC Nielsen zum Beispiel identifiziert bei 30 Prozent der Deutschen einen „nachhaltigen Lebensstil". Touchpoint Communications zählt in Deutschland 15 Millionen potenzielle Lohas. Die Lohas-Marktanteile für Bioprodukte werden von Ernst & Young auf 10 bis 30 Prozent geschätzt. Hubert Burda Media sieht das Potential in Deutschland bei aktuell knapp 4 Mio. Menschen. Europaweit umfasse die Gruppe der Lohas etwa 50 Millionen Verbraucher, liest man bei Porter Novelli/Natural Marketing Institute. Und Wikipedia informiert, dass in den Vereinigten Staaten ungefähr 30 Prozent der Verbraucher diesem Typ entsprechen, in Deutschland etwa 15 Prozent. Ein ziemliches Durcheinander also.

Die Autoren der Studien von Ernst & Young stoßen bei näherer Nachfrage nach den Realisierungsbedingungen des nachhaltigen Lebens im Alltag denn auch auf eine große Zurückhaltung. Die Bereitschaft, für gesunde, ökologisch produzierte Lebensmittel mehr zu zahlen, ist nur in geringem Maße ausgeprägt. Zwar würden rund 75 Prozent der Befragten grundsätzlich lieber zur Bio-Alternative greifen – auch wenn es sich um eine andere Marke handelt. 77,6 Prozent sind auch grundsätzlich bereit, einen Aufpreis für Bioprodukte zu zahlen. Aber

bereits bei einem Aufpreis von 10 Prozent höre „der Spaß" für 39 Prozent der Verbraucher auf. Weitere 29 Prozent würden gar einen Aufpreis von bis zu 20 Prozent
akzeptieren. Ein darüber hinausgehender Preisaufschlag findet lediglich noch bei
etwas über 9 Prozent der Verbraucher Akzeptanz.
Das sieht für Fairtrade-Produkte ganz ähnlich aus. Berücksichtigt man, dass
die meisten Verbraucher mit Fairtrade auch gleichzeitig Bio verbinden, sei davon
auszugehen, dass das Handeln zu fairen Preisen keine weiteren Preiszugeständ-
nisse des Kunden hervorruft.

In der Befragung der Jugendlichen stoßen wir, wie sich später zeigen wird,
auf strukturell ähnliche Ergebnisse: Zwar werden ökologische Aspekte durchaus
befürwortet, aber nur, wenn sie bezahlbar sind und sich in die Designvorstellun-
gen der jungen Leute einfügen (zur ersten Übersicht Web-Dokument 15).

Studien Beispiel 11: Die Utopie der E-Mobilität

In seiner Diplomarbeit an der Universität Hannover zum öffentlichen Diskurs über
das Thema E-Mobilität schreibt Otto Püschel: „Der Diskurs über das Elektroauto
wird zunehmend mit gesellschaftspolitischen Themengebieten verknüpft, während technische Details wie Kostenfragen in den Hintergrund treten. Aus dieser
These ließe sich schlussfolgern, Elektromobilität wird im Mediendiskurs nun öfter im Zusammenhang mit gesellschaftlichen Fragen oder gar als Teil eines Ge-
sellschaftskonzepts besprochen." Mit dieser Zuschreibung werde die klassische
Symbolik, in deren Zentrum die klassische Automobiltechnologie stand, durch
eine neue Symbolik ersetzt. „Wie das Auto mit Verbrennungsmotor viele funktionale Anforderungen an ein Fortbewegungsmittel mit Bravour erfüllt, so dient
das Elektroauto seit mehreren Monaten als Projektionsfläche vieler Hoffnungen
und Sehnsüchte einer Gesellschaft, die sich weg von Erdöl, Emissionen und
halsbrecherischen Geschwindigkeiten hin zu einer lebenswerten Zukunft bewegen möchte. Elektromobilität, so die Theorie, ermögliche emissionsfreies Fahren,
saubere Stadtluft und sie stärke den Ausbau regenerativer Energien – denn aus
diesen soll der Strom für die Fahrzeuge gewonnen werden."

In diesem Diskurs nun hat nun wiederum eine große Zahl von verschieden-
artigen anekdotischen Befunden einen festen Platz. Der Begriff „Studie" wird
dabei sehr unterschiedlich benutzt: einerseits als die Bezeichnung für eine Art
experimentelles Produkt, das als Concept Car angeboten wird, zum anderen als
empirische Studien über die Akzeptanz der E-Mobilität. Für die erste Kategorie
stehen vor allem die Standardbeispiele Toyota Plug in Hybrid, Opel Ampera, Le-
xus CT 200h, Honda Jazz Hybrid, Toyota Auris Hybrid, Etron Spyder, Renault
Twizy, Tesla, Smart ED, VW up oder die schweizerische Studie mit dem Rin-

speed. Sie sind denkbare Alternativen – werden aber in den Medien im Kontext der ökologischen Heilserwartungen interpretiert und begründen einen Diskurs, in dem die E-Mobilität als die ausgemachte Zukunftstechnologie dominiert.

Auf jeden Fall weisen diese Konzepte auf einen Entwicklungspfad 3 hin, auf dem sich mittel- bis langfristig die Automobilisierung vor dem Hintergrund der historisch gewachsenen Konventionen durch eine grundsätzliche Infragestellung der klassischen Grundmotive verändern könnte.

Studien Beispiel 12: Radreisen

Diesen Entwicklungspfad beschreiten in der Folge wiederum Unternehmen, die sich von dieser Variation Profit erhoffen, und liefern die Belegstudien gleich mit. So befragte das Marktforschungs- und Beratungsunternehmens Trendscope im Zuge einer Marktstudie mit dem Titel „Radreisen der Deutschen 2010" um die 2 200 Radtouristen und Radausflügler während ihrer Touren nach Verhalten, Einstellungen und Motiven bei Radurlauben (Kommerzielle Studie, erste Information: Web-Dokument 16).

Die reinen Fakten sind zweifelsfrei richtig: „Jeweils genau vier Prozent der deutschen Radurlauber und Radausflügler haben im Jahr 2010 ihre Touren auf einem E-Bike zurückgelegt." Allerdings wird eingeräumt, dass die E-Bike-Nutzer ein überdurchschnittlich hohes Alter aufwiesen. „Denn 76 Prozent der Radurlauber, die ein Elektrofahrrad genutzt haben, sind älter als 59 Jahre. Unter den Radausflüglern sind dies immerhin noch 51 Prozent."

Diese Befunde, so Trendscope, decken sich mit den Zahlen des Zweirad-Industrie-Verbands (ZIV). Demnach habe sich der Anteil der E-Bikes in den vergangenen drei Jahren knapp verdreifacht. Damit haben die E-Bikes bereits heute einen Anteil am Gesamtmarkt von vier Prozent – Tendenz steigend.

Was diese Zahlen – vor allem angesichts des Alters der Kunden – für die entsprechenden Märkte der Zukunft bedeuten, bleibt eigentlich völlig offen. Der Geschäftsführer von Trendscope sieht aber in jedem Fall, so die Pressemitteilung, gute Gründe für die „allgemeine Euphorie, die in der Fahrradbranche bezüglich des zukünftigen Absatzpotenzials von E-Bikes herrscht. Gerade die Radurlauber bestätigen dabei in unserer Studie ihren Ruf als enorm interessante Zielgruppe für die Hersteller." Die Absatzzahlen für elektrogetriebene Fahrräder steigen tatsächlich. Allerdings blenden die Statistiken Zusammenhänge aus, die wichtig wären: Verringert sich die Zahl der nicht elektrogetriebenen Fahrräder? Oder bleibt sie gleich? Wenn ja, welche Verkehrsmittel werden ersetzt?

Studien Beispiel 13: Alternative Antriebe im Straßentest

Die Selbstverständlichkeit, mit der die E-Mobilität als Zukunftstechnologie pro-
pagiert wird, stößt zudem auf eine Reihe relativierender Studien – die allerdings
ihrerseits nicht frei von Interessen sind und insofern auch keine verallgemeiner-
baren Befunde zur Zukunftsentwicklung liefern. In einer Umfrage unter seinen
Mitgliedern, an der sich 4 146 Personen beteiligt haben, kommen zum Beispiel
die Autoren der ADAC-Studie zum Ergebnis, dass zwar 88 Prozent der Befragten dem Elektroauto positiv gegenüberstehen, aber nur 37 Prozent Mehrkosten
gegenüber herkömmlichen Modellen akzeptieren würden. „40 der Befragten
würden für ein Elektroauto in den Gesamtkosten nicht mehr Geld ausgeben wollen, als für ein vergleichbares Fahrzeug mit herkömmlichem Antrieb. Die überwiegende Mehrheit ist nicht zu Kompromissen bereit, wenn es um Reichweite,
Höchstgeschwindigkeit, Ladezeit und Raumangebot geht. Die Bereitschaft für
neue Mobilitätsformen in Kombination mit dem Elektrofahrzeug (Mietwagen,
Bahnfahrten) ist mit unter 30 Prozent gering. Ein ähnlicher Prozentsatz würde
ggf. für lange Strecken auf Bahn oder Mietwagen umsteigen." Dieses Ergebnis
entspricht dem Resultat der Ernst & Young-Studie über die mangelnde Bereitschaft der vorgeblichen Lohas, für ihren nachhaltigen Lebensstil merklich mehr
Geld auszugeben.

Trotz der Tatsache, dass diese Studie von einer Lobby-Einrichtung der Autofahrer stammt, bestätigen eine Reihe anderer Studien die Zurückhaltung der
Konsumenten gegenüber den Aufwendungen für einen technologischen Para-
digmenwechsel von Verbrennungsmotoren zur Elektromobilität wie insgesamt
auch die Forderung nach Kostenneutralität bei ansonsten begrüßten ökologischen
Alternativen (Web-Dokument 17).

Kritische Analyse der Methoden und Befunde

Kritisches Fazit 1: Orientierung an medialen New Values

Wie sich in den vorangehenden Kurz-Rezensionen gezeigt hat, unterliegt die Re-
zeption der Studien deutlich den publizistischen News Values, was oft zu einer
Überbetonung der bedrohlichen Umbrüche führt. Die meisten Studien zeichnen
sich durch eine – was die soziologische Perspektive betrifft – undifferenzier-
te Betrachtung des Marktes aus, vor allem durch das dominierende Motiv der
Berechnung von Absatz-Volumina. Als Schlussfolgerung formulieren sie die
schwindende Attraktivität der Automobilität, vor allem aber zunehmende Ab-

satzprobleme der luxuriöseren Produkte des Angebots in Deutschland, Europa und den USA.

Diese vordergründig wirtschaftspolitische Argumentation nutzt im Grunde die weiterhin hoch emotionale Bedeutung des Autos als Transportmedium für Aufmerksamkeit.

Man muss allerdings präzisieren: In vielen Fällen sind es die Redaktionen, die empirische Befunde überstrapazieren und somit nicht nur die Regeln empirischer Forschung verletzen, sondern auch mit der journalistischen Sorgfaltpflicht sehr weitherzig umgehen. In anderen Fällen reagieren aber auch Forschungsinstitute selber auf diese publizistischen Erwartungen der New Values und liefern in der Erwartung von Publizitätsgewinnen in ihren Pressemitteilungen denkbar sensationelle Schlagzeilen und aufrüttelnde Formulierungen. Vor allem die zahlreichen, untereinander heftig um Aufträge konkurrierenden kommerziellen Trend-Institute entwickeln dabei eine unter wissenschaftlichen und wirtschaftlichen Gesichtspunkten gleichermaßen unverantwortliche Strategie. Sie inszenieren mit Hilfe anekdotischer Beobachtungen Bedrohungskulissen, vor deren Hintergrund simple empirische Daten sensationelle Bedeutungen erlangen. Das sichert Aufmerksamkeit und schnelle Treffer in den Rängen der Suchmaschinen, obgleich die Referenzbeispiele oft mit der Realität wenig zu haben.

Kritisches Fazit 2: Überstrapazierte Samples

Die Errichtung dieser Bedrohungskulisse ist vor allem in den kommerziellen Instituten immer auch von Lösungsvorschlägen begleitet, die nicht selten im Gegensatz zur (immerhin empirisch begründeten) These der Entemotionalisierung stehen. Das kaum verhohlene Ziel ist Akquisition von Beratungsaufträgen oder die Legitimation von Produktinnovationen wie etwa dem E-Bike. Das Sample dieser oben skizzierten Studie zeigt erneut die opportunistische Strategie solcher Studien, die letztlich unweigerlich zu Artefakten führt. Denn die in einem Kreis von ohnehin bereits auf Fahrrad- und damit alternativen Tourismus orientierten Personen zu Tage tretenden Befunde können nicht legitim als gesellschaftliche Tendenzen ausgegeben werden.

Diese Kritik gilt strukturell für viele von Beratungsunternehmen durchgeführte Studien, bei denen die Fragestellung offensichtlich vom Angebot eines verkäuflichen Lösungsmodells geprägt ist. Die Strategie wird verstärkt durch die offensichtliche Medienorientierung der Befunde, die in der Regel eine kritische Prüfung mit den Verfahren der Empirie und Statistik kaum zulassen: also die Begründung der Fragestellung, die Auswahl der Methoden, die Wahl des Samples, vor allem aber die aus den Studien gezogenen Interpretationen, die – im Sinne einer gebotenen Gültigkeitsprüfung – oft nicht das messen, was sie zu messen vorgeben. So erscheinen immer wieder die Einstellungen oder Handlungsoptionen bestimmter, sehr begrenzter Samples als Ausdrucksformen gesamtgesellschaftlicher Trends.

Auch bei den Arbeiten, die sich kritisch mit den medial dominierenden Vorstellungen befassen – wie etwa der ADAC-Studie – lässt sich die Tendenz einer klientel-freundlichen Empirie nicht übersehen.

Die Studie über E-Bikes zeigt illustrativ eine weitere Schwäche vieler Studien – ihren beliebigen Umgang mit Statistik. Dass die mit Hilfsmotor ausgestatteten Fahrräder vor allem von älteren Fahrradtouristen genutzt werden, ist selbstverständlich. Auch die statistischen Margen, die hier auf zwei Arten ins Feld geführt werden, sind im Grunde irreführend und begründen keinen Trend: die Vervierfachung auf vier Prozent Marktanteil in der Produktgattung der Fahrräder kennzeichnet ein kaum bemerkenswertes Wachstum, das aber von einer Trendagentur als Entdeckung ausgegeben wird.

Natürlich ist es nicht ausgeschlossen, dass sich hinter dieser Studie ein zukunftsträchtiges Marktsegment auftut. Doch die Überstrapazierung des Befundes könnte Denkblockaden auslösen, weil eine empirisch kaum abgesicherte und nur denkbare Richtung vorgegeben wird. Dieser mangelnde professionelle Umgang mit Statistik zeigt sich auch in anderen referierten Studien: Wenn zum Beispiel 22 Prozent der Jugendlichen antworten, dass sie mit dem Auto nicht mehr Assoziationen verbinden als „Fortbewegung", bedeutet das immerhin, dass 78 Prozent das Gegenteil tun. Wenn die Frage etwas anders formuliert wird, zum Beispiel nach den Assoziationen, die man mit dem Auto verbinde, wird „Fahrspaß" an erster Stelle genannt (bei 86 Prozent der Männer und 81 Prozent der Frauen). Freiheit und Unabhängigkeit rangieren auf den folgenden Plätzen mit 64 bzw. 68 Prozent (bei Frauen signifikant höher übrigens als bei Männern). Hoher Praxisnutzen wird von 26 Prozent der Männer und 20 Prozent der Frauen genannt, die Umweltbelastung nur bei 9 Prozent. In der Kombination beider Strategien (also der Auswahl von Fragen, die die erwünschten Ergebnisse produzieren könnten und der einschlägigen Auswahl der Indikatoren, ergänzt durch die opportunistische Interpretation ausgewählter quantitativer Befunde), lässt sich jedes beliebige Bild zeichnen. Das wird sich auch im nächsten Punkt zeigen: die Interpretation der Statistik zum Rückgang des Neuwagenkaufs bei jüngeren Konsumenten.

Kritisches Fazit 3: Untaugliche Indikatoren

An diesem Punkt zeigen sich gleich zwei kritische Aspekte der Berichterstattung. Erstens ist der „Neuwagenkauf" bei Jugendlichen kein Indikator der Haltung zum Auto. Zweitens lässt sich deshalb auf dieser Basis auch keine Prognose künftigen Verhaltens formulieren. Die Schlussfolgerung, dass das Interesse der jungen Generation am Auto rückläufig sei, ist mit dem Indikator „Neuwagenkauf" nicht zu begründen. Denn erstens halten moderne Gebrauchtwagen länger, zweitens wird die Tendenz, gebrauchte Fahrzeuge zu kaufen, durch die Preispolitik der Automobilkonzerne befördert, vor allem bei Jugendlichen. Interessanterweise findet sich eine entsprechende Meldung in derselben Zeitung, in der die Studie von J. D. Power referiert wurde – in der Welt: „Die Listenpreise für Neuwagen steigen 2010 auf durchschnittlich 24.900 Euro an. Das sind knapp 3000 Euro mehr als im Jahr 2009, wie das Center Automotive Research (CAR) an der Uni Duisburg-Essen ermittelt hat. Der wesentliche Treiber des Preisanstiegs ist nach Ansicht von CAR-Direktor Ferdinand Dudenhöffer, dass in diesem Jahr deutlich mehr hochpreisige Modelle verkauft werden. Hinzu kommen die Aufschläge seitens der Autobauer und sowie die Preiserhöhungen für verbesserte Umwelttechnologien, die den Verbrauch und den Kohlendioxid-Ausstoß senken" (Web-Dokument 18).

Aber auch Kategorien wie „Kundenzufriedenheit" sind nur aus dem Kontext heraus verständlich. Denn Zufriedenheit wird an den Erwartungen gemessen, die die Käufer den einzelnen Marken entgegenbringen. Ein Vergleich von Marken ist daher nicht zulässig. Dass Dacia-Käufer mit ihrem Logan zufrieden sind, heißt also nicht, dass eventuell weniger zufriedene Käufer von Premium-Marken auf den Dacia Logan umsteigen und das gesparte Geld in andere Konsumgüter investieren. Sie sehen schlicht ihre Erwartungen erfüllt.

Dieser beliebige und oft auch irreführende Gebrauch anekdotischer Belege als Indikatoren tiefgreifender Entwicklungen lässt sich an vielen weiteren Beispielen aufzeigen. So illustrierte die Welt am Sonntag am 29. September 2010 einen Bericht über die Forcierung der E-Mobilität durch die chinesische Regierung mit einem Foto von Kindern, die auf batteriegetriebenen Spielautos fuhren, und sah darin ein Signal für die Zukunft.

Nun steht dieses Beispiel eigentlich nur dafür, dass es Kindern Spaß macht, mit kleinen Autos durch die Gegend zu fahren. Das war schon immer so. Mit wenigen Ausnahmen wurden diese Spielfahrzeuge durch Elektromotoren angetrieben, in Deutschland ebenso wie in den USA, nun eben auch in China. Zum Beispiel: Das Motorrad Raider Polizei mit einem 6-Volt-Motor und einer Geschwindigkeit von ca. 4 km/h für Kinder ab ca. 2 Jahren, Fahrdauer ca. 90 Min. Oder „Adventure Trophy", laut Hersteller Peg Perego „das Elektroauto mit aufladbarer Batterie für kleine Entdecker. Geräumig, ausgestattet mit verstellbarem

Sitz je nach Wachstum des Kindes, Motorrhombus, intermittierenden Lichtern und Hupe am Lenkrad: ideal, um von Wettbewerben mit Geländemaschinen mit den Freunden zwischen den Oasen der Wüste zu träumen".

Es gab ein silberfarbenes Kinderauto mit Elektroantrieb als Nachbildung des 300 SL von Mercedes Benz. „Originalgetreues Armaturenbrett und historisches Lenkrad. Scheibenwischer und Rückspiegel. Elektroantrieb in Motoroptik unter der aufklappbaren Motorhaube. Stuttgarter Kennzeichen S-SL 300."

BMW bietet ein batteriegetriebenes Kinder-Modell des Z4 an, Audi die elektrische Miniatur des TT Roadster. Den Gebrauch dieser Spielzeuge als ein schwaches Signal für die Zukunft zu interpretieren, ist gewagt. Sie zeigen nur eines – die ungebrochene Faszination der Auto-Mobilität.

Kritisches Fazit 4: Überdeterminierung anekdotischer Befunde

Oft dienen nicht quantifizierte Beobachtungen als Basis für die Schlussfolgerungen auf künftige Entwicklungen. So schrieb die Zeit in dem bereits angesprochenen Beitrag vom 18. November 2010 nach der kurzen Beschreibung eines Einzelfalles: „Junge Städter, die sich vom eigenen Auto verabschieden, sind offenbar keine Ausnahme mehr. Exakte Zahlen gibt es nicht, aber Indizien zuhauf." Es folgen die oben angesprochenen Zahlen von Time-Scout und Progenium, weitere Beispiele wie das Car2go-Konzept in Hamburg oder ein entsprechendes Programm in Ulm, illustriert durch eine Befragung von Ulmern, und weitere interessante Projekte. Ob diese verstreuten Fallbeispiele insgesamt auf eine geringere Akzeptanz des privaten Automobils schließen lassen, ist offen. Die statistische Überdeterminierung durch die trendartige Hochrechnung gegenwärtiger Experimente auf die Zukunft ist methodologisch umstritten. Auch wenn vieles dafür spricht, dass sich das Verhältnis zum Auto ändert, könnten auch durch bislang unerwartete Anfälligkeiten im System des Car-Sharing Gegeneffekte eintreten.

Mitunter werden die Mutmaßungen durch schlichten Unsinn fundiert, der sich beispielsweise auf den psychoanalytisch ausgedeuteten Funktionswandel des Autos gründet. In einem Beitrag über die Schauspielerin Susanne Wolff konstruiert die Zeit-Journalistin Andrea Hanna Hünniger in der Ausgabe vom 20. November 2010 ein seltsames Gedankengebäude: „Vor wenigen Wochen tat sich die Erde auf in Schmalkalden, einer Kleinstadt im Thüringer Wald, umgeben von potent wuchernder Natur, einer Kleinstadt wie ein Puppenmodell, in dem die Fachwerkhäuser weiß leuchten, das Kopfsteinpflaster glänzt und Menschen in Eiscafés sitzen. Wo es einen Marktplatz gibt und dort einen Ratskeller, in dem es nach Wildbraten riecht. Und dann tat sich also die Erde auf und verschlang ein Auto. Mutter Erde öffnete ihren Rachen, und hinein fiel das vielleicht letzte männliche Symbol unserer Zivilisation. Welche Marke es war, wissen wir nicht. Wir wissen aber, dass es sich dabei um eine Urangst handelt: Frau frisst Mann. Das begehrte Objekt wird zum lebensgefährlichen Gegner. Die Natur und seine Sirenen, seine Amazonen, wie zarte Jünglinge erscheinend, die den Geliebten den Speer ins Herz rammen. Diese Kriegerinnen sind Naturgewalten, die erst im entscheidenden Kampf doch so handeln, wie es ihrem Geschlecht entspricht. Und die dann heillos vernichten: den Kopf des Mannes oder eben ein Auto."

Ähnlich skurrile Argumente formulierte der selbst ernannte „Zukunftsforscher" Matthias Horx in seinem Zukunftsletter im Oktober 2007: „Das Problem ist die Kultur des Autos, die sich seit etwa 100 Jahren nicht wirklich verändert hat. Bei meinen vielen Vorträgen und Consultings habe ich nie eine männlich-selbsteingenommenere Kultur erlebt als im Auto-Management. Der triumphale Erfolg hat diese Branche besoffen gemacht (was man bei VW unlängst wieder besichtigen konnte). ... PS-starke Autos sind ein integraler Teil einer männlichen Selbstbehauptungskultur, die sich langsam in Luft auflöst, weil es Besseres und Spannenderes zu tun gibt. Erstens, weil die Frauen – endlich – stärker werden. Zweitens, weil die Wissensgesellschaft andere Muskeln fördert und trainiert. Fette Audis, Mercedes, BMWs kaufen im Grunde die Verlierer der Old Industries, diejenigen, die ihre letzten sicheren Gehälter noch einmal in Statussymbole anlegen müssen."

Die metaphorische Analogie von Mann und Auto scheint eine so gängige Argumentation zu sein, dass sie als narratives Grundmuster undiskutiert durchgeht. Aber stimmt sie auch? Eigentlich nicht. Der Essay über die Entwicklungspfade der automobilen Kultur im vorangehenden Teil bestätigt das Motiv nicht. Mehr noch: Wir werden später sehen, dass diese Analogie den Blick auf wichtige Innovationspotenziale versperrt.

Kritisches Fazit 5: Falsche Zuordnung von Status-Trägern

Die Prognose, dass Autos ihre Funktion als Statusträger verlieren, ist zwar aus der gegenwärtigen Sicht verständlich und bestätigt sich auch in den quantitativen Ergebnissen der hier referierten Studie. Sie hat dennoch nur begrenzten prognostischen Wert.

In den Gesprächen mit den Jugendlichen und jungen Erwachsenen zeigt sich durchaus auch, dass sie ihre künftige Situation anders einschätzen als ihre gegenwärtige. Welche Produkte und welche Produkteigenschaften sich künftig zu neuen Statusträgern entwickeln, bleibt deshalb offen, weil diese Frage das gesamte Spektrum der künftigen Ausdrucksaktivitäten betrifft. Diese statische

Betrachtungsweise zeigt sich beispielsweise an der Konsumgeschichte der in vielen Studien als „neue" Statusträger gehandelten Technologien. Die Tatsache, dass auch sie austauschbare Elemente sich stetig ändernder Vorlieben oder auch sich verändernder Demonstrationsobjekte für ein und denselben Zweck darstellen könnten, wird nicht in Betracht gezogen.

Dabei lässt sich diese Vermutung gerade an den Objekten illustrieren, die nun als prestigevermittelnde Konsumgüter an die Stelle des Autos getreten sind. Die intensive Beschäftigung mit Computertechnologie galt zum Beispiel vor wenigen Jahren noch als leicht verschroben. Jugendliche, die sich damals intensiv mit diesen Techniken beschäftigten, wurden als Computer-„Freaks" oder im angloamerikanischen Sprachgebrauch als „Nerds" belächelt. Diese Zuschreibung änderte sich mit der zunehmenden Bedeutung der Computertechnologie für die Etablierung und Sicherung der sozialen Netzwerke (und zwar im virtuellen wie im substanziellen Sinn durch den virtuosen Gebrauch). Das Beispiel zeigt, dass sich Statusträger in rascher Folge ändern können. Es ist nicht auszuschließen, dass auch die individuelle Mobilität mit eigenem Auto in einem veränderten Kontext einen neuen Status gewinnt, der beim Auto eventuell durch neue technologische Lösungen für das ökologische Problem entstehen könnte.

Eine Umfrage in der oben beschriebenen Zeitschrift Neon legt denn das gegenteilige Ergebnis nahe. Gefragt wurde: Worauf würdest du verzichten, wenn du weniger Geld hättest? Die wenigsten (36 Prozent) würden aufs Auto/Benzin verzichten. 56 Prozent würden auf Anschaffungen wie neue Jeans oder IPod verzichten, 60 Prozent auf Ausgehen, Kino, Essengehen und 69 Prozent auf Reisen/Ausflüge. Die meisten Befragten (71 Prozent) würden auf teure (Bio-)Lebensmittel verzichten (vgl. Neon September: 40).

Kritisches Fazit 6: Lineare Prognosen

Betrachtet man nun konkret die Mobilitätsvorstellungen von Jugendlichen und jungen Erwachsenen, lässt sich auf Grund der verbreiteten Studien keine klare Aussage treffen. Es herrscht einfach eine große Unübersichtlichkeit – begründet in der Vielzahl unterschiedlicher Befunde, von denen die meisten deduktiv (in Analogieschlüssen und halbwegs begründeten Mutmaßungen) von den Antworten der Jugendlichen heute auf ihr Konsumverhalten von morgen und damit auf die Märkte von morgen übertragen werden. Die Haltung von Jugendlichen und jungen Erwachsenen zum Auto wird in diesem Kontext zu einem wichtigen Indikator künftiger Marktentwicklungen erklärt. So heißt es einerseits, dass über 50 Prozent der Jugendlichen Marken verwenden, wenn sie zum Lebensstil passen und auch von ihren Freunden genutzt werden, dass diese Marken weiterhin gemeinschaftsbildende und weltanschauliche Bedeutung besitzen sowie Identifikation bieten und Kommunikation stimulieren. Andererseits zählen den Studien zufolge Autos bei Jugendlichen und jungen Erwachsenen nicht zu den vorrangigen Objekten, über die sich diese Funktionen realisieren lassen. Dass die Interpretationen beliebig sind, zeigt sich auch in der mangelnden Differenzierung weiterer Befunde: Offensichtlich sind Marken für Jugendliche nur in bestimmten Produktkategorien wichtig, allen voran Unterhaltungselektronik und Computer. Unwichtig erscheinen Marken beim Kauf von Ski, Snowboard, Süßigkeiten und Snacks. Was das insgesamt bedeutet, welches Verhaltensmuster sich in diesen Befunden manifestiert, wird nicht untersucht.

Es ist zudem höchst fraglich, ob sich aus den Befunden des gegenwärtigen Verhaltens von Jugendlichen und jungen Erwachsenen Prognosen für das spätere Verhalten errechnen lassen oder ob sich in dieser Zurückhaltung eine aus der biografischen und finanziellen Situation der untersuchten Kohorte zu begründende Selektivität ergibt. Es wäre interessant, die Bedeutung von Autos in einem Szenario zu überprüfen, in dem ausreichend Geld zur Verfügung steht. Die Ergebnisse unserer Studie, vor allem die Befunde der qualitativen Erhebung zeigen, dass Autos in einem solchen Szenario doch weit mehr Bedeutung zugemessen wird. Richtig ist allerdings, dass die emotionale Begeisterung nicht in gleichem Maße mitwächst.

Kritisches Fazit 7: Unberücksichtigte soziale Veränderungen

Das in der gegenwärtigen Situation erfasste Bewusstsein der Jugendlichen und jungen Erwachsenen könnte in wenigen Jahren von ganz anderen Faktoren geprägt sein – von einem Wandel der Statusträger wie gesagt, anderen wirtschaftlichen Voraussetzungen, unerwarteten Reaktionen auf die bekannten demografischen Entwicklungen oder eine Anpassung an politische Vorgaben, wie sie im Hinblick auf die Reduktion individueller Mobilität im Kapitel über den Entwicklungspfad 3 diskutiert werden.

Die Überdeterminierung anekdotischer Befunde, die spekulative Interpretation von überstrapazierten Indikatoren, die Orientierung an den News Values und die weiteren Argumentationsstrategien, die in den vorangehenden Passagen erwähnt worden sind, behindern einen unbeeinflussten und der Komplexität sozialer Entwicklungen angemessenen Blick auf denkbare Zukünfte.

Nur ein Beispiel: Wenn heute bereits über einen eklatanten Mangel an qualifizierten Fachkräften geklagt wird, gleichzeitig eine Bildungsoffensive für die Höherqualifizierung einsetzt, schließlich, drittens, ein Mangel an entsprechendem Talent herrscht, müssten entsprechend höhere Gehälter gezahlt werden müssen.

Diese Entwicklung wiederum würde die Kaufkraft erhöhen und die Realisier-
barkeit von Mobilitätsträumen wieder in den Vordergrund rücken – von Träumen,
die bei Jugendlichen und jungen Erwachsenen in der gegenwärtigen Situation im
Schatten gravierender Wirtschaftskrisen gedämpft sind, was vorsichtige, zurückhaltende Antworten nahelegt. Möglicherweise verführen dann sogar Car Sharing-
Projekte auch zum Gedanken an den Besitz eines eigenen Fahrzeugs. Mit dieser
Strategie könnte sich auch für die Kunden eine Veränderung der technologischen
Prioritäten verbinden, die bereits ein Auto besitzen, es aber in den Städten weniger benutzen. Nur ein Gedankenspiel, wie gesagt. Aber diese Gedankenspiele
ergeben sich zwangsläufig aus den Weichenstellungen der Gegenwart. Die Frage,
welche Chance auf Realisierung sie in welchen gesellschaftlichen Bereichen haben, eine Frage, die vor allem für die Strategien des Marketings von Bedeutung ist.
Als probates Mittel gelten noch die Vorsortierungen der künftigen gesellschaftlichen Szenen durch Typologien.

Aber auch die normalen biografischen Entwicklungen lassen es eigentlich
nicht zu, die Befunde aus jugendlichen Samples ohne Relativierungen einfach in
die Zukunft fortzuschreiben.

Malte Mienert, Leiter der Abteilung Entwicklungs- und Pädagogische Psychologie an der Universität Bremen, beschrieb diesen Prozess der biographischen
Dynamik bereits 2002 und identifizierte dabei die besondere Bedeutung des
Führerscheins vor allem bei jüngeren Jugendlichen – als eine Art Vorgriff auf
den Eintritt in das Erwachsenenleben und symbolische Manifestation der Unabhängigkeit (Mienert 2007). Der Übergang in die Automobilität, so der Forscher,
zähle zu den Ereignissen, die Heranwachsende am stärksten mit dem eigenen Erwachsenwerden verbinden. Dieser Übergang besitze in unserer Kultur den Rang
einer „normativen Entwicklungsaufgabe" im Rahmen der zu bewältigenden Herausforderungen der Normalbiografie.

Kritisches Fazit 8: Overchoice an Typologien

Typologien verursachen ein weiteres erhebliches Problem: Sie erzeugen eine empirisch nicht haltbare soziologische Illusion klar abgegrenzter Marktsegmentie-
rungen, auf die sich das Strategische Issue Management einrichten könnte. Es
ist aber nicht ausgeschlossen, eher sogar wahrscheinlich, dass ein beträchtlicher
Teil der Kundschaft zwei, drei oder mehr Qualifikationen aufweist. Um am zitierten Beispiel anzusetzen: Schon aus den drei Arthur D. Little-Typen, die kurz
vorgestellt worden sind, den Silver Drivers, Greenovaters und High Frequency-
Commuters, wären ja beliebige Kombinationen konstruierbar: Silver Greenovators, High Frequency Silver Commuters oder High Frequency Greenovaters – also

Handlungsoptionen, die man durchaus auch mit dem nicht minder prekären Begriff der „Lohas" bezeichnen könnte: „Lifestyles of Health and Sustainability".
Die Prognosen, die auf derartigen Grundlagen formuliert werden, sind beliebig und wiederholen letztlich nur die Modelle der untereinander konkurrierenden Anbieter. Wie sich in den skizzierten Studien zeigt, sind selbst bei identischer Bezeichnung nicht einmal die Schätzungen der Reichweiten gleich.
Zweitens aber, und das ist gravierender, stellt das Modell eine Segregation der Gesellschaft dar, die in der Wirklichkeit möglicherweise nicht existiert. Die Studien zu den Einflussfaktoren und -wegen bei der Veränderung von Konsummentalitäten verweisen auf eine weit tiefer liegende fundamentale Logik des Verhaltens aller Gesellschaftsmitglieder, als das Seifenblasen-Universum der Milieus im zweidimensionalen Merkmalsraum nahe legt.
Die auf mehr oder weniger oberflächliche Ausdrucksaktivitäten gerichteten Studien nehmen den wesensbestimmenden Kern der Alltagskultur nur noch in seinen verkäuflichen Segmentierungsprozessen wahr. Das latente Betriebssystem aus Konventionen, Werten und alltäglichen Ausdrucksaktivitäten, mit deren Hilfe soziale Positionen und Kommunikationsprozesse gestaltet werden, aus dem sich die vielfältigen Alternativen der pluralistischen Gesellschaft entwickeln, bleibt unsichtbar.

Kritisches Fazit 9: Unentschiedene Jugend

Auch die Soziologie hat die Frage des ökologischen Verhaltens aufgeworfen und sich auf die Jugendlichen und jungen Erwachsenen konzentriert, unter anderem in den Arbeiten von Claus J. Tully und Dirk Baier (2006). Ihre Befunde legen nahe, dass eine eindeutige Interpretation des künftigen Verhaltens heutiger Jugendlicher und junger Erwachsener nicht möglich sei. Tully und Baier bezeichnen die Einstellungen als „konsequent inkonsequent": Jugendliche wünschen sich zwar umweltschonende Fahrweisen, allerdings eher als angenehmen Nebeneffekt und diese sollten nicht durch die eigenen Verhaltensweisen (also weniger, langsamer und gemeinschaftlich Fahren etc.), sondern durch technischen Fortschritt herbeigeführt werden. Die Verantwortung wird also der Automobilindustrie auferlegt.
Ähnliche Aussagen lassen sich für die Gesamtbevölkerung Deutschlands treffen: Nach einer Studie des Bundesministeriums für Umwelt, Naturschutz und Reaktorsicherheit aus dem Jahr 2008 sind insgesamt 75 Prozent der Gesamtbevölkerung der Meinung, dass die Autoindustrie die Umwelt sehr stark oder eher stark belastet (davon 28 Prozent sehr stark), da sie keine umweltfreundlichen Autos entwickelt. Auch unter den unter 20-Jährigen ist diese Meinung verbreitet. Des Weiteren steht auf Platz 1 der Prioritäten in Sachen Umweltschutz mit 46 Prozent

der effizientere Einsatz von Energie, z. B. durch sparsamere Automotoren und Elektrogeräte.

Der Psychologe Ulrich Klocke stellt allerdings schon 2002 fest: „Das allgemeine Umweltbewusstsein scheint zwar einen Effekt auf die Akzeptanz umweltpolitischer Maßnahmen zu besitzen, die Verkehrsmittelwahl jedoch nicht zu beeinflussen." Und weiter: „Wie benzinsparend das eigene Auto ist, scheint zumindest bei Jugendlichen nicht durch ihre Haltung gegenüber ökologischen Autos beeinflusst zu werden, sondern durch ihr Bedürfnis nach einem in Anschaffung und Betrieb kostengünstigen Auto" (ebd.).

Auch Tully und Baier kommen zu dem Ergebnis, dass die Mehrheit bzw. mindestens die Hälfte aller Jugendlichen sich dem Autotyp des „aufgeschlossenen Nutzers" zuordnen lassen. Dieser zeichne sich dadurch aus, dass er „der Umweltthematik und Problematik des Autos gegenüber aufgeschlossen ist" (Tully/ Baier 2006: 175), Umweltprobleme jedoch vorwiegend als Ursache der technischen Entwicklung gesehen würden und dieser Problematik mit technischem Fortschritt entgegengetreten werden müsse. Ähnlich wie es in der Lohas-Studie von E&Y am Ende heißt: „Der Handel steht in der Verantwortung". In unserer Mobilitätsstudie findet sich ebenfalls der deutliche Hinweis auf die Verantwortung der Unternehmen für ökologische Fortbewegung, die möglichst wenig an den Konventionen ändert.

Kritisches Fazit 10: Umkehrung der Perspektive

Der wesentliche Punkt, der die empirische Validität mancher Studien als zweifelhaft erscheinen lässt, ergibt sich aus den vorangehenden Kritiken: Die Studien liefern sehr uneinheitliche Hinweise auf die Zukunft und sind, was ihre Extrapolationen betrifft – obwohl sie alle mit dem Anspruch verlässlicher Methoden antreten – insgesamt nicht aussagekräftig. Die Interpretationen der Bedeutung der von ihnen jeweils erhobenen Befunde lassen sich in vielen Fällen nicht auf die Fragestellung selber und auf die Befunde zurückführen. Das gilt sowohl für die Interpretation von Einzeldaten wie für die generellen Schlussfolgerungen. Diese Schlussfolgerungen gehen zudem von einer einseitigen Perspektive auf die zu erwartende Haltung der Käufer aus. Viele Autoren setzen mit dieser Perspektive also bei vorgeblichen Bedürfnissen und Trends in der verschiedenen Konsumentengruppen oder soziokulturell definierten Milieus an. Dabei wird übersehen, dass diese Trends erst durch die Vorgaben der Unternehmen und ihre technologischen Entwicklungen zu Stande kommen.

Wenn der bereits im Hinblick auf schwache Signale beschriebene Befund von der Erwartung an die technologische Initiative von Unternehmen eine Bedeutung besitzt, muss das Thema der künftigen Vermarktung von individueller Mobilität ganz anders angefasst werden. Dabei deuten die Ergebnisse – das muss noch einmal unterstrichen werden – nicht darauf hin, dass die künftigen Konsumenten konkrete, etwa technologische, Bedürfnisse formulieren. Es ist viel eher so, als seien sie zu Veränderungen bereit, die ihnen plausibel gemacht werden. Die bisherige Richtung kehrt sich um: Das in Marktforschungen erfasste vorgebliche Bedürfnis der potenziellen Nutzer ist nicht mehr das alleinige, möglicherweise nicht einmal mehr das entscheidende Kriterium für das Strategische Zukunftsmanagement. Vielmehr äußert sich in diesem Befund die Bereitschaft zu einem Lernprozess, der allerdings – und das wird sich sehr deutlich zeigen – den Rahmen der konventionellen Vorstellungen nicht sprengt. Die Zukunftsforschungen der Unternehmen beziehen sich zu diesem Zweck in zunehmendem Maße auf die „Contemporary Culture", was eine neue betriebswirtschaftliche Disziplin eröffnet: eine soziokulturelle Systemanalyse. Die Zusammenhänge, in denen ein Produkt seinen Platz und seinen Sinn erhält, werden wichtiger als die Idee bestimmter Absatzmärkte. Das hat erhebliche Konsequenzen für das Strategische Management.

Kritisches Fazit 11: Kontinuität und Wandel

Analysiert man die Studien auf den größten gemeinsamen und insgesamt zweifelsfreien Allgemein-Befund, dann lässt sich zweifelsfrei eine noch nicht näher definierte Mentalitätsveränderung feststellen, die dem Auto eine neue Bedeutung zuschreibt. Es scheint vor allem, dass eine Reihe von extrafunktionalen Aspekten des Autofahrens und des Autobesitzes, die vorangehende Generationen von Jugendlichen und junge Erwachsenen hoch bewerteten, an Gewicht verlieren – also Prestige, Status und repräsentative Funktionen einer Marke für die Darstellung der Persönlichkeit. Dieser Funktionsverlust kann aber nicht mit dem generellen Bedeutungsverlust der funktionalen Aspekte des Autofahrens und des Autobesitzes gleichgesetzt werden. Weiterhin betont eine Reihe von Studien auch den weiterhin bestehenden emotionalen Wert. Selbst bestimmte Mobilität bleibt ein wichtiges gesellschaftliches und persönliches Gut, das auch durch die umweltpolitische Diskussion nicht grundsätzlich in Frage gestellt wird. Der öffentliche Diskurs darüber scheint aber Jugendliche und junge Erwachsene nicht in dem Maße zu bewegen, wie die Medienpräsenz des Themas nahelegt. Erste Andeutungen der Überantwortung der Problemlösung auf diesem Gebiet an die technologische Kompetenz der Unternehmen sind sichtbar und werden sich – um der Beschreibung der Befunde aus der hier referierten Studie „Mobilitätsvorstellungen" vorzugreifen – sehr klar bestätigen.

Das bedeutet, dass die Befunde, die in diesen Studien zu Tage treten, als die Momentaufnahme einer relativ großen Unsicherheit gewertet werden müssen. Die Irritationen bei den jungen (und vermutlich auch älteren) Konsumenten entstehen durch die fehlende Deckungsgleichheit tradierter Vorstellungen von der selbst bestimmten individuellen Mobilität (dem klassischen Entwicklungspfad der automobilen Alltagskultur) und der offensichtlich notwendigen und unausweichlichen, aber nicht definierten Änderung in der näheren und ferneren Zukunft. Sie wird als mehr oder weniger heftiger Bruch mit den Konventionen erlebt und gefürchtet.

Wie die Fortsetzung des traditionellen Entwicklungspfades aussieht, bleibt unklar. Zum einen häufen sich die reinen Absatz-Studien, die den steigenden Verkauf von Premium-Fahrzeugen in den Märkten der Schwellenländer belegen (und markieren somit die Wiederholung des klassischen Entwicklungspfades in einem neuen Kontext). Zum anderen prognostizieren Studien das Ende der gewohnten individuellen Mobilität und damit einen tatsächlichen Epochenbruch. Diese Widersprüche müssen allerdings für die involvierten Gruppen (Produzenten und Konsumenten) in der Gegenwart gelöst werden. Die Entscheidungen haben ihrerseits erheblich Wirkungen auf die Gestaltung der Zukunft, da es sich bei den Autos um langlebige Konsumgüter handelt und seine rein technischen Produkt-Lebenszyklen weiterhin zunehmen.

Modul 3: Quantitative Befragung und Gespräche

Vorgehensweise und Sample der quantitativen Erhebung

Der Weg zu den Jugendlichen und jungen Erwachsenen führte über eine Online-erhebung. Die Adressaten wurden über Schulen und Social Media wie SchülerVZ, StudiVZ, Facebook, Xing, aber auch über Fahrschulen und Kontaktpersonen angesprochen und auf den Link zum Fragebogen aufmerksam gemacht. Die Auswertung greift auf 363 Erhebungsbögen zurück. Die wichtigsten vorgegebenen Parameter sollten die Lebenswirklichkeit der jungen Leute widerspiegeln:

- die Einschätzung unterschiedlicher Verkehrsmittel für verschiedene Situationen der Alltagsmobilität und die Differenzierung nach Alter, Geschlecht, Wohnsituation und Autobesitz;
- die Erwartungen, die an ein eigenes Auto gestellt werden;
- bestimmende Kriterien beim Autokauf;
- funktionale und nichtfunktionale Aspekte des Autofahrens;
- Vorstellungen vom Traumauto und von Reisen;
- die soziale Funktion des Autofahrens;
- schließlich die Frage nach der Mobilitätsgerechtigkeit angesichts der Jahrzehnte sorgloser automobiler Praxis der Vorgängergenerationen.

Die Daten sind in diesem Modul nur kurz kommentiert. Über die Anordnung der Inhalte informiert eine Tabellenübersicht am Ende des Buches. Die Interpretationen beschränken sich auf die offensichtlichen Befunde. Spekulationen über die soziokulturelle Bedeutung und pragmatischen Konsequenzen werden erst im entsprechenden späteren Modul über die Impulse für das Strategische Issue Management formuliert. Das Modul schließt mit einer kurzen Aufstellung der wesentlichen Motive ab, die sich aus den Antworten der 363 Befragten ergibt. Im Durchschnitt sind die Fragen von 95 Prozent aller Befragten beantwortet worden. Die Prozentwerte beziehen sich immer auf die für die jeweiligen Fragen gültigen Antworthäufigkeiten.

Tabelle 3   Das Sample der quantitativen Befragung
               (in Prozentwerten, gerundet):

16–20 Jährige	30
21–25 Jährige	70
Männlich:	48
Weiblich:	52
Studenten:	58
Führerscheinbesitz:	86
KfZ-Verfügbarkeit:	78
Kfz-Besitz	36
Anschaffungswunsch	57
Stadt*	67
Land*	33

* Teilnehmer, die als Wohnort Metropole, Großstadt oder Stadt angegeben haben, werden in der Gruppe „Stadt" zusammengefasst. Alle, die Kleinstadt, Dorf oder Umland als Wohnort angegeben haben, unter der Kategorie „Land".

Quantitative Befunde

Bis auf Kurzinterpretationen der einzelnen Tabellen bleiben die Daten unkommentiert. Eine Zusammenfassung der wesentlichen Motive findet sich am Ende der Dokumentation.

Tabelle 4   Wichtigkeit verschiedener Fortbewegungsmittel für die
               berufliche/nicht berufliche Zukunft (Kategorien „sehr wichtig
               und wichtig" in Prozent aller Befragten)

Verkehrsmittel	beruflich	nicht beruflich
Auto	86	84
ÖPNV	77	73
Zug	66	64
Fahrrad	53	66
Flugzeug	46	60
Schiff	9	10

Kurzinterpretation

Die Befunde sind eindeutig, variieren allerdings, wie sich in der folgenden Tabelle zeigt, nach Fragestellung. Wenn etwa Reisen – ein äußerst wichtiges Motiv für die befragte Zielgruppe – zur Diskussion stehen, erhöht sich die Bedeutung des Flugzeugs, dabei auch die Attraktivität von so genannten Billigfliegern. Eine Reihe von Statements zur Mobilität im Allgemeinen zeigt eindringlich, dass die Bewertung der jeweiligen Verkehrsmittel sehr deutlich vom Fokus der Fragestellung abhängt. Im Gesamtkontext der Mobilitätswünsche verändert sich die Priorität der Motive. Das ist zunächst irritierend, erklärt sich aber durch die im Laufe der Untersuchung deutlicher zu Tage tretende Tatsache, dass das Auto für Jugendliche und junge Erwachsene zwar im Alltag unverzichtbar erscheint, aber in einer globalisierten Welt nur ein Mobilitätsmittel darstellt. Vor allem in den Gesprächen wird diese Differenzierung deutlich.

Tabelle 5.1 Bedeutung des Autos für berufliche und nicht berufliche Mobilität aus der Sicht von Männern und Frauen (in Prozent der Untergruppen)

Statement	Männlich	Weiblich
Es ist kaum möglich den beruflichen Alltag ohne ein eigenes Auto zu bewältigen	52	47
Für Freizeitgestaltung ist Auto unabdingbar	51	51

Allerdings muss die allgemein sehr hohe Bedeutung des Autos für berufliche und außerberufliche Aktivitäten im Vergleich der Verkehrsmittel in diese Befunde einbezogen werden. Wenn nicht nach Unabdingbarkeit, sondern nur nach allgemeinem Vergleich der Verkehrsmittel gefragt ist, steigen die Zustimmungen zum Auto sehr stark. Dazu noch einmal ein Auszug aus den Befunden zum unmittelbaren Vergleich:

Tabelle 5.2   Bedeutung des Autos im Vergleich mit anderen
Verkehrsmitteln aus der Sicht von Männern und Frauen
(in Prozent der Untergruppen)

Statement	Männlich	Weiblich
Auto im Vergleich zu anderen Verkehrsmitteln wichtig für berufliche Mobilität	91	88
Auto im Vergleich wichtig für außerberufliche Mobilität	83	85

Kurzinterpretation

Die Behauptung der Notwendigkeit der Mobilität mit dem Auto aus beruflichen
Gründen trifft bei weiblichen und männlichen Befragten auf vergleichbar hohe
Zustimmung. Das setzt sich fort bei der Zumessung der Bedeutung eines Autos
für die außerberuflichen Aktivitäten.

Tabelle 6   Statements zur Mobilität (Gegenüberstellung der Werte
für Zustimmung und Ablehnung in Prozent)

Statement	Zustimmung	Ablehnung
Wenn sich Menschen verschiedener Kulturen besser verstehen sollen, sind Reisen in andere Länder unabdingbar.	79	7
Das umfangreiche Angebot an Billigflügen ist eine tolle Sache.	69	15
Um fremde Länder kennen zu lernen, kann man auf Flugreisen nicht verzichten.	68	18
Die Autofirmen stellen sich zu wenig auf die finanziellen Umstände junger Leute ein.	66	17
Züge sind für Reisen innerhalb Deutschlands ein optimales Fortbewegungsmittel.	53	30
Ein Auto ist für die Freizeitgestaltung unabdingbar.	51	39
Es ist kaum möglich, den beruflichen Alltag ohne ein eigenes Auto zu bewältigen.	49	39
Autofahren löst Glücksgefühle aus.	44	37
Ich fahre so oft es geht mit dem Fahrrad.	43	46

Es ist schön, mit Freunden in der Freizeit mit dem Auto „durch die Gegend" zu fahren.	34	50
Mir ist es lieber, im eigenen Auto im Stau zu stehen, als mich mit vielen Anderen in öffentlichen Verkehrsmitteln zu drängen.	30	49
Auswirkungen von Umweltverschmutzungen werden in Medienberichten dramatisiert.	23	65
Ich will mir genauso wenig Sorgen um Umweltverschmutzungen machen wie alle vorherigen Generationen.	22	67
Viele Menschen fahren ausschließlich mit dem Auto, deshalb habe auch ich das Recht dazu.	13	67
Ein Auto soll zeigen, was sich jemand leisten kann.	12	81
Jeder Mensch muss sich ein schnelles und großes Auto leisten können.	6	84

Kurzinterpretation

Ein auf den ersten Blick nicht eindeutig zu interpretierender Befund ist die geringe Wertschätzung des Prestige- und Imagefaktors bei Autos. Irritierend für das Strategische Management ist dieser Befund vor allem bei der Betrachtung der üblichen Praktiken der Fernsehwerbung. In den Zeitschriften zeigte sich schon, dass die überwiegende Zahl der Thematisierungen des Autos neutral ist. In der Frage nach unterschiedlichen Mobilitätsmotiven zeigt sich erneut die „unaufgeregte Selbstverständlichkeit" – nicht nur des Autos, sondern unter bestimmten Voraussetzungen auch der anderen Verkehrsmittel. Die Verfügbarkeit bezahlbarer Mobilitätsangebote erstreckt sich also auf alle Bereiche – abhängig von der Situation. Der grundsätzlich für den Alltag unbedeutende Billigflieger zum Beispiel wird, wie eben bereits erwähnt, bei der Urlaubsplanung zu einem wichtigen Modul.

Tabelle 7.1 Bestimmende Kriterien für das Autofahren nach Wohnort und Alter (in Prozent der Untergruppen)

	Stadt			Land		
	alle	16–20	21–25	alle	16–20	21–25
Unabhängigkeit	85	87	84	84	84	83
Komfort	78	73	79	70	74	66
Kosten	77	79	76	76	68	85
Spaß	52	48	53	57	60	54
Zweckmäßigkeit	48	46	49	50	45	56
Umweltverschmutzung	40	35	41	45	50	39
Stress	29	27	29	19	16	22
Gefahr	25	23	25	23	21	25
Zeit	12	21	10	22	23	22
Prestige	14	19	12	17	18	17

Kurzinterpretation

Altersgruppen und Wohnortbedingungen scheinen die Haltung zum Auto nur graduell zu beeinflussen. Bemerkenswert ist, dass jüngere Befragte auf dem Land offensichtlich die Kosten für das Autofahren weit geringer einschätzen als ältere, die bereits Erfahrung haben. Zwar ist diese Differenz auch bei städtischen jungen Leuten zu sehen, allerdings nicht in der gleichen Ausprägung. Außerdem sind Differenzen bei der Kategorie „Zeit" (Zeitersparnis) zu sehen.

Dafür steigt bei den Älteren mit der Erfahrung auch die Einschätzung der Zweckmäßigkeit des Autos, allerdings auch bei der Erfahrung von Stresserlebnissen und Gefahren. Bei städtischen Befragten ist die Differenz zwischen den Altergruppen weit geringer. Insgesamt wird bei den älteren Befragten – ganz gleich ob städtisch oder ländlich wohnend – der Umweltfaktor als weniger wichtig eingeschätzt.

Tabelle 7.2 Bestimmende Kriterien für das Autofahren aus der Sicht
von Männern und Frauen (in Prozent der Untergruppen)

	Männlich	**Weiblich**
Unabhängigkeit	83	85
Komfort	74	77
Spaß	62	46
Zweckmäßigkeit	48	50
Umweltverschmutzung	36	46
Prestige	22	8

Kurzinterpretation

Bei jungen Frauen wie bei jungen Männern ist eindeutig die Unabhängigkeit der größte Wert, gefolgt von Komfort und Spaß. Dass der Umweltverschmutzung als Folge des Autofahrens nur halb soviel Bedeutung zugemessen wird wie der Unabhängigkeit, bestätigt sich aus den Gesprächen: Die Befragten gehen davon aus, dass die technologischen Innovationen der letzten Jahre deutliche Verringerungen der Umweltbelastung durch Autofahren bewirkt haben.

Es sind allerdings einige Bruchlinien zu sehen – vor allem im Bereich der sekundären Werte, die auf diesem Entwicklungspfad mit dem Auto verbunden wurden: Status, Prestige, Image und den in dieser Tabelle nicht erfassten Kriterien wie Schnelligkeit und Sportlichkeit. Auch wenn diese Werte nicht ganz verblasst sind, verlieren sie an Breitenwirkung. Auch das wird sich in der Dokumentation der Gespräche noch einmal deutlich zeigen.

Tabelle 8 Qualitäten des Wunsch-Autos nach Altersgruppen
(in Prozent der Untergruppen)

Merkmal	**16–20**	**21–25**
Farbe	66	57
Größe	59	63
Leistung	50	57
Marke	47	37
Image	35	25
Prestige	18	13

Kurzinterpretation

Die relative Bedeutungslosigkeit des Imagefaktors und des Prestiges zeigt sich in allen Altersgruppen, wenn man fragt, was denn bei einem Auto wichtig sei. Zwar neigen Jüngere zu einer etwas höheren Einschätzung dieser Werte, aber auch in dieser Altersgruppe rangieren Image und Prestige an den letzten Stellen. Offensichtlich relativiert sich die Faszination des Autofahrens im Alltag.

Es zeigt sich dagegen, dass für die ältere Gruppe (die naturgemäß auch beim Autobesitz höhere Anteile hat) Leistung und Größe mehr zählen als bei den jüngeren Befragten.

Die aus diesen Befunden ablesbare Tendenz, dass sich im Laufe des tatsächlichen oder längeren Gebrauchs eines Autos die eher emotionalen Werte abschwächen, steht allerdings in leichtem Gegensatz zum Statement, dass Autofahren Glücksgefühle auslösen könne: Die Erwartung von Glücksgefühlen bei Befragten ohne eigenes Auto ist, gemessen über den Mittelwert, mit 3,2 niedriger als das empfundene Glücksgefühl (Mittelwert 2,5) bei jungen Autobesitzern.

Tabelle 9   Grad der Zustimmung zum Statement: „Es ist schön, mit Freunden durch die Gegend zu fahren", differenziert nach verschiedenen Untergruppen (in Prozent der jeweiligen Gruppen)

Untergruppe	Anteil
Schüler	46
Kein Schüler	32
Auszubildender	50
Kein Auszubildender	33
Student	28
Kein Student	44
Stadt	30
Land	42

Kurzinterpretation

Die soziale Bedeutung des Autos (als Mittel zur Pflege eines realen sozialen Netzwerks) scheint für jüngere Befragte wichtiger als für junge Erwachsene, die bereits auf dem Weg in den Beruf sind, ebenfalls wichtiger als für Studenten, die sich ohnehin in einem verdichteten Kommunikationskontext befinden.

Die These wird auch durch die unterschiedliche starke Reaktion der ländlich und städtisch wohnenden Befragten gestützt. In diesen Befunden deutet sich eine Frage nach der Bedeutung der Kommunikationsdichte an. Für das Marketing wird zu prüfen sein, ob die Integration in einen virtuellen oder realen sozialen Zusammenhang sich auf die Bedeutung der individuellen Mobilität auswirkt.

Tabelle 10.1   Bestimmende Kriterien beim Autokauf in verschiedenen Altersgruppen (in Prozent der Untergruppen)

Kriterium	16–20	21–25
Anschaffungskosten	94	94
Sicherheit	92	91
Haltungskosten	91	89
Design	80	81
Komfort/Ausstattung	75	74
Energieeffizienz	75	76
Umweltfreundlichkeit	72	71
Farbe	66	57
Antriebsart	63	60
Größe	59	63
Leistung/PS	50	57
Marke	47	37
Image/Prestige	35	25

Kurzinterpretation
Energieeffizienz kann noch zu den Kosten gerechnet werden, das zumindest legen die Gespräche nahe, die mit 30 jungen Leuten geführt worden sind. Durchweg nämlich erscheint das Motiv des umweltschonenden Autos in unmittelbarem Zusammenhang mit Kostenersparnis. Die technische Logik ist zwingend: Autos, die weniger Leistung haben, verbrauchen weniger, sind dadurch billiger und gleichzeitig umweltfreundlicher. Die Priorität liegt allerdings klar bei der Kostenersparnis – was nun wiederum den Umkehrschluss zulässt: Wenn umweltfreundliche Autos teurer sind als weniger umweltfreundliche, geht das zu Lasten der ökologischen Alternative. Aktiviertes Umweltbewusstsein ist eine Frage der Kosten.

Tabelle 10.2   Bestimmende Kriterien beim Autokauf aus der Sicht
von Männern und Frauen (in Prozent der Untergruppen)

Kriterium	männlich	weiblich
Anschaffungskosten	90	98
Haltungskosten	83	95
Sicherheit	87	95
Design	85	71
Komfort/Ausstattung	81	68
Energieeffizienz	71	79
Umweltfreundlichkeit	61	80
Antriebsart	67	54
Leistung/PS	61	50
Größe	60	64
Farbe	56	63
Marke	45	35
Image/Prestige	32	24

Kurzinterpretation

Frauen und Männer unterscheiden sich hinsichtlich der am häufigsten als wichtig
bewerteten Kriterien tendenziell. Für Männer zählen Image/Prestige, Marke und
Antriebsart mehr als für Frauen. Von Frauen wurden dagegen Umweltfreundlichkeit, Haltungskosten und Farbe häufiger als wichtiges Kriterium für den Autokauf
genannt. Bei diesen sechs Kriterien finden sich auch die stärksten Unterschiede
in der Bewertung zwischen den Geschlechtern.

So halten nur 61 Prozent der männlichen Befragten gegenüber 80 Prozent
der weiblichen Befragten das Kriterium Umweltfreundlichkeit für wichtig. Allerdings wird, wie in Tabelle 7.2 zu sehen, Umweltverschmutzung durch Autofahren
weit weniger hoch eingeschätzt: Hier sind es 36 Prozent der Männer und 46 Prozent der Frauen, die diese Assoziation mit dem Autofahren verbinden.

Das Kriterium Image/Prestige wird mit einer Differenz von 11 Prozentpunk-
ten mehr von Männern als von Frauen für wichtig eingestuft. In Bezug auf das
Kriterium Farbe unterscheiden sich die Geschlechter.

Trotz der Unterschiede der am häufigsten für wichtig eingestuften Kriterien
zeigt sich das nach Geschlechterpräferenzen differenzierte Bild, was die Krite-

rien des Autokaufs betrifft, nicht dramatisch unterschiedlich. Im Schnitt unterscheiden sich die relativen Anteile der Geschlechter bei den Kriterien um knapp 8 Prozentpunkte. Wichtig ist, dass wiederum die Kostenfaktoren auf den ersten Rängen stehen.

Tabelle 10.3   Bestimmende Kriterien beim Autokauf und Wohnort
(in Prozent der Untergruppen)

Kriterium	Stadt	Land
Anschaffungskosten	96	91
Sicherheit	91	92
Haltungskosten	90	89
Design	80	80
Energieeffizienz	74	79
Komfort/Ausstattung	74	75
Umweltfreundlichkeit	69	74
Größe	63	60
Antriebsart	59	65
Farbe	57	64
Leistung/PS	52	63
Marke	39	43
Image/Prestige	26	32

Kurzinterpretation
Die Kriterien zeigen insgesamt kleinere Unterschiede zwischen den Befragten aus städtischen und ländlichen Gebieten, die aber keine grundsätzlich verschiedenen Haltungen zum Auto erkennen lassen. Diese Erkenntnisse der quantitativen Befragung decken sich weitgehend mit den neuesten Erkenntnissen der Aral-Studien zum Thema Autokauf. (Aral-Studien 2009). Interessant ist es allerdings, die Tendenzen anzumerken, in denen sich in die Bewohner ländlicher Gemeinden von den Stadtbewohnern unterscheiden – kurz gesagt: das Auto hat in ländlichen Gebieten eine erkennbar wichtigere Image-Funktion als in der Stadt und sollte auch stärker motorisiert sein. Gleichzeitig betonen die Befragten aus ländlichen Gebieten die ökologischen Aspekte stärker als jungen Menschen aus der Stadt.

Tabelle 11   Effekte des Auto-Besitzes. Zustimmende Antworten auf
ausgewählte Statements (in Prozent der jeweiligen Gruppen;
Rangfolge nach dem Grad der Zustimmung durch die
Autobesitzer)

Statement	Autobesitz	ohne Auto
Für Freizeitgestaltung ist Auto unabdingbar.	79	35
Es ist kaum möglich den beruflichen Alltag ohne ein eigenes Auto zu bewältigen.	75	34
Die Autofirmen stellen sich zu wenig auf die finanziellen Umstände junger Leute ein.	65	66
Auswirkungen von Umweltverschmutzungen werden in Medienberichten dramatisiert.	30	18
Züge sind für Reisen innerhalb Deutschlands ein optimales Fortbewegungsmittel.	30	18
Ich will mir genauso wenig Sorgen um Umweltverschmutzungen machen wie alle vorherigen Generationen.	27	18
Ich fahre so oft es geht mit dem Fahrrad.	20	55
Jeder Mensch muss sich ein schnelles und großes Auto leisten können.	9	4

Kurzinterpretation
Deutliche Unterschiede finden sich in der Einschätzung der Bedeutung eines Autos für die außerberufliche und die berufliche Mobilität. Einschränkend zu diesem Befund muss allerdings gesagt werden, dass hier Autobesitz mit dem Alter, das Alter wiederum mit beruflichen Erfahrungen korrespondiert. Was sich andeutet, sind die Verschiebungen von Präferenzen im Laufe der Biografie der Jugendlichen und jungen Erwachsenen.

Eine kleine Überraschung bietet die etwas höhere Zustimmung der Autobesitzer zur Rolle der Bahn. Sie halten die Bahn in höherem Ausmaß für ein komfortables Verkehrsmittel als die Nicht-Autobesitzer. Die Erfahrungen mit der Verfügbarkeit über ein Auto schließen also offensichtlich die Nutzung anderer Verkehrsmittel für andere Zwecke nicht aus.

Insofern kann dieses Nebenergebnis als eine Bestätigung für die situationsgebundene und primär rationale Haltung von jungen Leuten zum Auto gelesen werden. Das bestätigt sich bei der allgemein eher niedrig eingeschätzten Bedeutung von Flugreisen, die aber bei der Frage nach Urlaub und Reisen (auch mit „Billigfliegern") eine weit höhere Bewertung erfahren. Weitgehend unabhängig vom Autobesitz bleibt die Skepsis gegenüber großen und prestigeträchtigen Fahrzeugen – auch wenn naturgemäß eine leichte Differenz zu beobachten ist, allerdings mit relativ geringen quantitativen Ausmaßen.

Tabelle 12   Befunde zum Thema „Traumauto": Marken, Farben, Leistung, Zubehör und Ausstattung (absolute Zahl der Nennungen, weil sehr viele und sehr unterschiedliche Schwerpunkte gesetzt wurden)

Marken	Antworten
Volkswagen	29
BMW	28
Mercedes	25
Audi	22
Porsche/Mini	9
Ford	8
Fiat	6
Lamborghini	5
Allg. deutscher Hersteller	11

Farbe	Antworten
Schwarz	85
Weiß	20
Rot	16
Blau	15
Silber	14
Grün	11

Modellqualität	Antworten
Sicher	64
Klein	48
Komfortabel	34
Geräumig	32

Groß	18
Mittel	17
Parkplatzfreundlich	10
Automatik	3
Simpel	3

Zubehör	**Antworten**
Soundsystem/Musik	41
Ledersitze	25
Klimaanlage	25
Navigationssystem	23
Einparkhilfe	15
Sitzheizung	15
Aluminiumfelgen	7
Xenon-Scheinwerfer	6
Spezielles Design	6
Keine Extras	9

Leistung	**Antworten**
Viel	51
Mittel	2
Unwichtig	2

Antriebsart	**Antworten**
Elektrisch	16
Erdgas	15
Hybrid	13
Solar	5
Allg. umweltfreundlich	4

Attribute allgemein	**Antworten**
Umweltfreundlichkeit	79
Sportlich	35

Schnell	33
Praktisch	24
Modern/Zeitgemäß	21
Edel/Elegant	14
Schick	10
Einzigartig	5

Kurzinterpretation

Die Antworten auf diese frei vorgegebene Frage zeigen eine überraschende Konventionalität. Die meist genannten Marken sind nicht exotisch, lassen alle Optionen einer denkbaren Saturiertheit in der Zukunft offen, die in sich – was die Ästhetik der Autos anbetrifft – offenbar in klassischen Kategorien erschöpft. Mit einer Ausnahme: der Musikanlage. Umweltfreundlichkeit wird gewünscht, Individualismus eher weniger.

Die Frage ist nun, ob sich in diesen Antworten nicht eher die Vorsicht gegenüber denkbaren Zukünften äußert – immerhin ist nicht klar abzusehen, was die Jugendlichen erwartet. Oder ob sie einfach nicht in der Lage sind, sich technologische Innovationen und Alternativen vorzustellen. Diese Befunde verdichten sich ebenfalls in den Gesprächen mit den Jugendlichen und jungen Erwachsenen.

Tabelle 13.1   Grad der Zustimmung zum Statement: „Ich will mir genauso wenig Sorgen um Umweltverschmutzungen machen wie alle vorherigen Generationen", differenziert nach verschiedenen Untergruppen (in Prozent der jeweiligen Gruppen)

Gruppenmerkmal	Antworten
Männlich	26
Weiblich	18
Auto	12
Kein Auto	27
Mit Zeitkarte	17
Ohne Zeitkarte	32
Stadt	19
Land	27

Tabelle 13.2   Grad der Zustimmung zum Statement: „Viele Menschen
fahren ausschließlich mit dem Auto, deshalb habe auch ich
das Recht dazu", differenziert nach Stadt- und Landbewohnern
(in Prozent der Untergruppen)

Stadt	11
Land	18

Tabelle 13.3   Grad der Zustimmung zum Statement: „Es ist schön, mit
Freunden in der Freizeit mit dem Auto durch die Gegend
zu fahren", differenziert nach Stadt- und Landbewohnern
(in Prozent der Untergruppen)

Stadt	30
Land	42

Kurzinterpretation

In einer Gegenüberstellung zwischen den jungen Bewohnerinnen und Bewohnern
von städtischen und ländlichen Gemeinden verbirgt sich ein weiterer Konflikt.
Die Städter schätzen die Notwendigkeit der Mobilität mit dem eigenen Auto geringer ein als die Nicht-Städter. Die reklamieren das Recht auf Autofahren stärker.
In den folgenden Statements bestätigt sich diese Tendenz beispielhaft – wenn auch
der Tenor die bereits diagnostizierte Bereitschaft zur Zurückhaltung nicht grundsätzlich in Frage stellt. Das folgende Statement ist von 94 Prozent der Befragten
beantwortet worden, hat also ebenfalls ein relativ hohes Maß an Engagement
ausgelöst.

Diese auf die Freizeit orientierten Vorstellungen relativieren sich allerdings
mit dem Erwerbsstatus. Junge Erwachsene, die bereits ganztägig berufstätig
sind, betonen die Bedeutung des Autos für die Freizeit (und unter anderem auch
das „Cruisen" mit Freunden) signifikant weniger als Personen in Ausbildung oder
Teilzeitarbeit. Sie beanspruchen für sich aber das Recht auf berufliche Mobilität
und die entsprechende Ausstattung für eine eventuelle Familiengründung.

In der künftigen Biografie der jungen Leute spielt das Auto also vor allem
unter funktionalen Gesichtspunkten eine wichtige Rolle. Das zeigt sich auch in
der Abstufung der Zustimmungsrate zu folgendem Statement:

„Es ist kaum möglich, den beruflichen Alltag ohne ein eigenes Auto zu bewältigen."

Siebzig Prozent der ganztägig Berufstätigen stimmen diesem Statement zu – gegenüber 46 Prozent der nicht voll Berufstätigen. Dabei ist der Grad der Zustimmung bei den Auszubildenden höher als bei Studierenden (mit 50 zu 42 Prozent). Für andere Kategorien ist die Fallzahl zu gering, um sie statistisch verantwortungsvoll einsetzen zu können. In der Tendenz allerdings bestätigen sie diesen Kernbefund.

Die Differenzierungen der Befunde zur Mobilitätsgerechtigkeit finden sich in den Kommentaren der Befragten auf gleichartige Statements, die in den Gesprächen vorgelegt wurden. Ich verweise daher an dieser Stelle wiederum auf die entsprechenden Passagen in den authentisch dokumentierten Interviews.

Motive der standardisierten Befragung

Das wichtigste Ergebnis besteht darin, dass Autofahren ganz allgemein für junge Leute einen sehr großen Wert besitzt. Allerdings ist die Anschaffung eines Fahrzeugs von einem stark ausgeprägten Kostenbewusstsein beeinflusst.

Die Befragten unterscheiden erkennbar zwischen ihrer gegenwärtigen Situation und ihrer vermuteten Lebenssituation in der Zukunft, in der sie finanziell in der Lage sein werden, sich ihre Wünsche zu erfüllen. Zu diesen Wünschen gehört eindeutig ein besseres, schnelleres, komfortableres, wenngleich nicht unbedingt größeres Auto als heute.

Diese Entwicklung zeigt sich auch in den quantitativen Befunden am durchgehend bemerkbaren graduellen Unterschied zwischen den Antworten der jungen Leute, die noch kein eigenes Auto besitzen und denen, die eines besitzen. Autobesitz – und damit auch die Selbstverständlichkeit und die Gewohnheit der problemlosen individuellen Mobilität – macht sich in diversen Dimensionen unserer quantitativen Befunde bemerkbar.

Der ökologische Aspekt bleibt – unabhängig von allen Variablen – eine Art Zusatzkategorie, die als notwendige, aber irgendwie auch störende, sperrige Pflicht interpretiert wird. In den Gesprächen wird sich diese Tendenz, dass ökologisches Bewusstsein eine Art staatsbürgerliche Haltung repräsentiert, noch deutlicher zeigen.

Im Zusammenhang mit den deutlichen Hinweisen auf die Bereitschaft zu ökologischen Kompromissen bei entsprechender Preisgestaltung und dem ebenfalls sehr pointiert formulierten Motiv, dass die Unternehmen mit ihrer technologischen

Entwicklung eine Verantwortung für die ökologisch vertretbare Mobilität der Zukunft haben, ist dieser Befund eine unübersehbare Kritik mit klarem Aufforderungscharakter. Der Anspruch der Jugendlichen und jungen Erwachsenen an die Unternehmen ist unmissverständlich.

Dabei zeichnet sich, was die Einschätzung ökologischer Fragen betrifft, bei Autobesitzern eine leicht höhere Kompromissbereitschaft ab. Aus den Gesprächen lässt sich ableiten, dass die bereits von der Industrie geleisteten technologischen Verbesserungen dabei als Legitimation dienen.

Das Traumauto sollte nicht besonders auffällig sein, das Kriterium der Einzigartigkeit wurde nur fünfmal genannt. Dieser Wunsch nach Unauffälligkeit äußert sich auch in der Farbwahl: Schwarz. Bevorzugt wird ein Kleinwagen mit viel Stauraum und umweltfreundlicher Technik, dennoch aber schnell und leistungsstark.

Der Traum ist realistisch: Golf, schwarz, sicher, klein, finanzierbar, komfortabel und als luxuriöse Beigabe mit einem opulenten Soundsystem ausgestattet. Dieses Ausstattungs-Extra wird doppelt so oft genannt wie eine Klimaanlage oder ein Navigationssystem. Interessant ist, dass die Motorenleistung eher hoch sein soll, das Auto trotz aller Konventionalität eher sportlich und schnell und – deutlich umweltfreundlich sein soll.

Ein überraschender und für das Strategische Issue Management wichtiger Befund ist die Tatsache, dass das Kriterium Sicherheit nach den Kosten als zweithäufigstes Kriterium für die Bewertung eines Autos genannt wurde: 87,2 Prozent der Männer und 95,2 Prozent der Frauen halten Sicherheit für ein wichtiges Feature.

Ein wichtiger Hinweis ergibt sich aus der kritischen Einschätzung des Beitrags, den Automobilfirmen für die jüngere Generation leisten. Hier zeigen sich unabhängig vom Autobesitz zwei Drittel der Befragten – 67 Prozent der jungen Frauen und 65 Prozent der Männer – unzufrieden.

Vorgehensweise und Sample der qualitativen Befragung

Die Gespräche, auf die schon mehrfach Bezug genommen wurde, fanden im selben Zeitraum wie die Online-Befragung statt und sind alle, von individuellen Einzelaspekten in den jeweiligen Gesprächen abgesehen, nach einem verbindlichen Leitfaden angelegt. Die Struktur dieses Leitfadens ist weitgehend an den Dimensionen der quantitativen Erhebung orientiert. Allerdings sind die Impulse – etwa zur Frage des ökologischen Verhaltens – weniger direkt formuliert, um die tatsächliche Bedeutung in der Wertehierarchie der Gesprächspartnerinnen und -partner zu erfassen. Die Interviewerinnen und Interviewer wurden darin geschult, die Struktur klar zu verfolgen und nur in begründeten Ausnahmefällen zu verändern (etwa in einem Interview über Skype). Diese Vorgehensweise erhöht die Vergleichbarkeit der Aussagen und der einzelnen Motive.

Es wurde ein geschichtetes Sample angestrebt, in dem männliche und weibliche Befragte, Schüler, Studierende und jungen Berufstätige gleichermaßen repräsentiert sein sollten. Obwohl aus zeitlichen und finanziellen Gründen kein allzu großer Aufwand betrieben werden konnte, sind die Vorgaben weitgehend eingehalten worden – selbst ein Vergleich von Befragen aus ländlichen und städtischen Regionen ist möglich.

Das Sample umfasst nun 16 männliche und 14 weibliche Befragte; 14 Studierende; 6 Schülerinnen oder Schüler (darunter 2 Realschüler); 10 Berufstätige oder Auszubildende, darunter ein Zivildienstleistender. Altersgruppe 16–20: 8; in der Altersgruppe 21–25 sind 22 Personen. Herkunftsmilieus sind in den einzelnen Gruppen (unabhängig von der Bildungssituation der Befragten) unterschiedlich und repräsentieren das gesamte Spektrum bürgerlicher Mittelschichten von Facharbeitern und Arzthelferinnen bis zu Architekten und Lehrerinnen.

Das regionale Spektrum der Interviews reicht vom nördlichen Großraum Hamburg bis ins südliche Niedersachsen. Eine bundesweite Befragung war aus zeitlichen und finanziellen Gründen nicht möglich, da die Interviews (mit einer Ausnahme) als persönliche Gespräche angelegt sein sollten. Im Vergleich mit den bundesweit erhobenen quantitativen Befunden zeigen sich aber deutlich repräsentative Tendenzen.

Die Interviews sind nach Bildungs- und Tätigkeitsschwerpunkten, dabei jeweils wiederum nach Alter geordnet, in jedem Bereich beginnend mit den jüngsten Befragten.

Schülerinnen und Schüler

01: Gymnasiastin, 18, wohnt bei den Eltern;
    Berufsmilieu Herkunftsfamilie: Meister, Verkäuferin.
02: Gymnasiastin, 18, wohnt bei den Eltern;
    Berufsmilieu Herkunftsfamilie: Pädagogin, Ingenieur
03: Fachgymnasiastin, 18, wohnt bei den Eltern;
    Berufsmilieu Herkunftsfamilie: Manager, Hausfrau
04: Realschüler, 16, wohnt bei den Eltern;
    Berufsmilieu Herkunftsfamilie: Außendienst, MTA.
05: Realschüler, 19, wohnt bei den Eltern;
    Berufsmilieu Herkunftsfamilie: Einzelhandel, Sekretärin

06: Zivildienstleistender, 19, Abitur, wohnt bei den Eltern;
Berufsmilieu der Herkunftsfamilie: Zahntechnik, Nebenjob; Interview per
Skype

07: Abiturient, noch kein Studienplatz, 21, jobbt bei Autoverleih und fährt „da
so'n bisschen Autos hin und her und putz die und so"; wohnt bei den Eltern;
Berufsmilieu Herkunftsfamilie: Kreative

Studentinnen und Studenten
08: Studentin Politikwissenschaften, 20, Zweier-WG,
Berufsmilieu Herkunftsfamilie: Rentner, Öffentlicher Dienst

09: Studentin Politikwissenschaften, 22, wohnt in Zweier-WG;
Berufsmilieu Herkunftsfamilie: „Was mit Computern", Angestellte

10: Studentin Wirtschaftswissenschaften, 22, wohnt in der Stadt,
Berufsmilieu Herkunftsfamilie: keine näheren Auskünfte, die Antworten
lassen auf saturierte Mittelschicht schließen

11: Studentin Lehramt, 22, Stadt,
Berufsmilieu Herkunftsfamilie: Lehrerin

12: Studentin Umweltwissenschaften, 22, WG mit drei anderen Leuten, Kleinstadt;
Berufsmilieu Herkunftsfamilie: Erziehungsberufe

13: Studentin Sozialwissenschaften, 23, wohnt in einer WG „mit zwei andern,
sehr zentral";
Berufsmilieu Herkunftsfamilie: Pädagoge, Juristin

14: Studentin Tiermedizin, 23, WG in der Stadt,
Berufsmilieu Herkunftsfamilie: Ingenieure

15: Studentin Informationsmanagement, 23, wohnt bei den Eltern,
Berufsmilieu Herkunftsfamilie: Arbeiter, Hausfrau

16: Student Wirtschaftswissenschaften, 22, keine weiteren Angaben;
Berufsmilieu der Herkunftsfamilie: keine Angaben, die Autos der Eltern
legen Zugehörigkeit zur Mittelschicht nahe

17: Student Sportwissenschaften, 23, WG mit Bruder, Kleinstadt;
Berufsmilieu Herkunftsfamilie: ebenfalls gehobene Mittelschicht

18: Student Biologie, 24, zwei Kinder, ledig, Stadt;
Berufsmilieu Herkunftsfamilie: keine Angaben

19: Student Politikwissenschaft, 24, WG in der Stadt;
Berufsmilieu Herkunftsfamilie: Fachhandwerker, Pädagogin

20: Student Anglistik 24, Stadt; Vater hat keinen Führerschein;
Berufsmilieu Herkunftsfamilie: keine weiteren Angaben

21: Student Politikwissenschaften, 24, WG Stadt, „mit zwei wunderhübschen
     Menschen";
     Berufsmilieu Herkunftsfamilie: Autohandel, „Mutter"

Berufstätige oder in Ausbildung
22: Ausbildung zur Arzthelferin, 16, wohnt bei den Eltern;
     Berufsmilieu Herkunftsfamilie: Bürokauffrau, Handwerk
23: Ausbildung zur Immobilienkauffrau, 22, wohnt alleine;
     Berufsmilieu Herkunftsfamilie: Sportlerin, Unternehmer
24: Ausbildung zur Kauffrau für Groß- und Außenhandel, 24, Land;
     Berufsmilieu Herkunftsfamilie: Krankenpflege
25: Bundeswehrsoldat, 22,
     Berufsmilieu Herkunftsfamilie: Pflegeberuf, Handwerk
26: Elektroniker für Betriebstechnik, 22, wohnt bei den Eltern, Großstadt;
     Berufsmilieu Herkunftsfamilie: Angestellte
27: Kamera-Assistent, 23, Stadt, wohnt alleine;
     Berufsmilieu Herkunftsfamilie: Pflegeberufe, Architekt
28: Zerspanungsmechaniker, 23, wohnt mit Freundin in eigener Wohnung, Land;
     Berufsmilieu Herkunftsfamilie: Selbstständig
29: Versicherungskaufmann, 25, Großstadt, Wohnung mit Mitbewohner;
     Berufsmilieu Herkunftsfamilie: Kaufmännische Berufe
30: Klavierbauer, 24, wohnt alleine;
     Berufsmilieu Herkunftsfamilie: Handwerk

Der Gesprächsverlauf ist in den gleich folgenden Ausschnitten weitestgehend
authentisch wiedergegeben. Aus den wörtlichen Transkripten sind nur offensichtliche Wiederholungen, Versprecher, allzu häufige Füllworte oder Verlegenheitslau-
te gelöscht. Die Interviewerinnen und Interviewer (studentische Mitarbeiterinnen
und Mitarbeiter des Projekts) sind im Durchschnittsalter der Befragten und damit
nahe an der Lebenswelt der Befragten. Aus dieser – auch soziodemografischen –
Nähe resultiert eine in den Gesprächen deutlich bemerkbare Vertraulichkeit.
Durch diese Situation sinkt die Gefahr, dass die Befragten Antworten geben, die
sie gegenüber einer Autoritätsperson als sozial erwünscht betrachten.

   Da den Befragten selbstverständlich wie in jeder wissenschaftlichen Untersuchung Anonymität zugesichert worden ist, sind sämtliche Namen von Personen, Straßen und Orten sowie von außergewöhnlichen Lebensumständen, die
eine Identifikation ermöglichen könnten, durch *** kaschiert.

Dokumentation der Gespräche

Der erste Fragekomplex erfasst das gegenwärtige Alltagsverhalten, in diesem Zusammenhang auch die Einschätzung öffentlicher Verkehrsmittel, dann wird nach der Erwartung der eigenen Zukunft gefragt.

Wichtig erschienen uns die Sozialisationssituation im Elternhaus und die Frage danach, ob der Mobilitäts-Habitus, der hier zu Tage tritt, fortgesetzt oder geändert werden soll.

Da sich bereits in den quantitativen Befunden zeigt, dass Reisen mit dem Flugzeug im Alltag offensichtlich und verständlicherweise eine sehr geringe Rolle spielen, dennoch aber die Bewertung des Fliegens für die Mobilität sehr hoch ist, folgen dann Antworten auf die Frage nach der Mobilität im Urlaub und auf Reisen.

Der nächste Punkt fasst die Erwartungen an die Zukunft noch einmal auf eine andere Weise zusammen und konzentrierte sich auf die Bewertung einer Reihe von Autos, einem Motorrad und einem Motorroller, deren Abbildungen und technische Daten den Befragten in einem Kartenspiel vorgelegt wurden. In diesem so genannten „Auto-Quartett" wurden Bilder mit Informationen zum Preis, zum Verbrauch und zum CO_2-Ausstoß vorgelegt: Mini Cooper, VW Golf VI, BMW X5, Vespa, VW Sharan, Opel Corsa, Volvo V 50 und Harley Davidson.

Diesem Markenvergleich folgt die generelle Frage nach dem Traumauto schlechthin. Da sich in den Pretests und schon in den quantitativen Befunden eine erstaunlich zurückhaltende Vorstellung vom Traumauto zeigte, wird die Frage noch einmal zugespitzt und durch die Aussicht angereichert, frei von finanziellen Begrenzungen ein Auto auswählen zu können.

Das Ziel war herauszufinden, ob ein zukünftiges ökologisches Verhalten von finanziellen Vorstellungen abhängig gemacht wird – was in der Tat so ist.

Da die Interviewer den Auftrag hatten, die Frage nach den ökologischen Umständen der individuellen Mobilität möglichst spät zu stellen, folgen als vorletzter Impuls dann die Fragen nach Umweltbelastungen und Lösungen des Problems.

Auf diesen Impuls folgt dann – weil ja eine Reihe dieser Probleme durch das Verhalten der Vorgängergenerationen erzeugt worden sind – schließlich die Zukunftsfrage nach der „intergenerationellen Mobilitätsgerechtigkeit". Zu diesem Thema wurden gegen Ende der Gespräche folgende Statements vorgelesen.

„Die jungen Menschen haben das gleiche Recht wie die vorherigen Generationen viel Auto zu fahren, auch wenn dadurch die Umwelt belastet wird!"

„Ab sofort sollten sich alle beim Autofahren aus Liebe zur Umwelt einschränken!"

„Die Jugend darf nicht so viel Autofahren wie ihre Eltern in ihrem Alter, da die Umweltprobleme damit verschlimmern würden!"

„Die älteren Generationen haben durch ihr vieles Autofahren die Umwelt stark belastet und deswegen darf dieses nicht durch die Jugend wiederholt werden!"

Abschließend wurden die Befragten gebeten, die im Interview aus ihrer Sicht nicht angesprochenen wichtigen Themenaspekte zu ergänzen. Antworten auf diese Frage können nicht dokumentiert werden – es gab keine. Nur eine Befragte sinnierte nach dem Gespräch über die ökologischen Konsequenzen des eigentlichen Verhaltens nach und sagte: „Also wie gesagt ich finde es ganz schwierig sich darüber Gedanken zu machen, wie es später sein wird, weil öffentliche Verkehrsmittel auf der einen Seite sehr sinnvoll sind, aber Autos wirklich einen höheren Komfort bieten." Ein Befragter meinte, es sei „interessant sich damit zu beschäftigen, also mit diesen ganzen Fragen. Weil ich finde, man denkt nicht wirklich darüber nach." Zwei Befragte merkten an, dass das Interview Spaß gemacht habe. Konkrete Vorstellungen über das Gespräch hinaus wurden nicht formuliert.

Eine vollständige Dokumentation der Interviews versagt sich leider aus Platzgründen. Die Niederschriften der dreißig Gespräche umfassen knapp 160 Manuskriptseiten. Die zitierten Aussagen sind aber so ausgewählt, dass eine repräsentative Übersicht über die Einstellungen und Vorstellungen der Jugendlichen und jungen Erwachsenen garantiert bleibt.

Die Reihenfolge der als repräsentativ ausgewählten wörtlichen Äußerungen folgt einer inhaltlichen Systematik: Alltag, Urlaub und Reisen, realistische Zukunftserwartungen, das Spiel mit dem Gedanken unbegrenzter finanzieller Mittel, Markenvergleiche auf der Grundlage der vorgelegten Bilder, Ideen vom Traumauto generell, Fragen der Umweltschädlichkeit; Einschätzung Öffentlicher Verkehrsmittel und schließlich das Problem der intergenerationellen Mobilitätsgerechtigkeit.

Bis auf kurze Einleitungen sind auch hier wieder die „Befunde", also die Äußerungen der jungen Leute, ohne weitere Kommentare dokumentiert. Die Ausführlichkeit dieser Dokumentation soll es den Leserinnen und Lesern ermöglichen, eigenen Interpretations-Pfaden zu folgen und die ausgewählten Passagen unter anderen Gesichtspunkten neu zu ordnen.

Originalaussagen: Alltag

Alle Gespräche wurden mit der Frage eingeleitet, mit welchem Verkehrsmittel die Jugendlichen und jungen Erwachsenen zum Termin gekommen sind und wie sie sich sonst im Alltag fortbewegen. In den Antworten wird sehr deutlich, dass – vor allem bei den jüngeren Befragten – die gegenwärtige Situation nur als eine kurze Übergangsphase gesehen wird. Die überwiegende Zahl der Befragten hält den Besitz eines Autos für selbstverständlich.

Realschülerin, 16
Interviewer/in: Du hast noch keinen Führerschein?
Befragte/r: Nein. Ich hab gerade angefangen. Seit sechs Wochen bin ich dabei.
I: Machst Du dann mit 17 oder mit 18?
B: Schon mit 16, weil ich erstmal nur meinen Motorradführerschein mache.
I: Inwiefern wird sich deine Mobilität in den nächsten zehn Jahren ändern? Welche Faktoren werden ausschlagend sein und warum?
B: Na ja, dann Autoführerschein, weil man damit einfach mobiler ist als mit dem Motorrad.
I: Also Du sagst dann auch ganz klar, Du machst jetzt deinen Führerschein, und wenn Du das Geld hast, kaufst Du Dir dann auch ein Auto?
B: Ja auf jeden Fall.
I: Wenn Geld keine Rolle spielen würde, wie würde die perfekte Mobilität für Dich aussehen? Einmal im Alltag und im Urlaub?
B: Ja, großes Auto, wenn Geld keine Rolle spielen würde. Im Urlaub Luxus bis zum geht nicht mehr.

Gymnasiastin, 18
I: Mit welchem Verkehrsmittel bist Du heute hier zu dem Termin gekommen?
B: Mit dem Auto.
I: Seit wann hast Du deinen Führerschein?
B: Seit 15.1 diesen Jahres. Aber da hatte ich Führerschein mit 17, aber seit 15.8 habe ich den normalen.
I: Hast Du ein eigenes Auto?
B: Ja.
I: Und wie bewegst Du Dich im Alltag fort?
B: Auch mit dem Auto. Und zu Fuß halt.
I: Bus und Bahn gar nicht?
B: Ne, seit dem ich Auto fahren darf, nicht mehr.
I: Und hast Du eine Vorstellung, wie sich deine Mobilität in den nächsten zehn Jahren verändern wird?
B: Also, eigentlich denke ich, dass es so bleibt. Das ich mich halt mit dem Auto hauptsächlich von A nach B bewege. Klar, wenn das Auto den Geist aufgibt, werde ich übergangsweise auf Bahn umsteigen, aber so denke ich eigentlich, dass es beim Auto bleibt.

I: Wenn Geld keine Rolle spielte, wie würde die perfekte Mobilität für Dich aussehen? Einmal im Alltag und dann im Urlaub?
B: Ja, erstmal auch Auto, vielleicht würde ich mir ein besseres Auto dann kaufen. Weil ich jetzt ein nicht so schönes fahre.
I: Was fährst Du?
B: Citroën Saxo, ist halt so. 45 PS, keine Servolenkung und so. Also ich würde mir halt ein besseres Auto kaufen und würde mich auch hauptsächlich mit dem Auto fortbewegen. Im Urlaub denke ich viel zu Fuß, mit dem Fahrrad vielleicht auch. Halt so, dass man was sieht. Aber sonst hauptsächlich auch mit dem Auto. Und auch so in der Freizeit, jemanden besuchen oder so, alles mit dem Auto.

Zivildienstleistender, 19
I: Ja, genau, wie Du es so in deiner Freizeit, wie Du das da machst: ob Du immer mit dem Auto fährst oder anders?
B: Ja, eigentlich immer mit Auto wenn's irgendwie geht. Also ich teile mir im Moment mit meiner Mutter ein Auto, nur das klappt irgendwie nicht so wirklich, da sie das halt auch öfter braucht und dann hab ich's halt nicht. Das ist dann irgendwie ein bisschen ...
I: Und was machst Du dann, wenn Du es nicht hast?
B: Ja, meistens dann irgendwie mit Fahrrad, weil anders geht's halt nicht.
I: Also, gibt es denn bei euch auch Bus oder Bahn oder eher weniger?
B: Doch, das gibt's hier auch. Aber da habe ich nicht wirklich Lust zu, ehrlich gesagt.
I: Ja, was stört Dich denn daran?
B: Ja, weil es immer ungefähr das Doppelte an Zeit ist. Also man muss wahrscheinlich erst hier zum ZOB, also bei uns in die Stadt fahren und von da aus nochmal umsteigen und dass dauert irgendwie alles zu lange.
I: Ja, kann ich verstehen. Und beim Zivi fährst Du da dann auch Auto oder was machst Du da genau?
B: Ja, da haben wir im Moment so ne Fahrgemeinschaft. Also mit zwei Kumpels mache ich das. Das klappt eigentlich ganz gut.
I: Ah, das ist ja praktisch.
B: Ja, da sparen wir halt auch Geld durch.

Realschüler, 19
I: Welche Faktoren sind für Dich bezüglich deiner Mobilität ausschlaggebend?
B: Also, ich denke das ist bei mir die Gewohnheit. Ich merke ja jetzt schon, wie bequem es ist, und wenn ich dann ein eigenes Auto habe, wird es bestimmt noch mehr. Man wird ja quasi so da rein geboren. Andere haben vielleicht kein Auto,

also laufen die oder fahren mit dem Bus oder so. Aber ich hab ja die Möglichkeit mit dem Auto zu fahren, also fahre ich auch.

Abiturient, noch kein Studienplatz, 21
I: Hast Du denn Dein eigenes Auto?
B: Ja.
I: Seit wann?
B: Das äh, muss ich überlegen, vielleicht … vielleicht so um die zwei Jahre.
I: Zwei Jahre. Wie lang hast Du deinen Führerschein?
B: Wahrscheinlich so knappe drei Jahre. Das war jetzt so im Winter, also wenn man, nächsten Monat bin ich 22, müssten das eigentlich, müssten das schon vier Jahre sein, also ich hab den ja eigentlich praktisch seit achtzehn, einen Monat später oder so.
I: Ja, und was ist das für'n Auto?
B: Das ist ein Opel Speedster, relativ selten.
I: Ja, ich bin da jetzt nicht so der Experte. Hast Du Dir selber gekauft oder hast Du das geschenkt bekommen?
B: Ja, nein. Ich hab von meinem Vater Geld dazu bekommen und ein bisschen hab ich ihm davon auch zurückgegeben wieder. Und viele Teile, viel auch von meinem eigenen Geld, weil was ich zum Beispiel bekommen hab, weil ich Zivildienst gemacht hab … das hab ich immer alles gespart, weil irgendwie, für mich ist das ja wichtig fürs Auto. Dann hab ich nach dem Zivildienst noch Integrationshilfe gemacht, da kriegt man noch'n bisschen mehr Geld so, das konnt' ich halt alles investieren.
I: Okay. Und ist das ein Neuwagen?
B: Ne, den hab ich mir gebraucht gekauft. Ich glaub ich bin auch so der Typ, ich weiß nicht, ob ich mir jemals, außer wenn ich mal 50 bin oder so, ein neues Auto kaufen würde. Ich würde mir Autos immer gebraucht kaufen.

Student Sportwissenschaften, 23
I: Du hast ja gesagt, Du würdest schon ein Auto bevorzugen und das sollst Du einfach noch einmal erläutern.
B: Ja, weil das einfach was Privates ist. Wo man nicht mit anderen Menschen sein muss unbedingt. Man kann einfach sein eigenes Ding machen. Außerdem: Autofahren macht Spaß. Man ist unabhängiger, man muss nicht auf Zeiten achten, die die öffentlichen Verkehrsmittel vorgeben. Ja, auf der anderen Seite wäre es natürlich umweltfreundlicher, öffentliche Verkehrsmittel zu nutzen. Aber wie gesagt, da spricht mehr dagegen als dafür. Und dann habe ich ja auch das Geld hoffentlich, überhaupt mir das leisten zu können. So ist es ja im Moment noch nicht.

Kamera-Assistent, 23
I: Hast Du einen Führerschein?
B: Ja. Ich hab den auch sofort gemacht. Und Autofahren ist ja echt so was wie Freiheit und mobil sein, ist ganz wichtig. Und ich glaube die Leute nehmen sich einfach das Recht, wenn sie können. Kann man ja gar nicht verbieten. Ist ja auch Marktwirtschaft einfach. Autos werden verkauft und die werden ja trotzdem alle auch umweltfreundlicher die neuen Wagen. Irgendwann wird es ja auch Elektroautos geben, weit verbreitet und dann wird es nicht mehr so schlimm sein. Also die Leute werden weiter Autofahren.
I: Ja, würdest Du Dir denn so ein Elektroauto kaufen?
B: Ja.

Versicherungskaufmann, 25
I: Du hast heute gearbeitet?
B: Ja.
I: Und wie bist du dahin gefahren?
B: Mit dem Auto. Ausnahmsweise.
I: Wieso ausnahmsweise?
B: Weil ich mir mit einem Arbeitskollegen den Parkplatz teile und wenn der nicht da ist, dann kriege ich seinen Parkplatz und deshalb bin ich heute mit dem Auto gefahren und sonst fahre ich mit dem Bus.
I: Mit dem Bus. Gibt es da immer noch, also, du sagst halt abhängig davon ob du den Parkplatz kriegst. Ist es manchmal noch von irgendwas anderem abhängig?
B: Nein.
I: Also entweder Auto oder Bus.
B: Genau.
I: Und wie machst Du das sonst so, so in deiner Freizeit? Also ich was ja nicht so was Du, so fürs Protokoll, ich weiß ja nicht was Du so in deiner Freizeit machst. Wie bewegst Du Dich da im Allgemeinen so fort?
B: Also ich sag mal, zu 80 Prozent mit dem Auto. Das Meiste mit dem Auto. Also ganz selten mit Öffentlichen. Allerhöchstens am Wochenende mal, wenn man was trinken geht oder so, sonst eigentlich nur Auto.
I: Und wieso entscheidest Du Dich dann immer gerade fürs Auto?
B: Weil ich zu faul bin. Das Auto steht vor der Tür und ich kann bis vor die Tür fahren.

Originalaussagen: Urlaub und Reisen

Ein zweiter Punkt des Leitfadens für die persönlichen Gespräche sind Reisen und Urlaub. In der quantitativen Befragung offenbarte sich ein deutlicher Unterschied zwischen der allgemein eher zurückhaltenden Bewertung von Flugzeugen im Vergleich der Verkehrsmittel und ihrer dann doch sehr klar akzentuierten Bedeutung für die Gestaltung von Reisen. Deshalb wird im offenen Gespräch das Thema noch einmal indirekt eröffnet.

Auszubildende zur Arzthelferin, 16
B: Oh Gott. Eigentlich würde es erstmal so weiter gehen, mit Zug und Bus, bis ich meinen Führerschein hätte. Und dann hätte ich halt irgendwann ein eigenes Auto. Im Urlaub, na ja da könnte ich dann halt auch selber fahren. Ich müsste dann nicht mehr mit meinen Eltern an die Ostsee oder so fahren. Ich würde dann irgendwo hinfliegen und so.

Student Politikwissenschaften, 20
B: Nein, im Urlaub hätt' ich lieber ein Cabrio.
I: *Generell wegen dem Cabrio oder weil Du immer Urlaub in der Sonne machst?*
B: Ja, weil, wenn ich Urlaub in der Sonne mache, dann hätt' ich auch kein Problem, also wenn da gutes Wetter ist, aber wenn ich woanders Urlaub mache, würd' ich dann halt'n normales Auto nehmen.
I: *Aber es ist schon eher Auto und nicht Fahrrad?*
B: Ja, weil ich möchte.. na ja man kann sich ja auch mal'n Rad ausleihen. Aber das ist halt auch von der Entfernung abhängig, was ich da mache. Bei einer langen Entfernung würd' ich'n Auto nehmen und bei einer kurzen 'n Rad, weil ich da ja auch mehr sehe. Und die langen Strecken schaff ich mit'm Fahrrad ja auch nicht.

Studentin Lehramt, 22
I: *Und wie würde das im Urlaub aussehen? Die perfekte Mobilität dort? Weite Reisen?*
B: Also ganz ehrlich ist da das Auto die Nummer 1, dadurch dass man unabhängig sein kann, anhalten kann, wo man will und an den Orten bleibt man länger, kommt von A nach B schneller und ist unabhängiger und es macht auch mehr Spaß, selber Sachen zu entdecken, als sich nur in den Zug zu setzen.
I: *Oder in den Flieger.*
B: Ja, der perfekte Urlaub wäre eigentlich Flieger und dann Auto vor Ort zu haben.

Studentin Umweltwissenschaften, 22
I: Das war jetzt eher auf den Alltag bezogen. Wenn Du so verreist und in den Urlaub fährst. Wie ist das da so?
B: Also da ist ein Auto natürlich praktisch. Doch das könnte ich mir dann schon gut vorstellen. Also wir reden jetzt in zehn Jahren davon.
I: Ja, oder auch jetzt. Was sind zum jetzigen Zeitpunkt deine Fortbewegungsmittel wenn Du in den Urlaub fährst?
B: Doch auch Auto, wenn man mit Freunden fährt dann schon. Mit Auto und Zelt und dann geht's los.

Student Wirtschaftswissenschaften, 22
I: Das wäre der Alltag. Was ist die perfekte Mobilität im Urlaub und in der Freizeit?
B: Dann würde ich auch wieder das schnellstmögliche Mittel nehmen, um an den anderen Ort zu kommen. Je nach dem, welche Distanz man überbrücken möchte.
I: Würdest Du auch für kurze Strecken, angenommen Du möchtest in Süddeutschland Urlaub machen, würdest Du dann immer noch das Flugzeug als das Schnellste benutzen oder würdest Du dann auf andere Verkehrsmittel umsteigen?
B: Kommt drauf an. Im Urlaub hat man ja meistens schon mehr Zeit. Dann könnte man theoretisch auch Bahn fahren oder mit dem Auto. Das kommt dann aber auch wieder auf die Kosten an.
I: Und am Urlaubsort selbst? Stell Dir vor, Du bist mit dem Flugzeug irgendwo hin geflogen. Wie würdest Du dann die Mobilität gestalten, um möglichst viel am Urlaubsort zu machen?
B: Es gibt ja geführte Bustouren da. Und ansonsten wird ein Mietwagen ganz praktisch sein. Dann kann man da selbst 'rumfahren. So weit fährt man ja im Urlaub auch nicht. Oder wenn man halt in Großstädten ist, wie London oder Paris, würde ich wahrscheinlich die U-Bahn, also die Metro oder Tube, nutzen, weil die dann schneller sind als die Autos.
I: Wahrscheinlich auch bequemer!
B: Ja, stressfreier. Zumindest in London oder Paris. Also in Großstädten.

Auszubildende zur Immobilienkauffrau, 22
B: Ich würde sagen, innerhalb von Deutschland ist wie gesagt die Bahnverbindung auch gut. Obwohl auch da wird ja immer groß dieses Dauerspezial 29,90 ganz quer durch Deutschland, hatte ich noch nie. Ich glaube, ich hatte es ein Mal, aber auch irgendwie drei Wochen vorher gebucht, insgesamt hast Du dann ja auch 60 Euro, 30 Euro hin 30 Euro zurück, beispielsweise Hamburg–Berlin, was ich öfters fahre. So, aber wenn man dann mal drei oder zwei Tage vorher bucht und mal eben ganz schnell ist man wieder bei 160 Euro. Und das finde ich

wahnsinnig teuer. Also ich fahre jetzt am Wochenende nach Frankfurt und weiß noch nicht genau, wie ich hinkommen soll, weil die Flüge sind teuer, die kosten auch so um die 100, 140, wie auch immer. Mit der Bahn auch über 100 hinaus, Mitfahrgelegenheiten ist das einzige, was man sich so leisten kann, finde ich.

I: Und sagt Dir das zu?

B: Na ja, ich finde es etwas unheimlich sich mit jemandem fremdes ins Auto zu setzen irgendwie und bis Frankfurt, sind bestimmt vier bis fünf Stunden, Smalltalk zu halten. Aber ich habe das noch nie gemacht, also ich habe noch niemals bei dieser Mitfahrzentrale mitgemacht, aber bisher nur Positives gehört: einfach und schnell, je nachdem wie schnell das Auto ist, aber kostengünstig, sehr kostengünstig.

I: Und Du meinst das jetzt für innerhalb Deutschlands?

B: Ja.

I: Und wenn Du weiter wegfährst?

B: Bin ich noch nie. Ich bin in die Schweiz schon ein paar Mal mit dem Zug gefahren, geht auch. Jetzt fahre ich im Oktober nach London, wir fliegen dahin, weil mit Ryanair gibt es super günstige Flüge. Also wir fahren mit dem Auto nach Lübeck, lassen in Lübeck das Auto stehen, und fliegen von da aus nach London Stansted für 16 Euro pro Person. Wenn es so was im Flugangebot gibt, dann nutzt man so was.

Elektroniker für Betriebstechnik, 22

B: Wenn Geld außen stehen würde? Ja, dann natürlich für den Sommer ein Motorrad, für die schlechten Zeiten ein Auto. Und wenn man im Urlaub fliegt, halt Flugzeug.

I: Dein eigenes?

B: Ja. Wenn Geld keine Rolle spielt dann ja.

I: Also würdest Du gerne Dich flexibel fortbewegen?

B: Richtig.

Kamera-Assistent, 23

B: Also Auto ist einfach … ich habe schon immer Autos geliebt, schon als Kind. Und ist auch noch mal ein Gefühl von Freiheit, wenn Du das Auto hast und Du weißt kannst jetzt irgendwie mal nach Berlin fahren, wann Du möchtest oder in irgendeine andere Stadt oder ein anderes Land. Und Du kannst auch einfach viel damit machen, und verreisen. Wenn Du Dir ein großes Auto kaufst, kannst Du drin schlafen. Schöne Reise machen. Bei schlechtem Wetter auch draußen 'rumfahren, weil im Winter ist das Fahrrad natürlich nicht immer so angenehm.

I: Also würdest Du das Auto nicht nur für Reisen benutzen oder hauptsächlich oder auch in der Stadt?

B: Eher fürs Reisen, in der Stadt nicht.
I: Und Du möchtest auch in der Stadt wohnen bleiben?
B: Ja.

Student Politikwissenschaften, 24

B: Also wie ich jetzt in Urlaub fahren würde?
I: Ja und wenn Geld keine Rolle spielt, wie würde da die perfekte Mobilität aussehen?
B: Hm, ich kann fast allen Arten der Reise was abgewinnen, also ich meine, ob man jetzt mit der Bahn fährt oder mit'm Auto, vielleicht auch Fliegen – ich kann mir nichts Perfektes vorstellen. Alles hat Vor- und Nachteile. Ich mein, mit'm Flugzeug kommt man sehr weit weg und das eben auch sehr schnell, aber ist natürlich auch 'ne erhöhte Belastung dabei und Flugzeug ist ja auch nicht gerad' das wirtschaftliche Fortbewegungsmittel, Bahn bietet sich an, ist aber längst nicht so komfortabel, auch beides vom Preis her recht unterschiedlich. Selber fahren macht manchmal Spaß und manchmal nicht, ja, und der Rest … zu Fuß wandern. Im Harz.

Student Anglistik, 24

I: Und noch mal: Wenn Geld keine Rolle spielte, wie wäre dann Dein Traum von Mobilität im Urlaub? Hin zum Urlaubsort und dann im Urlaub selbst …
B: Kommt darauf an, wo ich Urlaub mache, ob es weit abgelegen ist, ob es viel zu sehen gibt, wo man nur mit dem Auto hinkommt, wie ist die Infrastruktur vor Ort, kann ich mit einem guten ÖPNV rechnen, mache ich eine Städtereise, mache ich Urlaub auf dem Lande? Da kommt genau dasselbe zum Tragen wie am Wohnort selber. Wenn ich nach Paris fahren würde und ich hätte mordsmäßig viel Kohle, würde ich mich trotzdem nicht in den Pariser Verkehr mit dem Auto reintrauen. Da würde ich dann auch lieber die Metro benutzen, weil die eben zuverlässiger ist und man jeden Punkt erreichen kann.

Originalaussagen: Mobilität Eltern und Änderungen

Eine weitere Frage zielt auf die Bedeutung der einschlägigen Sozialisations-bedingungen, also die Mobilität im Elternhaus. Dieser Fragekomplex zielte darauf ab, die Bedeutung der Konventionen zu hinterfragen, die das gegenwärtige und zukünftige Verhalten der jungen Generation zwangsläufig geprägt haben. An diese Frage schloss sich später in den Interviews noch das Thema der Mobilitäts-gerechtigkeit an. Beide Themenbereiche zusammengenommen sollten einen Einblick in die Bewertung des Verhaltens der Vorgängergenerationen ermöglichen.

Auszubildende zur Arzthelferin, 16
B: Also in meiner Familie hat jeder ein Auto. Bei mir wird das dann auch so sein, also auch ein eigenes Auto.

Realschüler, 16
I: Wie wird sich in deiner Familie fortbewegt?
B: Mit dem Auto, jeder hat ein Auto. Also zwei. Ein privates und einen Firmenwagen.
I: Und willst Du das in der Zukunft auch so beibehalten, oder willst Du da irgendwas ändern?
B: Ne, ich würde mir auch noch ein Auto kaufen. Und anders machen würde ich auch nichts, das ist schon gut so.
I: Also das heißt, wenn Du hier zu Hause wohnen bleibst die nächsten fünf sechs Jahre, würdest Du Dir dann noch ein Auto dazu kaufen? Das heißt, ihr hättet drei Autos?
B: Ja, genau.

Gymnasiastin, 18
I: Und die häufigste Fortbewegungsart?
B: Auto.
I: Habt ihr mehrere Autos?
B: Ja, zwei.
I: . Und wofür werden die hauptsächlich benutzt?
B: Zum Einkaufen, zur Arbeit, oder dann halt Urlaub und so.
I: . Und willst Du in der Zukunft auch so Dich fortbewegen wie in deiner Familie, wie Du es gelernt hast?
B: Vielleicht würde ich weniger mit dem Auto fahren die kürzeren Strecken, sondern eher zu Fuß gehen oder mit dem Fahrrad, weil's gesünder ist.

Gymnasiastin, 18/2
B: Also meine Schwester fährt Fahrrad und Bahn. Die wohnt halt in Leipzig und da brauch sie halt kein eigenes Auto. Sie hat schon einen Führerschein, fährt aber eigentlich immer mit dem Fahrrad. Und wenn sie uns besuchen kommt, halt mit dem Zug. Meine Eltern haben jeweils ein Auto.
I: Willst Du das in der Zukunft so beibehalten? Oder willst Du da was anders machen?
B: Ne, ich denke genauso auch. Also je nachdem, denke ich, zwar auch, wo ich wohnen würde. Aber ein Auto auf jeden Fall. Ich würde halt nicht jede fünf Meter mit dem Auto fahren, wenn ich in der Stadt wohne, aber ich würde auch auf jeden Fall ein Auto wollen.

Fachgymnasiastin, 18
B: Viel mit dem Auto
I: Haben alle ein Auto?
B: Wir haben zwei Autos. Und also mein Vater fährt immer mit dem Auto zur Arbeit. Und meine Mutter eben Einkäufe und so – wird alles mit dem Auto erledigt
I: Willst Du das in der Zukunft auch so beibehalten oder willst Du das was anders machen?
B: Mit dem das meine Eltern so fahren?
I: Ja.
B: Ja, würde ich so beibehalten. Also es gibt zwar z. b., wenn sie irgendwo mal in die Stadt fahren wollen oder so dann sag ich auch mal, warum fahrt ihr dann nicht mit dem Zug? Gerade weil's dann da auch Angebote gibt, wie das Niedersachsenticket oder so was. Aber ansonsten ist das schon gut so.

Realschülerin, 16
B: Mit dem Auto, jeder hat ein Auto. Also zwei. Ein privates und einen Firmenwagen.
I: Und willst Du das in der Zukunft auch so beibehalten, oder willst Du da irgendwas ändern?
B: Ne, ich würde mir auch noch ein Auto kaufen. Und anders machen würde ich auch nichts, das ist schon gut so.

Realschüler, 19
B: Also, meine Schwester studiert ja in Göttingen und die fährt dann da immer mit dem Fahrrad zur Uni hin und her oder läuft. Mein Vater fährt halt mit dem Auto zur Arbeit. Bei meiner Mutter ist es halt so, es kommt aufs Wetter drauf an, also entweder mit dem Fahrrad oder mit dem Auto. Und ich halt meistens mit dem Auto.
I: Und willst Du das auch so beibehalten oder willst Du da was anders machen?
B: Ja, das wäre schon nicht schlecht. Also mein Vater arbeitet ja in Göttingen. Also von da ist es nun mal notwendig mit dem Auto zu fahren. Und wenn er jetzt hier in Witzenhausen wäre oder in der Umgebung, kann man ja auch mit dem Fahrrad fahren oder mit dem Bus, aber mit dem Auto ist es einfach bequemer.

Zivildienstleistender, 19
B: Mein Bruder fährt mit dem Fahrrad und hat so'n 50er Roller. Aber der ist im Moment kaputt. Und meine Mutter, mit meiner Mutter teile ich mir ja das Auto. Die fährt auch mit dem Auto.
I: Und Dein Papa?

B: Der fährt meistens zur Arbeit mit Fahrrad und sonst wenn er irgendwie zum Kunden muss oder sowas, haben die halt auch 'n Firmenwagen und den nimmt er halt auch privat manchmal.

Studentin Politikwissenschaften, 20
B: Mit Auto, Zug und Fahrrad.
I: Und willst Du in der Zukunft für Dich auch so verfahren?
B: Ja, ich denke schon, vielleicht bisschen mehr Fahrrad als meine Familie also meine Eltern.
I: Wann fahren die denn mit dem Auto oder mit'm Zug?
B: Das ist zum Beispiel meine Mutter fährt mit dem Auto, äh, mit dem Zug zur Arbeit und mein Vater mit dem Auto, aber kleinere Distanzen auch schon mal mit dem Auto. In größere Städte dann auch öfter mit'm Zug.
I: Und wann fahren sie mit dem Fahrrad?
B: Wenn sie mit unserm Hund unterwegs sind oder wenn sie eine Fahrradtour machen, was sie auch öfter mal machen. Aber durch den Hund sind sie schon jeden Tag mit dem Rad unterwegs.
I: Und so stellst Du Dir das später auch vor?
B: Ja, halt will ich eigentlich noch'n bisschen mehr mit'm Fahrrad unterwegs sein.

Abiturient, noch kein Studienplatz, 21
B: Also meine Mutter fährt eigentlich nur Auto, mein Vater fährt nur Auto, obwohl das war auch mal anders, also der ist früher eigentlich immer Fahrrad gefahren. Ich weiß nicht, warum er das nicht mehr macht. Hat mich auch immer vom Kindergarten abgeholt, ist auch immer zur Arbeit gefahren und mit'm Fahrrad, der fährt jetzt Auto. Ist wohl irgendwie so gekommen, ich weiß nicht, vielleicht hab ich auf ihn abgefärbt oder so.
I: Ja, da kann man manchmal die kausalen Zusammenhänge nicht ganz klar...
B: Ja aber, ich hab' einen größeren Bruder, ***, der fährt auch nur Auto.
I: Ja, was haben die alle für Autos?
B: Meine Mutter hat'n Firmenwagen halt, das ist ein BMW Diesel, also so'n Benutzerauto, aber die hat auch noch'n alten 64er ***, so'n Oldtimer, so'n ganz alten ***, den hat sie auch schon seit 20 Jahren oder so, der war damals ein bisschen günstiger, der ist jetzt zum Glück ein bisschen an Wert gestiegen. Aber gut, mit dem fährt sie vielleicht 1000 Kilometer im Jahr. Das ist ein sehr schönes Auto. Und mein Vater fährt halt'n Mini. Mini One. Den benutz ich auch ab und zu.
I: Sind das auch so Autos, die Dir gefallen oder?
B: Ja auf jeden Fall, also der BMW gefällt mir jetzt nicht so, aber der Mini gefällt mir ganz gut, weil ich find den echt hübsch, der fährt sich auch echt gut, hat'n bisschen wenig Leistung, aber, sonst ist der ganz nett. Und der Triumph natürlich

auch, weil das ist ein altes schönes Auto, der ist rechts gelenkt, noch mit so'nem Holzlenkrad und so, das ist natürlich echt was anderes, das ist nicht schlecht. Ja.

Studentin Politikwissenschaften, 22

B: Also bis vor kurzem hatten wir noch zwei Autos. Aber meine Mutter hat ihrs jetzt verkauft. Meine Eltern haben halt 'n ähnlichen Weg zur Arbeit und deshalb geht das, die fahr'n dann morgens zusammen. Manchmal fährt meine Mutter auch mit der Bahn, oder ihr Mann auch einmal die Woche, weil meine Mutter dann 'n Tag frei hat und einkaufen geht und so. So zur Arbeit könnten die beide auch mit dem Zug fahr'n, aber das würde voll lang dauern und ist natürlich auch angenehmer mit'm Auto. Würd' ich auch so machen.

I: Und privat? Fahren die da auch viel Auto?

B: Ja schon, eigentlich fast nur. Die gehen mal spazieren, aber so um Sachen zu machen, nehmen sie eigentlich immer das Auto. Aber wir wohnen auch auf'm Dorf, mit Bus oder so ist schwierig, da fährt einmal am Tag einer oder so. Also würd' nur das Rad bleiben und da fahren die höchstens mal so im Sommer.

I: Was sind das denn für Autos? Eher große oder..?

B: Ne, meine Mutter hatte 'n Fiesta und das andere ... das war irgendso'n kleines Cabrio.

I: Willst Du später da bei Dir was anderes machen? Oder denkst Du, das läuft bei Dir genauso?

B: Ja ich würd' schon gern mehr Rad fahren, aber ich merk selber, wenn ich da bin und das Auto steht vor der Tür, das man halt schnell sagt, dann nehm ich's Auto. Einfach weil's bequemer ist und ich auch gern fahr und das sonst ja nie machen kann. Also ich denk, dass die Faulheit da später schon siegt.

Studentin Wirtschaftswissenschaften, 22

B: Auto. Nur das Auto oder eben das Flugzeug, wenn's nach München oder so geht. Und so ... will ich das auch machen.

Studentin Lehramt, 22

B: Ja bei meinen Eltern ist das ganz krass. Die fahren eigentlich nur mit dem Fahrrad, obwohl die ein fettes Auto in der Garage haben. Nur mit dem Fahrrad wird gefahren. Meine Mutter fährt jeden Tag eine Dreiviertelstunde hin zur ihrer Arbeit, zur Schule, und zurück im Winter auch wenn's schneit, sie hat dann eine Ausrüstung, ein Regencape und alles, und mein Vater auch. Der braucht nur 20 Minuten, weil wir hinten am *** wohnen und meine Eltern machen das klar aus dem Umweltaspekt, aber in erster Linie aus sportlicher Sicht, weil sie fit bleiben wollen, weil es denen Energie für den Tag gibt.

I: Also nicht nur Umwelt, sondern auch das Sportliche. Und Du hast das so ein bisschen übernommen.
B: Ja, ich kriege schon ein bisschen Druck von meinen Eltern.
I: Druck von den Eltern?
B: Ich wurde so erzogen, dass ich dann auch immer lieber mit dem Fahrrad fahre anstatt sie mich mit dem Auto irgendwo hin gebracht haben.
I: Würdest Du das auch in Zukunft so weiter machen.
B: Ich will meine Kinder auch so erziehen.
I: ...dass sie auch bewusst leben und aufs Auto verzichten. Im nächsten Schritt möchte ich Dir ein paar Autobilder zeigen und unten drunter stehen Angaben zu Verbrauch, Preis und CO_2-Ausstoß und Du solltest zuerst ein bisschen was sagen zum Aussehen, ob das Dir gefällt und in Frage käme und dann noch die Daten bewerten. Zum einen den Mini Cooper.
B: Jaaa, die Nummer 1 bei mir. Der Mini Cooper.

Student Wirtschaftswissenschaften, 22
B: Mit dem Auto.
I: Ausschließlich mit dem Auto?
B: Ja, schon. Nur wenn man halt in den Urlaub fährt, Gran Canaria oder so, fliegt man natürlich. Aber ansonsten mit dem Auto.
I: So willst Du ja in der Zukunft auch verfahren und auch das Auto kaufen. Welche Autos fahren Deine Eltern?
B: Einen 5er BMW und einen Mazda.
I: Würdest Du dann auch in dieser Schiene bleiben, wie Deine Eltern?
B: Wenn ich mir das leisten könnte, würde ich mir auch Richtung BMW oder Audi was nehmen.

Studentin Umweltwissenschaften, 22
I: Du bist also in einer Familie aufgewachsen, in der immer ein Auto zur Verfügung stand und ihr ward also insofern immer alle mobil. Willst Du das später auch so handhaben?
B: Also ich glaube schon, dass ein Auto reicht für die Familie. Man kann sich ja den Wohnort so aussuchen und die Arbeitsstelle, dass man vielleicht öfter mit Bus fährt oder halt auch mit Fahrrad. Oder mit anderen Fortbewegungsmitteln oder Fahrgemeinschaften. Also das geht schon. Meine Eltern fahren zur Arbeit, also meine Mutter ist drei Kilometer entfernt von zu Hause. Sie fährt da jeden Tag mit Auto hin. Das finde ich total unsinnig. Das macht die halt schon immer und das muss ja nicht sein.

Auszubildende zur Immobilienkauffrau, 22

B: Mit dem Auto. Also gar nicht bahntechnisch, obwohl meine Oma, die in der Schweiz eigentlich lebt, die pendelt immer zwischen Hamburg und der Schweiz hin und her. Zwischen Schweiz und Hamburg fliegt sie und in Hamburg ist sie nur mit der Bahn unterwegs, sie fährt nicht gerne Auto. Und das läuft auch richtig gut. Also sie ist da super glücklich. Auch wenn man dann mal stundenlang warten muss, das ist ihr ganz egal, aber sie muss kein Auto fahren. Und meine Eltern Auto.

I: Und was fahren die für ein Auto oder?

B: Äh. Meine Mutter fährt glaube ich einen Geländewagen, ***. Und mein Stiefvater fährt glaube ich ein ***Family-Bus. Damit alle Kinder darein können, wir sind eine Riesen Patchwork-Familie.

I: Wie viele seid ihr denn?

B: ***.

I: Und gefallen Dir die Autos, die Dein Stiefvater und deine Mutter haben?

B: Ja, warum nicht. Sind halt Familienautos. Zu groß für die Stadt. Also ich hatte den Geländewagen schon ein paar Mal mit hier in der Stadt und ich bin zwar sehr gut im Einparken, aber mit so einem Riesen-Auto findet man ja kaum Parkplätze dann. Also mit meinem kleinen Polo konnte ich überall parken. Also ich konnte selbst mal in die City reinfahren und da ein Parkplatz kriegen. Das ist mit einem großen Auto unmöglich. Schon wieder praktisch mit der Bahn zu fahren, keine Parkplatzsuche.

Bundeswehrsoldat, 22

B: Hauptsächlich, aus beruflichen Gründen, mit dem Auto.

I: Also alle, hast Du Geschwister, alle, komplett die Familie, oder teilt sich das so'n bisschen auf?

B: Nein, eigentlich alle mit dem Auto.

I: Alle mit dem Auto. Und jeder hat sein eigenes? Mehr oder weniger.

B: Ja.

I: Und willst Du Dich zukünftig auch so wie deine Familie verhalten? Also auch mit dem Auto fahren, oder ...? Oder willst Du etwas anders machen?

B: Also ich werd' mir definitiv hier in der Großstadt kein Auto anschaffen. Weil's zu teuer ist. Straßenbahn ist schnell, ist günstig. Ich setz mich rein, kann ein Buch lesen, hab meine Ruhe und bin in der Regel sogar noch schneller als mit dem Auto.

*I: Wohnt deine Familie auch in ***?*

B: Nein, wohnen außerhalb, in einer Kleinstadt. Da ist das öffentliche Verkehrsnetz natürlich nicht so ausgeprägt, wie jetzt hier in der Großstadt und deshalb sind sie wirklich da auch auf das Auto angewiesen.

I: Bei Dir sieht ja anders aus, weil Du ja in der Stadt wohnst?
B: Genau.

Elektroniker für Betriebstechnik, 22
B: Hauptsächlich Auto und ab und zu auch mal Bahn und zu Fuß halt. Mal zu den Großeltern oder arbeiten mit dem Auto. Ansonsten für so Strecken dann zu Fuß oder mal ab und zu mit der Bahn. Wenn ich zu Geburtstagen gehe, zum Beispiel.
I: Okay. Und was ist das meiste? Wie wird sich am meisten fortbewegt?
B: Meistens eigentlich zu Fuß würd' ich behaupten.
I: Und willst Du in Zukunft auch so wie deine Familie Dich fortbewegen oder willst Du etwas anders machen oder?
B: Ich sag mal, wenn die Sachen nah dran sind, geh ich zu Fuß, wenn Sie weit weg sind nehm' ich das Motorrad bzw. Auto, wenn ich es dann hab.

Zerspanungsmechaniker, 23
B: Auto, nur Auto. Also der engere Kreis, Vater und Mutter, nur Auto, ja wirklich nur Auto. Alles andere wäre sportlich.
I: Woran liegt das?
B: Ja, ich denke mal wegen der Abgeschiedenheit. Wenn der nächste Markt, ich weiß jetzt nicht wie viel das sind, sechs oder sieben Kilometer weit weg ist, wenn man dann vier bis fünf Kisten schleppt, ist das Mist. Deswegen fürs Einkaufen auf jeden Fall.
I: Und das ist auch eine Bewegungsart mit der Du Dich anfreunden kannst oder würdest Du in Zukunft etwas ändern?
B: Mit Auto jetzt?
I: Hast Du ja eben auch schon ein bisschen gesagt, aber wie Du gesagt hast, sind deine Eltern ja komplett auf das Auto fixiert. Würdest Du das auch so handhaben wollen?
B: Ja, man guckt ja immer nach Alternativen. Aber das Problem ist halt, dass der Arbeitsweg so weit ist. Sicherlich hätte jetzt zwar die Möglichkeit mit dem Fahrrad zum nächsten Bahnhof zu fahren. Ich glaube sieben oder acht, neun Kilometer. Und von da aus dann mit Zug zur Arbeit zu fahren. Aber ist eben sehr umständlich. Und dann kommt noch der Schichtbetrieb dazu, dass die Züge nicht regelmäßig fahren und, und, und. Daran liegt das glaub' ich. Also ich glaube, wenn ich jetzt näher an der Arbeit wohnen würde, dann nur noch mit Fahrrad, definitiv.

Studentin Sozialwissenschaften, 23
B: Ja, halt mit dem Auto, meine Eltern wohnen auf'm Dorf und da ist schon 'ne ziemlich schlechte Verkehrsanbindung. Wir haben sogar zwei Autos, weil meine Eltern beide berufstätig sind und das halt auch außerhalb.

I: Willst Du in der Zukunft denn das auch so machen?
B: Ja, denke ... auch so, ist ja zweckmäßig. Also es ist ja nicht anders möglich. Also die müssen ja irgendwie zur Arbeit kommen und auf'm Dorf kommt man ja sonst einfach nicht irgendwo hin.

Studentin Tiermedizin, 23
B: Mein Bruder und ich sind ja ausgezogen, also haben die das Auto ja für sich. Aber da ist es trotzdem so, dass beide total die Zugfahrer sind, dass halt morgens, also gut Papa fährt sogar mit dem Rad zum Bahnhof den Kilometer, aber Mama nimmt immer das Auto. Weil sie halt so, weiß ich auch nicht, um 6 Uhr morgens noch keine Lust hat, mit dem Rad die Brücke rüber und so. Aber ansonsten fahren die halt total wenig Auto. Also wirklich nur zum Bahnhof hin, na ja Kurzstrecken soll man ja eigentlich auch nicht so viel, aber dann halt Zug. Aber davon sind sie eigentlich auch total gestresst, vom Zugfahren. Also, ob das jetzt so die super Fortbewegung ist, weiß ich auch nicht. Ich mein gut, man muss zwar selber nicht fahren und sich nicht konzentrieren und nichts, aber ich glaube die Leute um einen herum nerven einen irgendwann unglaublich.

Studentin Informationsmanagement, 23
B: Mein Papa nutzt eher das Auto, also er ist immer mit dem Auto unterwegs, auch zur Arbeit und so. Aber da meine Mutter kein Führerschein hat, geht sie immer zu Fuß oder mit dem Bus. Halt so die öffentlichen Verkehrsmittel nutzt sie dann eher, sowie meine Geschwister auch.
I: Also mehr die öffentlichen Verkehrsmittel, eigentlich in der Familie?!
B: Eigentlich ja, in der Familie, ja.
I: Und Du, machst Du das genauso, nutzt Du so halb das Auto, also hält sich das alles in Gleichgewicht? Bist Du so wie deine Familie?
B: Ja, genau, eher mit den öffentlichen Verkehrsmitteln. Ist, weiß ich nicht, ist auch viel leichter so. Also mit dem Auto, da ich das Auto ja eher nicht so nutze, weil mein Vater dieses eben nutzt.

Student Sportwissenschaften, 23
B: Meine Mutter fährt immer mit Auto zur Arbeit. Auch zum Einkaufen und solche Dinge. Und mein Vater fährt immer mit Fahrrad zur Arbeit. Und wir haben nur ein Auto und deswegen wird das so aufgeteilt und da mein Vater den kürzeren Arbeitsweg hat, fährt er mit Fahrrad und meine Mutter mit Auto. Und ja, für sonstige Dinge: Also öffentliche Verkehrsmittel benutzen die eigentlich gar nicht. Es sei denn mein Vater fährt mal mit Zug auf Geschäftsreise, aber dann halt auch nur deswegen, weil das Auto nicht zur Verfügung steht. Ansonsten nutzen sie das Auto oder das Fahrrad.

I: Willst Du das in Zukunft auch so machen, oder willst Du das irgendwie anders regeln wollen.
B: Nö, so hatte ich das auch vor. Na ja, vielleicht kann man zu Reisen oder so auch den Zug ganz gut benutzen. Weil mit dem ICE ist man jetzt schnell von einem Ort zum anderen und da ist der Aufwand vielleicht auch geringer, als wenn man mit Auto fahren müsste. Aber wie schon gesagt der Komfort wäre im Auto natürlich größer.

Student Biologie, 24
B: Na ja, die wohnen auf dem Land – also nur mit dem Auto. Im Ort gehen sie wohl zu Fuß, aber sobald es mehr als einen Kilometer weit weg ist, fahren die Auto. Was wollen sie auch sonst machen? Der Bus fährt so gut wie nie …

Student Politikwissenschaften, 24
Mit'm Auto. Also, meine Familie macht eigentlich alles mit'm Auto, wohnen halt auf'm Dorf, da machen die alle kleinen Besorgungen auch mit'm Auto, weil man da schon 'n paar Kilometer muss.
I: Würdest Du das auch so machen, also in der Situation jetzt?
B: Ich würd'n bisschen weniger Auto fahren, gerad' in so Situationen wenn's um kleinen Einkauf geht oder so, da würd' ich's Fahrrad nehmen.
I: Tust Du das denn auch, wenn Du zu Hause bist?
B: Ja.

Student Anglistik, 24
B: Zu Fuß oder mit dem öffentlichen Nahverkehr. Seltener mit dem Auto.
I: Und wie ich das jetzt herausgehört habe, willst Du das in der Zukunft auch so weiterführen.
B: Je nach dem, wie die Lage ist. Wenn ich auf dem Dorf wohne und ich muss meinen Arbeitsplatz erreichen, der fünf Dörfer weiter liegt oder in einer Kleinstadt, in die man mit Bus und Bahn schwer hinkommt, und die nächstgrößere Stadt auch weiter entfernt ist und man nicht ständig an die Zeiten des ÖPNV gebunden sein möchte, dann wäre es eine Überlegung wert, sich ein Auto anzuschaffen. Wenn man in der Stadt wohnen bleibt und dort auch arbeitet, ist die Frage, ob man das wirklich machen muss. Das ist natürlich auch eine Frage der ganzen Preisentwicklung, wie wird das mit den Benzinpreisen aussehen? Gibt es auch umweltmäßig ein paar Sachen, wo man sagen könnte „Elektroauto wäre die Alternative" oder so. Wenn das Benzin irgendwann unbezahlbar wird, werde ich eher weniger ein Auto kaufen.

Student Politikwissenschaften, 24

B: Meine Eltern mit Auto vorwiegend, alle anderen eher so wie ich.

I: Habt ihr denn ein Auto, mehrere Autos oder was für ein Auto?

B: Ja, wir haben zwei Autos, also meine Eltern. Marke jetzt?

I: Ja, und ob groß, klein.

B: Ja, wir haben so Mittelklasse, so Mazda, Japaner Auto.

I: Und würdest Du an deren Stelle was anders machen oder findest Du das in Ordnung?

B: Ne, ich find das schon, den einen Wagen würd' ich verschrotten, aber sonst passt das schon.

Auszubildende zur Kauffrau für Groß- und Außenhandel, 24

B: Mein Mutter eigentlich nur mit Fahrrad, arbeitstechnisch. Einkaufen auch mit Auto. Mein Bruder wohnt in *** recht zentral, deswegen also mit dem Kind dann mit Auto, sonst aber auch mit der Bahn zur Arbeit.

I: Meinst Du das hat Dich geprägt, oder würdest Du das auch anders machen wollen?

B: Also meine Mutter ist ein Geh-Typ und ich bin immer ganz anders, ich hasse laufen, ich hasse gehen und wenn ich kann, also wenn ich zwei Kilometer wohin müsste, würde ich auch mit dem Auto fahren, meine Mutter halt nicht. Also ich habe da von der Erziehung von meiner Kindheit nicht viel mitgekriegt.

Klavierbauer, 24

B: Hauptsächlich mit dem Auto.

I: Okay, und willst Du das genauso machen, so wie Du es halt von deiner Familie mitbekommen hast, oder willst da eher was dran ändern später mal, oder...?

B: Das wird sich zeigen, wie das mit der technischen Revolution jetzt so weiter geht. Also in Sachen Automotor zum Beispiel, normaler Benzinmotor. Ich kann mir das eigentlich ganz gut vorstellen, dass der in zwanzig Jahren abgeschafft ist.

I: Okay. Und was würde dann als Ersatz kommen?

B: Wahrscheinlich irgendwelche Elektromotoren, Hybridmotoren, Gas. Erdgas, zum Beispiel, irgendwelche Turbinen, sonst was derartiges.

Versicherungskaufmann, 25

B: Meine Mutter öffentlich weil kein Führerschein. Also 90 Prozent zu Fuß in der näheren Umgebung oder öffentlicher Nahverkehr und mein Vater macht viel mit dem Auto, weil er mit dem Auto auch zur Arbeit fährt.

I: Was für ein Auto haben die?

B: Den Polo. Wir haben getauscht.

I: Ahh, okay.

B: Wir haben uns damals den Polo zusammengekauft, als ich den Führerschein gemacht habe, weil das Auto von meinen Eltern gerade kaputt gegangen ist ein halbes Jahr vorher. Und dann war irgendwann, dass … mein Vater brauchte ein Auto, mit dem er zur Arbeit kommt, ich brauchte auch ein Auto, mit dem ich auch unabhängig fahren kann und wir uns nicht absprechen müssen. Und dann haben wir halt gesagt, wir holen den Golf noch zusätzlich. Und als ich dann ausgezogen bin, habe ich den Golf mitgenommen, weil das meiner war und meine Eltern haben den Polo übernommen.

Originalaussagen: Zukunft, eigene Einschätzung

Nach den Fragen zur alltäglichen Mobilität und zur Wahl der Verkehrsmittel für das Reisen wurden die Gesprächspartnerinnen nach der Einschätzung ihrer persönlichen einschlägigen Zukunft befragt. Als Zeithorizont wurde eine überschaubare Spanne von zehn Jahren zu Grunde gelegt, also die Zeit, in der auch die jüngeren Befragten aus dem Jugendstatus heraus wären und erste Schritte in ein etabliertes Erwachsenenleben getan haben würden.

Realschülerin, 16
I: Inwiefern wird sich deine Mobilität in den nächsten zehn Jahren ändern? Welche Faktoren werden ausschlaggebend sein?
B: Also erstmal möchte ich bald mit meinem Führerschein anfangen, also mit 17. Und dann wird sich natürlich einiges ändern. Ich denke aber, dass ich trotzdem weiterhin mit dem Zug zur Arbeit fahre, weil es einfach schneller und bequemer ist. Bestimmt bin ich aber beruflich dann mehr mit dem Auto unterwegs, also das ich zu Fortbildungen und so fahre.

Fachgymnasiastin, 18
I: Inwiefern wird sich deine Mobilität in den nächsten zehn Jahren ändern? Welche Faktoren werden ausschlaggebend sein? Und warum?
B: Ausschlaggebend auf jeden Fall, was man dann nach der Schule macht, ob man dann studiert und wenn man dann weiter weg geht – auf jeden Fall ein eigenes Auto. Dann gut, wenn man in der Stadt wohnt, kann man ja immer S-Bahn oder Bus nutzen. Aber ich denke, das wird dann schon mit dem Auto sein.
I: Und Geld ist dann auch definitiv ein Faktor, der entscheidend für Dich ist?
B: Muss ja. Man muss ja genug haben, um sich das dann leisten zu können.
I: Wenn Geld keine Rolle spielte, wie würde die perfekte Mobilität für Dich aussehen? Einmal im Alltag und im Urlaub?

B: Im Urlaub dann mit dem Auto, weil man dann einfach überall hin kommt. Aber dann auch eher so, dass man da erst hinfliegt und sich dann da ein Auto leiht. Und im Alltag, ja also ich hab z. b. kein Problem damit Bahn zu fahren, also so lange dann auch die Abfahrtszeiten stimmen, fahr ich auch gerne Bahn.

I: *Also das heißt dann für Dich nicht zwingend, dass Du sagst in drei Jahren brauch ich ein eigenes Auto. Bahn und Bus würden Dir reichen?*

B: Aber wenn Geld keine Rolle spielen würde, dann ganz klar ein eigenes Auto. Weil die Fahrpreise auch immer mehr erhöht werden. Ansonsten – wenn Bus und Bahn so günstig in Anführungsstrichen bleiben …

Studentin Politikwissenschaften, 22

I: *Was denkst Du denn, wird sich das in den nächsten zehn Jahren ändern? Also wird das dann anders aussehen bei Dir?*

B: Na ja, ich glaub das kommt ganz drauf an, also wie meine Umstände dann sind und so. Aber ich denk mal, ich hab dann ja 'n festen Job und das ist ja meist schon so, dass der dann oft nicht direkt nebenan ist und vielleicht nicht in der Nähe von einer Haltestelle ist, vor allem, wenn man dann nicht in einer Stadt wohnt. Also ich denk, dann würd' ich schon ganz gern 'n Auto haben, weil's ja auch einfach praktischer ist, geht halt am schnellsten. Und wenn man mal guckt, wie teuer die Bahnpreise jetzt schon sind. Ich glaub, das wird sich schon ziemlich ändern wie ich so mich vorwärtsbewege, ich denk mal weniger Fahrrad.

Bundeswehr-Soldat, 22

I: *Okay, und wenn Du jetzt, ist ein bisschen hypothetisch, aber so in zehn Jahren ungefähr, 2019, oh Gott, und glaubst Du, dass sich dann deine Mobilität irgendwie verändert hat? Und dann inwiefern?*

B: Ein bisschen. Ich denk schon, in der Zeit würde ich mir irgendwann ein Auto gekauft haben und dann mehr mit dem eigenen Auto machen, aber sonst trotzdem viel mit dem Fahrrad.

I: *Und warum glaubst Du gerade, dass Du Dir dann ein Auto gekauft haben wirst?*

B: Weil ich gerne eins haben möchte. Und in zehn Jahren hoffe ich, dass ich genug Geld habe.

I: *Und warum hättest Du gerne ein Auto? Ich muss bei allem nachhaken, auch wenn es ein bisschen nervt.*

B: Also Auto ist einfach … ich habe schon immer Autos geliebt, schon als Kind. Und ist auch noch mal ein Gefühl von Freiheit, wenn Du das Auto hast und Du weißt kannst jetzt irgendwie mal nach Berlin fahren, wann Du möchtest oder in irgendeine andere Stadt oder ein anderes Land. Und Du kannst auch einfach viel damit machen, und verreisen. Wenn Du Dir ein großes Auto kaufst, kannst Du

drin schlafen. Schöne Reise machen. Bei schlechtem Wetter auch draußen 'rumfahren, weil im Winter ist das Fahrrad natürlich nicht immer so angenehm.
*I: Also würdest Du das Auto nicht nur für Reisen benutzen oder hauptsächlich
oder auch in der Stadt?*
B: Eher fürs Reisen, in der Stadt nicht.

Originalaussagen: Wenn Geld keine Rolle spielen würde

Um die Beschäftigung mit der zukünftigen Mobilität noch weiter zuzuspitzen,
wurde die fiktive Situation vorgegeben, dass Geld keine Rolle spiele. Mit diesem
Themenkomplex war den Befragten eine weitere Möglichkeit eröffnet, sich mit
realistischen oder erträumten Lösungen für ihre zukünftige Mobilität zu beschäftigen. Diese Frage zielte indirekt auch auf die Bereitschaft zur Finanzierung ökologischer Alternativen, da sich in der quantitativen Befragung schon andeutete,
dass ein umweltbewusstes Verhalten vor allem an Kostenbarrieren scheiterte.

Auszubildende zur Arzthelferin, 16
B: Oh Gott. Eigentlich würde es erstmal so weiter gehen, mit Zug und Bus, bis ich
meinen Führerschein hätte. Und dann hätte ich halt irgendwann ein eigenes Auto.
Im Urlaub, na ja da könnte ich dann halt auch selber fahren. Ich müsste dann nicht
mehr mit meinen Eltern an die Ostsee oder so fahren. Ich würde dann irgendwo
hinfliegen und so.

Realschülerin, 16
*I: Wenn Geld keine Rolle spielen würde, wie würde die perfekte Mobilität für dich
aussehen? Einmal im Alltag und im Urlaub?*
B: Jo, großes Auto, wenn Geld keine Rolle spielen würde. Im Urlaub Luxus bis
zum geht nicht mehr.

Gymnasiastin, 18/2
B: Aber wenn Geld keine Rolle spielen würde, dann ganz klar ein eigenes Auto.
Weil die Fahrpreise auch immer mehr erhöht werden. Ansonsten wenn Bus und
Bahn so günstig in Anführungsstrichen bleiben dann …

Fachgymnasiastin, 18
B: Also je nachdem, denke ich, zwar auch, wo ich wohnen würde. Aber ein Auto
auf jeden Fall. Ich würde halt nicht jede fünf Meter mit dem Auto fahren, wenn
ich in der Stadt wohne, aber ich würde auch auf jeden Fall ein Auto wollen.

Realschüler, 19
I: Also, wenn der Faktor Geld keine Rolle spielen würde, hättest Du dann ein eigenes Auto?
B: Das wäre dann natürlich nicht schlecht.
I: Und im Urlaub?
B: Hinfliegen und dann ein Auto mieten oder so. Und vielleicht sogar ein eigenes Flugzeug, ich weiß es nicht, wenn man soviel Geld hat. Warum nicht? Oder mit einer Yacht oder so. Wenn Geld egal wäre, dann solche netten Sachen natürlich auch.

Zivildienstleistender, 19
I: Ja, okay. Und wenn jetzt Geld gar keine Rolle spielte, also den Faktor lassen wir jetzt mal ganz außen vor, wie würde dann für Dich die perfekte Mobilität aussehen?
B: Ja, dann würde ich mir ein vernünftiges Auto holen, also mit ein paar mehr, mit ein bisschen mehr PS und so. (schmunzelt)
I: Ja, was ist denn ein vernünftiges Auto für Dich?
B: Also ich würd' mir dann den neuen Golf holen, ich weiß nicht, ob der Dir was sagt, R32, wahrscheinlich nicht, ne!?
I: Kann ich ja nachschlagen. Gut, dass Du es gesagt hast.
B: Ja, den Golf R32 würde ich mir holen. Der hat irgendwie 250 PS oder so.

Studentin Politikwissenschaften, 20
I: Und wenn Geld keine Rolle spielt, wie würde die perfekte Mobilität für Dich aussehen im Alltag?
B: Beamen wäre super. Ja ne, also ich denke so, wie's im Moment ist, ist's okay. Ich hätte dann gern 'n neues Rad, weil meins echt kaputt ist. Aber auch wenn ich jetzt viel Geld hätte, würd' ich mir kein Auto kaufen. Das wär einfach Schwachsinn. Ich glaub, das ist viel stressiger als dass es irgendwie hilft, so mit Parkplatz suchen und so. Außerdem fahr ich auch nicht so gern in der Stadt.
I: Und z. B. im Urlaub auch?
B: Nein, im Urlaub hätt' ich lieber ein Cabrio.
I: Generell wegen dem Cabrio oder weil Du immer Urlaub in der Sonne machst?
B: Ja, weil, wenn ich Urlaub in der Sonne mache, dann hätt' ich auch kein Problem, also wenn da gutes Wetter ist, aber wenn ich woanders Urlaub mache, würd' ich dann halt'n normales Auto nehmen.
I: Aber es ist schon eher Auto und nicht Fahrrad?
B: Ja, weil ich möchte … na ja man kann sich ja auch mal'n Rad ausleihen. Aber das ist halt auch von der Entfernung abhängig, was ich da mache. Bei 'ner langen

Entfernung würd' ich'n Auto nehmen und bei einer kurzen 'n Rad, weil ich da ja auch mehr sehe. Und die langen Strecken schaff ich mit'm Fahrrad ja auch nicht.

Auszubildende zur Immobilienkauffrau, 22
B: Naja, ich würde denken, dass die meisten Leute sagen: ‚Also wenn Geld keine Rolle spielt, dann könnte man auch Autofahren', auch wegen Benzin und hin und her. Aber ich glaube, ich würde trotzdem bei der Bahn bleiben.
I: Und kannst du sagen warum?
B: Ja. Weil die Bahn dich schneller zu einem Ort bringt, also von A nach B. Viel bequemer. Ja, ich würde jetzt nicht sagen unbedingt viel billiger. Ich finde die Bahntickets sind auch relativ teuer. Also, selbst die Tageskarten kosten schon fünf Euro, was ich sehr teuer finde. Ich bin ganz froh, dass es bei mir als Auszubildender übers Büro läuft und ich glaube ich zahle 30 Euro dafür.
I: Für so'n...?
B: Für ne Monatskarte. Vorher habe ich sogar 70 bezahlt. Also das ist doch Wahnsinn. Da könnte man schon fast wieder mit dem Auto fahren.

Elektroniker für Betriebstechnik, 22
B: Wenn Geld außen stehen würde? Ja, dann natürlich für den Sommer ein Motorrad, für die schlechten Zeiten ein Auto. Und wenn man im Urlaub fliegt, halt Flugzeug.
I: Dein eigenes?
B: Ja. Wenn Geld keine Rolle spielt dann ja.
I: Also würdest du gerne dich flexibel fortbewegen?
B: Richtig.

Kamera-Assistent, 23
B: Ja, ich würde öfter mal ein Taxi nehmen, wenn man jetzt mal nachts irgendwo mal zu Gast ist und schnell nach Hause möchte.
I: Ok, und wenn du jetzt, ist ein bisschen hypothetisch, aber so in zehn Jahren ungefähr, 2019, oh Gott, und glaubst du, dass sich dann deine Mobilität irgendwie verändert hat? Und dann inwiefern?
B: Ein bisschen. Ich denk schon, in der Zeit würde ich mir irgendwann ein Auto gekauft haben und dann mehr mit dem eigenen Auto machen, aber sonst trotzdem viel mit dem Fahrrad.
I: Und warum glaubst du gerade, dass du dir dann ein Auto gekauft haben wirst?
B: Weil ich gerne eins haben möchte. Und in zehn Jahren hoffe ich, dass ich genug Geld habe.
I: Und warum hättest du gerne ein Auto? Ich muss bei allem nachhaken, auch wenn es ein bisschen nervt.

B: Also Auto ist einfach … ich habe schon immer Autos geliebt, schon als Kind. Und ist auch noch mal ein Gefühl von Freiheit, wenn du das Auto hast und du weißt, kannst jetzt irgendwie mal nach Berlin fahren, wann du möchtest oder in irgendeine andere Stadt oder ein anderes Land. Und du kannst auch einfach viel damit machen, und verreisen. Wenn du dir ein großes Auto kaufst, kannst du drin schlafen. Schöne Reise machen. Bei schlechtem Wetter auch draußen rumfahren, weil im Winter ist das Fahrrad natürlich nicht immer so angenehm.

Zerspanungsmechaniker, 23

I: Wenn du dir mal vorstellen würdest, dass Geld gar keine Rolle spielen würde, wie würde da die perfekte Mobilität für dich aussehen?
B: Elektroauto oder Elektrofahrrad, oder elektro-angetriebenes Fahrrad meinetwegen.
I: Und für Reisen, wie verreist du im Moment?
B: Mit Auto oder mit Flugzeug.
I: Gibt's da bestimmte Kriterien, auf die du so achtest?
B: Nee, eben nicht! Es gibt ja jetzt so Aktionen, wo man dann nachgucken kann, wenn man jetzt so und so viele 1000 Kilometer geflogen ist, dass man dann dafür fünf bis zehn Bäume pflanzt oder irgendwas. Aber soweit bin ich noch nicht.

Versicherungskaufmann, 25

B: Wenn Geld wirklich keine Rolle spielen würde, würde ich nicht nur ein Auto besitzen. Dann hätte ich diverse, zwei, drei Autos bestimmt. Ein Auto für die Stadt, mit dem du super in der Stadt unterwegs sein könntest.
I: Was wäre das so?
B: Das wäre wahrscheinlich ein Audi S3.
I: Ok. Was gefällt dir denn an dem?
B: Ich finde den vom Design einfach super, schon seit Jahren. Also ich hätte mir damals auch ein Audi gekauft, aber der ist halt einfach zu teuer … beziehungsweise der Golf war deutlich preiswerter und ist im Endeffekt dasselbe, ist halt nur ein Golf, daher ist der günstiger. Also für so was auf jeden Fall wahrscheinlich 'nen Audi S3 und für so ein bisschen Spaß haben, würde ich mir wahrscheinlich einen Porsche gönnen.
I: Ok. Einen neuen? Oder alten?
B: Wahrscheinlich 'nen alten 911er.

Originalaussagen: Markenvergleich aktuell

Auch diese Frage, die durch das beschriebene Kartenspiel eingeleitet wurde, zielte auf die Zukunft und ermöglichte es den jungen Leuten, durch die Einschätzung unterschiedlicher Fahrzeuge ihre bisherigen Vorstellungen von der Zukunft der persönlichen Mobilität zu akzentuieren. Nach der kurzen Durchsicht der auf Karten abgebildeten Autos und Zweiräder konnten die Gespräche über Vor- und Nachteile der einzelnen Fahrzeuge sowie – deutlicher als in den anderen Frage-komplexen – auch die emotionale Auseinandersetzung mit dem Auto (bzw. Zwei-rädern) erfassen.

Auszubildende zur Arzthelferin, 16
B: Motorrad ist gar nicht meins. Ist ja viel zu teuer und auf Dauer total unprak-tisch, also im Winter und so. Der BMW ist mir zu teuer, den könnte ich mir nie leisten. Opel Corsa – die sind mir alle zu teuer. Der ist mir vielleicht auch noch zu groß. Ich glaube, ich bräuchte so ein kleines praktisches Auto, wo ich überall mit hin komme. Sharan ist halt ein Familienauto, brauch ich ja noch nicht. Volvo, ist auch viel zu groß. Die Vespa wäre ja für längere Strecken auch nicht so ideal, dann wäre ich ja ein bisschen sehr lange unterwegs. Der Golf 6, ja das ist schon ein schönes Auto. Der Mini, ja der ist mini, aber den finde ich nicht so schön. Wäre aber schon eher was als so ein großer BMW. Das Cabrio ist mir auch zu groß und zu teuer, dass wäre auch gar nichts.
I: Also es muss ein kleines und praktisches Auto sein?
B: Also so ein Golf 4 wäre super, der ist nicht zu groß und nicht zu klein. Ist halt einfach praktischer, als so ein großes Schiff.

Gymnasiastin, 18
B: Also, so einen Sharan finde ich richtig praktisch als Familienauto. Wenn ich eine Familie hätte, hätte ich auch gerne so ein großes Auto. So was, also so ein BMW Cabrio, ist zwar ganz schick, aber würde ich mir nicht kaufen. Würde ich gerne mal mit 'rumfahren, im Urlaub z.B. als Mietwagen, aber im Privaten eher nicht.
   Jetzt zurzeit hätte ich gerne, also in meinem Alter, hätte ich gerne einen Golf. Der ist halt klein und praktisch. Ach, irgendwie weiß ich das auch gar nicht so genau, ich kann das echt nicht so genau sagen.
   Oh, Volvo mag ich auch gerne. Aber so vom Aussehen, oder so, gutes Auto und klar würde ich gerne ein gutes Auto fahren und so vom Verbrauch würde ich den Golf nehmen. Aber eigentlich möchte ich gar kein anderes Auto, meins verbraucht sehr wenig und das finde ich echt gut. Also auf den Verbrauch würde

ich beim Kauf halt immer achten. Kommt natürlich auch auf's Einkommen an, aber ich würde auf jeden Fall drauf achten.

Fachabiturientin, 18

B: Also Motorrad nicht, da hätte ich viel zu viel Angst, also wäre mir zu gefährlich. Den Roller für kurze Strecken ganz gut, aber ansonsten braucht man viel zu lange. Der Volvo wäre mir zu lang, da hätte ich Angst beim Einparken und so. Der Mini wäre schon schön, wenn man nicht aufs Geld achten muss. Sharan ist eher so ein Familienauto. Also ich glaube, ich würde mich für den Golf 6 entscheiden.
I: Und warum?
B: Erstmal, weil der vom Aussehen halt gut ist. Und auch ich glaube, von der PS-Zahl muss es bei mir nicht so hoch sein, weil ich dann viel zu viel Angst hätte. Und deswegen würde ich eher den Golf nehmen als den BMW oder so.
I: Wenn Du Dir ein Auto kaufen würdest, würdest Du dann dabei auch auf den Umweltschutz achten?
B: Jein.
I: Also nicht nur im Zusammenhang mit dem Verbrauch?
B: Doch würde ich, gerade wenn man das so sieht, wie das ist mit der CO_2-Verschmutzung. Da achten viel zu wenige drauf, da würde ich drauf achten.

Realschüler, 19

B: Sharan ist ja mehr so ein Familienauto und ist mir auch zu teuer, da ich ja noch keine Familie habe, fällt der schon mal weg.

Der Golf 6, bei dem ist es, das ist ein schönes Auto, aber der ist mir viel zu teuer. Das Preisleistungsverhältnis stimmt nicht, der ist einfach zu teuer. Also für mich kommt ja momentan ein eigenes Auto eh noch nicht in Frage.

Mini ist auch schön, aber der ist mir zu klein. Ist so ein Frauenauto für mich, also ist auch nix. Was soll ich zum Volvo sagen, damit habe ich mich ja noch gar nicht befasst. Würde ich aber auch wieder so als Familienkutsche einstufen.

Der Opel Corsa, der ist ja fast wie ein Golf, aber da würde ich sagen der Preis stimmt. Den würde ich eher nehmen als so einen großen BMW. Der kostet ja nun schon eine Stange Geld, ist – finde ich – was für Firmen oder die eher mal weiter weg fahren.

Dreier Cabrio BMW, ja das ist eher so was zum Angeben. Beziehungsweise, wenn man zuviel Geld hat, dann kann man sich so was kaufen, so zum Vergnügen.

Und Motorrad ist für mich gar nichts, macht mir gar keinen Spaß.

Also für mich würde der Opel Corsa in Betracht kommen.
I: Ist für Dich der Umweltschutz beim Kauf relevant?
B: Eigentlich nicht ne, weil ich denke die neuen Autos sind alle soweit, dass sie die grüne Plakette kriegen. Also können die ja nicht mehr so schädlich sein.

I: Na ja gut, die Plakette bekommen auch gebrauchte Autos!
B: Ja, aber ich meine, wenn man sich jetzt einen Neuwagen kauft oder ein etwas neueres Auto, dann ist das halt also die Technik schon so fortgeschritten.

Studentin Politikwissenschaften, 20
B: Ich würde den Mini Cooper nehmen.
I: Und warum?
B: Weil der zum einen vergleichsmäßig wenig Benzin verbraucht und auch wenig CO_2-Emissionen hat und auf der anderen Seite spricht der mich vom Aussehen auch an.
I: Was ist denn deine Meinung zu den anderen? Fangen wir mal mit dem Opel Corsa an.
B: Ja, der verbraucht ja auch nicht so viel, äh, ist okay. Ist aber nicht so hübsch, so rein von der Optik her.
I: Und der VW Golf 6?
B: Der ist auch gut, den bin ich schon mal gefahren, verbraucht auch nicht so viel, hat auch wenig CO_2-Emissionen, das ist auch sehr gut. Der würde dann an zweiter Stelle kommen sogar.
I: VW Sharan?
B: Ja das ist ja eher so'n Familienauto, das bietet sich jetzt für mich noch nicht so an, aber wenn man eine große Familie hat, dann ist das natürlich praktisch.
I: Das heißt, Du hast Dir den Mini auch ausgesucht, weil er in deine momentane Lebenssituation passt?
B: Ja natürlich, ich wohn' ja momentan auch in einer Stadt, da braucht man kleine Parkplätze.
I: Was sagst Du zum Volvo?
B: Zum Volvo sage ich, dass das eher ein Familienauto ist und einen ziemlich hohen Benzinverbauch hat und deshalb würd' ich den aus umwelttechnischen Gründen nicht nehmen, und auch aus bildtechnischen Gründen nicht.
I: Und der BMW?
B: Den würde ich mir nicht kaufen, weil das ja schon in die Richtung Geländewagen geht und das macht ja überhaupt keinen Sinn in der Stadt und überhaupt. Verbrauch und der CO_2-Ausstoß ist auch viel zu hoch.

Bundeswehrsoldat, 22
I: Und welchen würdest Du denn für Dich auswählen und wieso?
B: Unter dem Punkt, dass ich weiter alleine bin und sofern sich jetzt in naher Zukunft nichts an meiner Situation ändert, den Mini Cooper.
I: Und weshalb?

B: Vor allen Dingen, es ist überdacht, also ich kann's auch im Winter fahren. Es ist klein, ist in der Stadt optimal. Hat 'ne gewisse Leistung, aber natürlich einen hohen Preis für so ein kleines Auto, definitiv. Ansonsten, kann man auch einkaufen fahren etc., genug Platz hat er letztendlich schon. Also für Einkäufe reicht's. Schrank, Möbel oder sowas zu transportieren natürlich nicht. Da reicht aber in der Regel auch kein, ich sag mal, Golf zum Beispiel oder sowas.

I: *Kennst Du die Leistung von dem Mini Cooper so spontan jetzt aus dem Kopf?*

B: Nö, nicht wirklich, aber das müsste um die, ich denk mal, der wird zwischen 80, 120 PS haben, je nachdem, denk ich mal, hat der auf jeden Fall.

I: *Und das wäre für Dich gut, also das würde ...*

B: ... also für das Gewicht, für die Gewichtsklasse sind 80 PS durchaus ausreichend.

I: *Und was sagst Du zu den anderen Fahrzeugen so, was ist so deine Meinung?*

B: Die Vespa hätte zwar Stil, damit kann ich im Sommer kurze Strecken fahren. Im Winter ist es nicht nutzbar, bin ich jetzt mal der Meinung, Regen ist schon nicht gut, aber Schnee oder Eisglätte ist nicht so mein Ding. Und BMW 3er Cabrio ist natürlich ellenweit weg ...

I: *Weshalb?*

B: 46.000, ich meine okay, man könnte 'ne Finanzierung machen, gibt ja genug Möglichkeiten, aber ne, so als erstes Auto würd' ich mir sowas sowieso nicht holen. Ansonsten natürlich, der Sharan ist von der Größe natürlich interessant, weil, wenn man wirklich mal an später oder an die Zukunft denkt, Familie etc. Alles andere ist nicht so meins.

Studentin Lehramt, 22

B: Jaaa, die Nummer 1 bei mir. Der Mini Cooper.

I: *Aus welchen Gründen?*

B: Er ist ja schon sehr teuer, aber mir gefällt das Design. Er ist in, er ist cool. Verbraucht ja schon sehr viel, ne?!

I: *Na ja fünf Liter...*

B: Ist das wenig?

I: *Fünf Liter sind echt okay für das Auto...*

B: Von ***, meinem Freund, der Mini verbraucht richtig viel.

I: *Vielleicht eine andere Ausführung ...*

B: CO_2-Emission 129. Ist das viel?

I: *Nee, das ist wohl eher am unteren Rand. Also würdest Du sagen, Dir gefällt das Auto erst mal nur wegen des Designs.*

B: Ja.

I: *Und den Preis dafür würdest Du auch bezahlen?*

B: Je nach dem, was ich dann für ein Einkommen hätte. Wenn ich Geld hätte schon, wenn ich jetzt aber auch ein bisschen gucken müsste, nicht.

I: Und hier der Opel Corsa?

B: Der Opel Corsa gefällt mir jetzt nicht so vom Aussehen, vom Design. Er verbraucht ja sehr wenig Benzin und teuer ist er ja auch nicht.

I: Aus welchen Gründen gefällt er Dir denn nicht?

B: Design? ... Der ist halt ein Opel Corsa! Ich denke dann immer an Omas und Opas da! Also ... das ist vielleicht ein falsches Denken ...

I: Das Image?

B: Ja, genau das Image ist das! Obwohl der vielleicht besser als der Mini ist. Das Image ... durch die Werbung wird man so beeinflusst!

I: Hast Du ja gesagt ... der Mini ist so cool und so hip oder wie Du sagtest. Der Opel ... Na ja. Der Golf 6!

B: Au ja! Der gefällt mir auch sehr gut. Den würde ich vielleicht noch eher kaufen als den Mini, dadurch dass er ja auch so wenig verbraucht ne und die CO_2-Emissionen auch sehr gering gehalten sind und er einfach gut aussieht vom Design. Sehr modern. Sehr schick. Der Preis ist auch nicht übertrieben. Beim Mini ist der zu teuer. Aber man bezahlt halt fürs Image, nicht!

I: Der Sharan!

B: Viel zu groß! Wenn man mal eine Familie hätte, aber der gefällt mir überhaupt nicht! Sehr, sehr teuer!

I: Findest Du? Im Vergleich zu den anderen, wenn Du sieben Leute reinbekommst?

B: Ja, das stimmt. Aber der verbraucht auch schon mehr Emissionen!

I: Auch wenn Du eine Familie hättest, würdest Du dieses Auto nicht nehmen?

B: Nee, ich glaube nicht, nee.

I: Was gefällt Dir nicht an dem? Zu groß? Was ist es?

B: Dieses Design, die Schräge!

Studentin Wirtschaftswissenschaft, 22

I: Der Sharan ...

B: ... geht gar nicht!

I: Der Sharan geht gar nicht?

B: Geht gar nicht! Das ist einfach so ein Familien-Van. Selbst wenn ich mal später vier Kinder habe, würde ich nicht so ein Ding fahren. Der Preis wahrscheinlich okay, verbraucht relativ wenig, aber das ist ... geht gar nicht. Das ist einfach so ein Gefühl, wenn ich das sehe. Das finde ich einfach nicht schön und ... das ist so eine Vorstadtspießigkeit.

I: Also vom Aussehen und auch generell überzeugt Dich die Marke VW nicht?

B: Nein, wahrscheinlich weil ich auch nicht damit aufgewachsen bin. Aber dann würde ich eher so der Volvotyp oder der Mercedestyp sein. Aber VW nicht.

I: Der Golf ... den würdest Du dann doch nehmen oder was?
B: Ja, okay. Für den Preis würde ich dann wahrscheinlich doch einen Mini kaufen, muss ich ehrlich sagen. Also ich finde den ganz gut, verbraucht nicht so viel, der Verbrauch ist schon echt toll, geringe CO_2-Emmissionen aber ich finde ich den jetzt nicht schlecht.
I: Ist der Dir zu allgemein, zu ordinär?
B: Der ist zu unweiblich. Ich hätte da gern einen Mini.
I: Das nächste ist der Opel Corsa.
B: Der ist natürlich günstig, verbraucht wenig. Also ich finde einfach Opel ... also da hab ich was gegen diese Marke, also das ist ganz schlimm ich weiß. Aber das ist einfach so negativ behaftet. Das ist nicht schlecht das Auto, warum auch immer. Der Preis spricht natürlich für sich. Eigentlich ist das Auto ganz gut.
I: Aber das negative Brand-Image, das Opel hat, gerade bei jungen Menschen ...
B: ... das ist halt schade. Ist sonst ein gutes Auto. Ist halt Opel.
I: Der Mini.
B: Jaaa, toll. Nehm' ich sofort, der Mini ist toll. Der Preis, na ja, für das Auto ... ist er okay. Ist eben ein Kultauto. Würd' ich sofort nehmen!
I: Was spricht Dich da besonders an? Die Form?
B: Das Design, die Form, passt noch genug rein. Schön. Das ist halt so ein Frauen-auto. Ist irgendwie nett.

Student Wirtschaftswissenschaft, 22
I: Der gute alte Golf, der Golf 6.
B: Ach ja doch, der würde auch in Frage kommen. Auf jeden Fall. Der ist ein Klassiker. Der liegt auch preislich im akzeptablen Rahmen. Es ist ja auch weniger CO_2 und der Verbrauch ist ja auch wenig.
I: Und warum würdest Du jetzt den wählen?
B: Weil man da weiß, was man hat. Gut. Da kann man streiten, weil es VW ist. VW ist nicht meine Nummer 1, aber den Golf finde ich ganz nett. Vom Aussehen und vom Fahren. Fahren tut der super! Dafür ist die Preis-Leistung ganz gut.
I: Der würde Dir auch vom Platz ausreichen.
B: Och ja. Ich weiß nicht, ob ich mal Familie haben werde. Vielleicht brauche ich dann auch keinen Kombi, wo sechs Kinder so ungefähr noch reinpassen. Aber der Golf ist ja für die Stadt ganz angenehm.

Studentin Wirtschaftswissenschaft, 22
I: Der Opel Corsa.
B: An sich finde ich den ganz hübsch und preislich ist der sicher auch in Ordnung. Wenn man sich das erste Auto kauft, wird das denke ich auch etwas Kleines sein. Der Opel Corsa käme da schon in Frage. Später dann, am Anfang verdient man

ja nicht so viel, ... also jetzt brauche ich das nicht. Das kann man später machen. Und der Verbrauch ist auch super, der Preis ist ziemlich günstig, CO_2 ist auch eher im unteren Bereich.

I: Und Dich würde das unter Jugendlichen weit verbreitete negative Markenimage gar nicht stören?

B: Wenn mir das Auto gefällt, dann würde ich das kaufen.

I: Du würdest also nicht auf das schlechtere Image achten?!

B: Nicht unbedingt.

I: Der Mini.

B: Ja, der wäre auch schön. Das ist ein schönes Auto. Der ist aber vom Preis für dieses Auto relativ teuer, weil das ja auch nicht so groß ist. Der Verbrauch und der CO_2-Ausstoß sind ja wieder im niedrigen Bereich, aber ich finde das schon schick.

I: Und weswegen findest Du den so „schick"?

B: Die Stilrichtung gefällt mir und der hat ja auch schon wieder Kultstatus, obwohl mich das komische Dings (Anm.: er meint die Geschwindigkeitsanzeige) in der Mitte stören würde. Der Tacho ist ja vorn in der Mitte, aber vielleicht gewöhnt man sich daran. Obwohl ich mir dann wohl eher einen alten gebrauchten kaufen würde.

Student der Wirtschaftswissenschaft, 22

I: Der gute alte Golf, der Golf 6?

B: Ach ja doch, der würde auch in Frage kommen. Auf jeden Fall. Der ist ein Klassiker. Der liegt auch preislich im akzeptablen Rahmen. Es ist ja auch weniger CO_2 und der Verbrauch ist ja auch wenig.

I: Und warum würdest Du jetzt den wählen?

B: Weil man da weiß, was man hat. Gut. Da kann man streiten, weil es VW ist. VW ist nicht meine Nummer 1, aber den Golf finde ich ganz nett. Vom Aussehen und vom Fahren. Fahren tut der super! Dafür ist die Preis-Leistung ganz gut.

I: Der würde Dir auch vom Platz ausreichen.

B: Och ja. Ich weiß nicht, ob ich mal Familie haben werde. Vielleicht brauche ich dann auch keinen Kombi, wo sechs Kinder so ungefähr noch reinpassen. Aber der Golf ist ja für die Stadt ganz angenehm.

Elektroniker für Betriebstechnik, 22

B: Ja, weil ich total auf Motorräder stehe, natürlich das Motorrad.

I: Und weshalb? Also weil das deine Leidenschaft ist?

B: Ja, genau.

I: Und was sagst Du zu den anderen Fahrzeugen?

B: Kann ich gar nichts mit anfangen. *(lacht)*

I: Mit der Vespa?

B: Also Vespa und Roller ne, nicht mein Ding.

I: Weshalb?

B: Ist einfach Einstellungssache. Ansonsten für 'ne große Familie ist halt Sharan in Ordnung. Na gut, wenn man Geld für Sprit hat, der X5. Na ja, 3er Cabrio sieht gut aus, schönes Auto. Ansonsten Golf, Corsa Kleinwagen, halt für Stadtverkehr gut geeignet. Und der V 50 hat auch noch gut Stauraum.

I: Also Du hast Dir ja die Harley Davidson jetzt ausgesucht. Und, achtest Du eigentlich dabei auch auf Umweltschutz? Wenn Du die jetzt kaufen würdest, würdest Du schon darauf achten, was für ein CO_2-Ausstoß sie hat oder Kraftstoffverbrauch usw. oder?

B: Na ja, bei manchen da kann man nicht drauf achten. Bei den etwas älteren Modellen, weil die sind dann auch schon um einige Ecken teurer als die neuen Modelle.

Ausbildung zur Immobilienkauffrau, 22

B: Ich bin ein absoluter Minicoper-Fan, muss ich gleich noch vorneweg sagen. Aber ja, also schon wegen Preis. Mir sagt dieses Ganze mit CO_2 und Verbrauch, da habe ich einfach keine Ahnung. Ich bin ein Mädchen, sowas weiß ich nicht.

I: Okay. Ist ja vollkommen in Ordnung.

B: Ja, also wie gesagt, ich finde den Mini gut, die anderen, also Volvo oder Sharan zu groß, BMW nicht mein Ding.

I: Warum ist das nicht Dein Ding?

B: Der Wagen ist cool.

I: Der X5?

B: Der X5. Erst einmal ist er wahnsinnig teuer. Schluckt ziemlich viel und einfach cityungeeignet. Für's Land bestimmt toll, aber für die City bringt es einfach keinen Spaß mit so 'nem Riesen-Auto. Du findest keinen Parkplatz.

I: Aber Du meintest irgendwas findest Du daran cool oder uncool?

B: Ja, das Auto an sich ist cool.

I: Ja, was ist denn cool da dran?

B: Ich mag gerne große Autos, auch große Geländewagen, weil meine Mutter halt auch einen Geländewagen fährt. Man sitzt hoch. Ich finde eigentlich am Mini das nicht so schön, dass man so auf dem Fußboden sitzt. Also sowieso Autos, die sehr tief sind. Wenn Du dann den Bus neben Dir hast und Du hast genau die Reifenhöhe so auf den Augen. Super *(ironisch)*. Das passiert Dir beim Geländewagen natürlich nicht. Aber ich würde dann halt schon eher zu dem Golf tendieren, weil er einfacher von den anderen Autos am kostengünstigsten ist. Obwohl Benzin-, Dieselverbrauch, ich weiß nicht genau, wie mit versicherungstechnisch aussieht. Es gibt ja auch Autos, die in der Versicherung einfach anders sind. Ich würde den Golf nehmen.

I: Den Golf. Du meintest gerade wegen des Preises?
B: Ja.
*I: Okay, gibt es noch andere Gründe? Weil zum Beispiel der Opel Corsa, der ist
jetzt auch nicht ...*
B: Ich mag das Auto nicht.
I: Was magst Du daran nicht?
B: Ich weiß auch nicht, ist nicht mein Traumauto. Klar, wenn das was geschenkt
bekommt. Einem geschenkten Gaul schaut man nicht ins Maul. Aber wenn ich
mich zwischen Opel Corsa und dem Golf entscheiden müsste, würde ich den Golf
nehmen.
I: Kannst Du ein paar Gründe dafür nennen?
B: Ich bin noch nie einen Opel Corsa gefahren. Golf, also VW, ich kenne mich
einfach bei VW ganz gut aus. Also ich bin halt jetzt schon die letzten zwei Jahre
einen VW gefahren, das ist ja so'ne Marke und daher würde ich, ich vertraue VW.

Studentin Tiermedizin, 23
B: Ja, von denen hier für den Anfang vielleicht erst mal den Opel oder den Golf,
ja vielleicht eher den Golf und dann für später den Volvo. Weil Sharan finde ich ...
das ist halt irgendwie voll so'ne Familienkutsche. Nee . Soll ja wenn was Schönes
sein
I: Ja genau, Aussehen, spielt das 'ne Rolle?
B: Ja, ist auch schon wichtig. Also wenn das Geld da ist. Sonst nimmt man halt
irgendwas.
*I: Also Du hast ja jetzt gesagt, Corsa, Golf oder den Volvo, hast das ja eben auch
schon ein bisschen angerissen. Dass Du Dir ja eigentlich bisher noch keine Gedanken über den CO_2-Ausstoß gemacht hast.*
B: Nee, hab ich jetzt noch nie wirklich gemacht, weil ich jetzt auch noch nie so die
Werte verglichen habe. Aber beim Kauf, ich weiß auch nicht wie sich das in den
Jahren entwickelt. Aber wahrscheinlich achtet man da schon mehr darauf. Wenn
man vielleicht noch irgendwelche Umweltprämien bekommt, oder so.

Studentin Informationsmanagement, 23
B: *(Pause)* Mini Cooper. Würd' ich mir auswählen. Also es ist ... oder nein, Opel
Corsa. Weil der eben auch von dem Preis her eher günstig ist, meiner Meinung
nach und ich mir den vielleicht auch leisten könnte so.
I: Also der Preis steht erst mal bei Dir im Vordergrund?
B: Ja. Ist jetzt nicht irgendwie das Modell oder so, ja klar, ich hätte mir auch gerne
den BMW X5er nehmen können, aber vom Preis her denk ich mir, ja gut, wenn
ich so viel Geld hätte, klar würd' ich mir den auch nehmen. Aber jetzt, es geht ja

nicht ums Aussehen, also, welches Modell jetzt eher im Vordergrund steht sag ich mal. Aber vom Preis her eher den Opel Corsa.

I: Und was meinst Du zu den anderen Fahrzeugen? Was sagen sie Dir so?

B: Was sie mir sagen?

I: Ja, hast Du zum Beispiel eins wo Du sagst, oh mein Gott eh, das würd' ich nie fahren. Oder eins wo Du sagst, boah, das wär' schon toll, wenn ...

B: Also 'n BMW 3er Cabrio oder der BMW X5er, der wär' natürlich optimal, also wenn ich das Geld dafür hätte, ja klar. Aber was ich jetzt zum Beispiel nicht fahren würde oder so, wäre jetzt der Vespa oder der Harley Davidson, weil ich eben gar kein Motorrad fahren oder kein Moped fahre jetzt so gesehen, aber würde nicht anstehen jetzt so.

I: Also Du hast Dir nun den Opel Corsa ausgesucht. Wie wichtig ist Dir dabei der Umweltschutz? Also machst Du Dir Gedanken beim Kauf bzw. würdest Du Dir Gedanken machen beim Kauf?

B: Umwelt? Ja, man denkt nur an sich und welches Auto und welches Modell. Also, man denkt natürlich erst mal an sich selbst, und ob der so den Einstellungen entspricht. Aber Umwelt glaub', ich wäre dann an letzter Stelle. Vielleicht steht das an erster Stelle, man denkt vielleicht gar nicht daran. Aber da ich mich jetzt so damit nicht auskenne irgendwie, würd' ich eher jemanden mit mir mitnehmen, der sich da natürlich auskennt oder halt mich beraten lassen.

Student Anglistik, 24

I: Dann haben wir den VW Golf.

B: Das ist ein Fahrzeug, mit dem man sich anfreunden kann. Jedoch viel zu teuer in der Anschaffung. Ein Polo in der Klasse darunter würde es genauso tun für mich. Ist sicherlich ein realistisches Auto, um von A nach B zu gelangen und auch von der Umwelt ist es nicht so ... der rotzt nicht ganz so viel raus wie ein großmotorisierter BMW. Das Auto kann man kaufen, es geht aber auch noch durchaus geringfügiger.

I: Die Harley ...

B: Motorräder kommen für mich nicht in Frage, aufgrund dessen, dass ich mich mit Motorrädern überhaupt nicht anfreunden kann. Ich [habe] sie selber gefahren. Nie wieder. Muss nicht sein. Ist sicherlich vom Verbrauch her sehr viel umweltfreundlicher teilweise als ein normales Kraftfahrzeug mit vier Rädern.

I: Hier ist jetzt der neue Mini Cooper!

B: Günstiger im Verbrauch, günstiger im Preis, aber ich finde, es ist ein Auto, das grottenhässlich ist. Dann lieber einen alten Mini als den neuen. Es ist zwar auch ein Kleinwagen, jedoch im Vergleich zum Polo, der ja von der Größenklasse her ähnlich ist, deutlich extravaganter, aber nicht mein Fall. Also vom Design her nicht und da tut es auch einfach weniger. Weniger Schnörkel, weniger Chrom, weniger Design. Wie gesagt: ich brauche ein Praxisfahrzeug, was mich von A nach B bringt. Ein Gebrauchsgegenstand, was einer gewissen Pflege bedarf, aber ich mache daraus keinen Kult. Das ist ja mehr ein Kultauto und ein Kultauto möchte ich nicht fahren.

I: Der Opel Corsa.

B: Gut, der Opel Corsa ist … wenn der … das ist ein Fahrzeug der Klasse, die ich als meine Zielklasse ansehe. Da ich mir nicht vorstellen kann, großartig Familie zu haben, ist es sowieso so zu erwägen ein Auto zu kaufen, das zu einem passt. Ich brauche halt keinen Kombi fahren, wenn ich nie Lasten transportiere. Wenn der Corsa jetzt besser dastehen sollte als ein Polo oder ein vergleichbares Modell der Japaner muss man sehen, wie es qualitativ ist … warum sollte der dann ausscheiden? Wenn er genauso gut verarbeitet ist, genau die gleiche Leistung bringt wie andere vergleichbare Modelle in der Größenordnung und Preisklasse, kann man den durchaus in Erwägung ziehen.

I: Das negative Image von Opel unter Jugendlichen würde Dich jetzt nicht stören?

B: Nicht unbedingt. Ich muss mich doch nicht für mein Auto rechtfertigen vor irgendjemandem.

Student Biologie, 24

I: Das stimmt natürlich. Dann habe ich hier als nächstes ein paar Autobilder und Angaben dazu, Benzinverbrauch, CO_2-Ausstoß, Preis. Und ich will wissen, wie Du die einzelnen Verkehrsmittel bewertest. Was Dir gefällt und was nicht so. Fangen wir doch mit dem Opel Corsa an.

B: Opel geht gar nicht! Voll das Opa-Auto. Nee. Ich bin jung und möchte ein spritziges Auto fahren. Der ist eher was für Langweiler. Der Preis ist okay, Verbrauch und Ausstoß wohl auch. Aber ich will den nicht! Auch zu klein!

I: Der Golf.

B: Auch nicht! Den fährt doch jeder! Und so günstig ist der auch nicht! Verbrauchen tut er wenig, aber das war's dann auch schon. Sieht auch nicht so toll aus.

I: Der Mini.

B: Voll das Frauenauto. Der ist super winzig und kostet viel Kohle. Der Verbrauch stimmt bestimmt auch nicht so ganz. Der schluckt schon Einiges. Aber, nee. Den mag ich nicht. Der gefällt mir einfach nicht und ich will ein richtiges Auto haben.

I: Dann der Volvo.

B: Der ist doch mal ein Auto. Kombi, da passt was rein, die Kinder, Einkäufe. Klasse. Kostet zwar mehr, aber im Ende zahlt sich das aus. Da haste was vom Geld. Der Verbrauch ist auch okay. Ausstoß auch. Der ist praktisch. Würd' ich nehmen. Später.

I: Na endlich mal eins, was gefällt. Der nächste ist der X5.

B: Nee, da ist mein Umweltbewusstsein dann doch zu groß. Der verschleudert so viel! Das geht nicht! Sowas gehört verboten. Sieht kacke aus und in der Stadt ist der unnütz. Nee, nee.

I: Das Cabrio von BMW.

B: BMW Cabriolets sind was für Angeber. Gefällt mir nicht, da passt auch nichts rein. Was soll ich dazu sonst noch sagen? Kostet zu viel.

Student Politikwissenschaften, 24

B: Wahrscheinlich würd' ich von denen hier am ehesten den Mini nehmen.

I: Und warum?

B: Ich muss sagen, nur vom Aussehen her, ich hab jetzt gar nicht auf die Werte geguckt, ist das schlimm?

I: Nein, Du sollst nur drauf gucken und mir sagen worauf Du geachtet hast.

B: Einfach vom Aussehen her jetzt.

I: Was sagst Du allgemein zu den andern Fahrzeugen? Zum Beispiel zum Opel Corsa?

B: Ich find der ist zu prollig gemacht.

I: Und der VW Golf?

B: Der ist mir zu öde, weil den jeder fährt, zu öde.

I: Und der VW Sharan?

B: Der schreit: Ich hab drei Kinder. Das hab ich ja nicht.

I: Und der Volvo?

B: Ja, der sieht scheiße aus.

I: Schreit der auch irgendwas?

B: Ja, der schreit, keine Ahnung ... wer tuned denn einen Volvo?

I: Ist der getuned?

B: Ja. Also auf jeden Fall ist der hübsch gemacht. An sich ist ein Volvo ja cool, der steht für Sicherheit und so.

I: Und die BMW? Das Cabrio?

B: Würd' ich mir wahrscheinlich nicht holen, einfach weil es ein Cabrio ist, das find ich doof.

I: Und der andere?

B: Der ist schon praktisch, wenn man einen Kombi haben will, würde ich mir aber nicht so'n teuren holen.

I: Und die Vespa.

B: Wär' was, was ich mir nur im Urlaub mal leihen würde.

I: Warum?

B: Weil ich ungern offen fahr. Oh, also, na ja, auf'm Fahrrad, aber ich würde mir ... also, ich find das unpraktisch, da krieg ich ja auch nichts mit. So'n Fahrrad, hat man wenigstens keine laufenden Kosten.

I: Wenn man n Fahrrad hat ...
B: Ja, wenn man eins hat.
I: Und zur Harley?
B: Ja, die würd' ich so fahren ab vierzig. Das ist so typisch Midlife ..., wie heißt das bei Männern? Wechseljahre?
I: Ne, das ist bei Frauen ...
B: Ach so, okay, ja dann halt Midlifecrisis, das verbinde ich damit.

Originalaussagen: Traumauto generell

In einer weiteren Passage wurde dann die Thematik noch einmal definitiv auf die Vorstellungen vom individuellen Traumauto fokussiert. Mit diesem Teil der Gespräche lassen sich die überraschend zurückhaltenden und bescheidenen Vorstellungen überprüfen, die sich in der quantitativen Befragung zum eigenen Auto in der Zukunft ergaben. Da die Antworten auf die Frage nach dem Traumauto recht kurz gehalten waren und kaum weitere Impulse zum Gespräch lieferten, sind hier nur die Äußerungen der Befragten wiedergegeben.

Arzthelferin in Ausbildung, 16, Realschule
B: Also so ein Golf 4 wäre super, der ist nicht zu groß und nicht zu klein. Ist halt einfach praktischer, als so ein großes Schiff.

Schülerin, Fachabitur nächstes Jahr, 18
B: Also so eine richtig konkrete Vorstellung habe ich eigentlich nicht. Aber Polo und Golf sind ja eigentlich so ganz normal Standardautos, die ja auch viele fahren. Also würde mir im Prinzip reichen. Also es ist jetzt nicht so, dass ich irgendwas besonderes an meinem Auto bräuchte, das mir das jetzt wichtig wäre. Also das einzige jetzt von der Innenausstattung wäre halt eine Klimaanlage und CD Player.

Studentin Politikwissenschaften, 20
B: Dass es schön aussieht, wenig verbraucht und ja umweltfreundlich ist. Aber auch schnell fährt.

Studentin Politikwissenschaften, 22,
B: Vorstellungen? Eigentlich keine bestimmten – dass es fährt. Ich mach mir nicht viel aus Autos, also es sollte halt nicht so teuer sein und nicht so viel verbrauchen. Ich würd' jetzt auch kein Riesenauto nehmen, einfach weil ich's schwachsinnig finde und weil's halt so auch besser für die Umwelt ist und ich denk so'n kleines würde mir vollkommen reichen. Wenn man später 'ne Familie hat, ist's natürlich

wieder alles irgendwie anders, aber jetzt ähm so für mich, reicht's einfach, wenn's billig ist.

Studentin Umweltwissenschaften, 22

B: Niedriger Verbrauch und auch geringe CO_2-Emission. Also das geht ja meistens einher, das wenn weniger Verbrauch ist, weniger CO_2-Emission ist. Klar ich würde auch auf den Preis achten, aber es gibt auch bestimmt gebrauchte Autos, die nicht so einen hohen Verbrauch haben. ... Die Optik spielt für mich beim Auto eine nicht so große Rolle. Eigentlich gar nicht, die Farbe ist mir auch egal.

Studentin Sportwissenschaft, 23

B: Also auf jeden Fall, dass es mich optisch anspricht, das ist das Allerwichtigste, weil ich wie gesagt kaum Ahnung von Autos habe und, dass sie in der Technik weit fortgeschritten sind, sodass sie möglichst umweltfreundlich sind. Ja, und sie sollten nicht zu langsam sein. Also sollten schon neuere Wagen sein.

Studentin Tiermedizin, 23

B: Also wenn man da jetzt irgendwie doch sein Traumauto gefunden hat, vom Fahren her und vom Verbrauch und alles und dann bei dem die Emission dann aber ein bisschen höher ist als bei den anderen Kandidaten – dann würde man wahrscheinlich trotzdem das nehmen, was einem in den anderen Punkten besser gefällt. Obwohl das natürlich so 'ne Sache ist, mit diesen grünen Zonen oder Umweltzonen. Wenn sich das weiter ausbreitet, sollte man da natürlich schon darauf achten. Und, na ja, wenn das Geld da wäre, würde ich mir auf jeden Fall so'n Elektroauto oder so kaufen.

Aber ich glaube das ist erst mal, wenn man gerade so anfängt zu arbeiten und so, wird das wahrscheinlich nicht passieren. Und ich glaube auch da ist es wahrscheinlich so, dass ich dann überhaupt kein großes Auto kaufe, sondern keine Ahnung, einen Opel Corsa, oder so. Was natürlich von der Umwelt her gar nicht so schlecht wäre. Weil da ist eh das Geld nicht da und da hat man auch noch keine große Familie und wahrscheinlich erstmal flexibel zu sein für den Job, könnte man sich doch vielleicht einfach mal 'n kleines Auto holen. Was dann auch nicht so teuer ist.

Studentin Sozialwissenschaften, 23

B: Hm, da hab ich noch nie so nachgedacht, war ja noch nicht so in der Situation. Ja, also ich hab ja nicht so viel Geld, und es sollte in dem Moment zweckmäßig sein, also kommt ja dann auch drauf an ..., ob ich Kinder habe oder nicht und solche Sachen, Wohnort, Einkommen.

Studentin Tiermedizin, 23

B: Ja, es sollte groß sein, ja halt viele Kofferraum haben und viele Plätze, und ja sollte auch auf jeden Fall wenig verbrauchen, eigentlich lieber 'n Diesel als einen Benziner und ja auf die CO_2-Emission hab ich jetzt noch nicht so geachtet. Aber ich bin jetzt auch noch nie in der Situation gewesen, ein Auto zu kaufen. Da sollte man dann natürlich auch vergleichen, aber das wäre dann glaube ich nicht der ausschlaggebende Punkt. Also wenn man da jetzt irgendwie doch sein Traumauto gefunden hat, vom Fahren her und vom Verbrauch und alles. Und dann bei dem die Emission dann aber 'n bisschen höher ist als bei den anderen Kandidaten. Dann würde man wahrscheinlich trotzdem das nehmen, was einem in den anderen Punkten besser gefällt. Obwohl das natürlich so 'ne Sache ist, mit diesen grünen Zonen oder Umweltzonen sich weiter ausbreiten. Sollte man da natürlich schon darauf achten. Und, ach so, na ja wenn das Geld da wäre, würde ich mir auf jeden Fall so 'n Elektroauto ... kaufen. Aber ich glaube, das ist erst mal, wenn man gerade so anfängt zu arbeiten, wird das wahrscheinlich nicht passieren. Und ich glaube, auch da ist es wahrscheinlich so, dass ich dann überhaupt kein großes Auto kaufe, sondern keine Ahnung, einen Opel Corsa, oder so.

Zerspanungsmechaniker, 23

B: Geräumig, sparsamer Verbrauch und dass halt das Preis-Leistungs-Verhältnis stimmt. Im Großen und Ganzen. Ja und Cabrio und solche Sachen, das sind halt überflüssiger Schnick-Schnack. Das is' eben zum „Prollen" für Geschäftswagen, das sind ja eh die meisten, die die neuen Audis oder BMWs fahren. Und deswegen eigentlich die beiden, weil es eben geräumig ist und auch vom sportlichen Aspekt, als Mountainbiker, weil die beiden viel Platz haben die Autos. Wenn dann vielleicht alte Cabrios, Oldtimer oder so zum Spaß, aber sonst lohnt sich das nicht.

Auszubildende zur Kauffrau für Groß- und Einzelhandel, 24

B: Klein, schnell und günstig.

Student Politikwissenschaften, 24

B: Platz sollte es schon haben später, aber ich geh' da eher so zum Pendant Golf Kombi oder halt 'n Bus. Bus find ich auch ziemlich gut. Wenn viele Familienmitglieder sind, die man transportieren will, da ist 'n Bus eigentlich das Beste. Also viel Platz und sicher kann man eigentlich sagen.

Student Sozialwissenschaften, 24

B: Es sollte schnell sein, schnell, komfortabel und ... groß, gutaussehend und am besten noch wenig verbrauchen.

Versicherungskaufmann, 25
B: Wenn Geld wirklich keine Rolle spielen würde, würde ich nicht nur ein Auto besitzen. Dann hätte ich diverse, zwei, drei Autos bestimmt. Ein Auto für die Stadt, mit dem du super in der Stadt unterwegs sein könntest. ... Das wäre wahrscheinlich ein Audi S3. Und für so ein bisschen Spaß haben, würde ich mir wahrscheinlich einen Porsche gönnen. ... Wahrscheinlich einen alten. Einen alten 911er.

Originalaussagen: Umwelt

Es entsprach der zuvor eingeübten Strategie der Gespräche, dass die Frage nach den Konsequenzen des individuellen Mobilitätsverhaltens für die Umwelt erst gegen Ende gestellt wurde. Auf diese Weise konnte indirekt auch die Bedeutung gemessen werden, die diese Frage in der persönlichen Wertehierarchie der Gesprächspartnerinnen und -partner einnahm. Mehrfach zuvor war das Thema ja bereits mit angesprochen, etwa beim Auto-Quartett, das auch die Möglichkeit bot, die Werte für den CO_2-Ausstoß miteinander zu vergleichen, oder bei den Vorstellungen der finanziell unbegrenzten Möglichkeiten, ein Auto auszuwählen. Nun werden die Antworten auf die direktere Nachfragen zum Umweltaspekt dokumentiert.

Realschüler, 16
B: Ja klar, grüne Umweltplakette muss schon sein. ... Ich meine, angeblich könnte es noch mal eine Eiszeit geben, wenn es so weiter geht. Ja, wie schon gesagt, man sollte halt nicht aus Spaß rum fahren und so.

Gymnasiastin, 18
I: Also, worauf kommt es dir denn am allermeisten drauf an? Wenn du jetzt morgen deinen Führerschein hast und dir ein Auto aussuchen müsstest von diesen hier, auf was würdest du denn am ehesten achten? Was ist denn wichtig für dich, vorrangig beim Autokauf?
B: Eigentlich das Aussehen! (lacht)
I: Echt?
B: Ja. (lacht) Also der Preis und das Aussehen. Es darf dann natürlich nicht zu teuer mit dem Verbrauch sein und so. Nicht zu viel verbrauchen. Aber sonst, Aussehen. Und Preis.
I: Wie wichtig ist dir denn dabei der Umweltschutz. Also wenn du jetzt losgehst und dir ein Auto kaufen würdest, würdest du dabei auch auf die CO_2-Emission achten oder ist es eher so, so'n bisschen, steht das mehr so hinten an?

B: Also es ist nicht an erster Stelle, aber ich würd' schon drauf achten, dass es nicht zu viel verbraucht, ja. ... Ich würd' sagen, vielleicht lieg ich da auch falsch, dass Autofahren jetzt sowieso nicht so viel ausmacht. Ich würd' sagen, dass mehr so, weiß nicht, Fabriken und so die sind, die am meisten verbrauchen und die müssten darauf achten.

Realschüler, 19
I: Ist für dich der Umweltschutz beim Kauf relevant?
B: Eigentlich nicht ne, weil ich denke die neuen Autos sind alle soweit, dass sie die grüne Plakette kriegen. Also können die ja nicht mehr so schädlich sein.
I: Na ja gut, die Plakette bekommen auch gebrauchte Autos!
B: Ja, aber ich meine, wenn man sich jetzt einen Neuwagen kauft oder ein etwas neueres Auto, dann ist das halt also die Technik schon so fortgeschritten.
I: Und wenn du dir einen Gebrauchten kaufen würdest, würdest du dir dann Gedanken über den Umweltschutz machen?
B: Ne, gar nicht.
I: Wäre dann für dich nur wichtig, wie viel der verbraucht, was dich das dann kostet?
B: Ja genau. Also ich bevorzuge Diesel und dann wäre für mich der Dieselverbrauch wichtiger. Diesel ist halt billiger und der Verbrauch ist nicht so hoch. Aber ich würde mir nicht so Gedanken darüber machen, was für einen CO_2-Ausstoß der hat.

Student Politikwissenschaften, 20
I: An welcher Stelle würdest du das denn stellen, vor den Preis oder nach dem Preis?
B: Das kommt drauf an, wie viel Geld ich habe.
I: Rein hypothetisch du hättest ganz viel Geld.
B: Ja, dann würde ich den Umweltfaktor vor den Preis stellen.
I: Und momentan?
B: Ja, momentan eher den Preis, weil ich einfach nicht so viel Geld habe.
I: Das heißt, in dem Moment stellst du deine Bedürfnisse über die Umwelt? Also fährst du dann auch Wege mit dem Auto, die du mit dem Fahrrad fahren könntest?
B: Ja hab ich und ja mach ich dann auch mal.
I: Hast du dann ein schlechtes Gewissen?
B: Geht. Hol dann ja auch Freunde ab. Zu 'ner Fahrradtour hat dann ja auch keiner Lust zu, wenn man irgendwo hin will.

Bundeswehrsoldat, 22

B: Ich denke mal das kommt auch auf die Fahrweise an. Ich glaube nicht, dass der Mini Cooper in der Stadt mehr, äh, 'n größeren CO_2-Ausstoß hat, als der Golf 6 in der Stadt, glaub ich gar nicht dran. Ansonsten, so direkt denk ich daran nicht. Also ich fahr jetzt nicht Bahn oder Zug, Straßenbahn etc., weil ich Verfechter vom Umweltschutz bin, also … in diesem Sinne, für mich ist es einfach günstiger, es ist schneller und das ist meine Ansichtssache in dem Moment.

Kamera-Assistent, 23

B: Auf jeden Fall, der Verbrauch ist halt wichtig.
I: *Also achtest du da schon drauf?*
B: Klar. Kostet ja auch was.
I: *Also achtest du da drauf wegen des Geldes oder wegen der Umwelt?*
B: Beides.
I: *Beides. Überwiegt da eins? Ganz ehrlich.*
B: Geld. Ist so.

Zerspanungsmechaniker, 23

I: *Gibt's da (beim Autokauf, H. R.) bestimmte Kriterien, auf die du so achtest?*
B: Nee, eben nicht. Es gibt ja jetzt so Aktionen, wo man dann nachgucken kann, wenn man jetzt so und so viele 1000 Kilometer geflogen ist, dass man dann dafür 5–10 Bäume pflanzt oder irgendwas. Aber soweit bin ich noch nicht. … Ja, man guckt ja immer nach Alternativen. Aber da Problem ist halt, dass der Arbeitsweg halt so weit ist. Sicherlich hätte jetzt zwar die Möglichkeit mit dem Fahrrad zum nächsten Bahnhof zu fahren. Ich glaube sieben oder acht, neun Kilometer. Und von da aus dann mit Zug zur Arbeit zu fahren. Aber ist eben sehr umständlich. Und dann kommt noch der Schichtbetrieb dazu, dass die Züge nicht regelmäßig fahren und und und. Daran liegt das glaub ich. Also ich glaube, wenn ich jetzt näher an der Arbeit wohnen würde, dann nur noch mit Fahrrad, definitiv.

Auszubildende zur Kauffrau für Groß- und Außenhandel, 24

B: Also ich mache ja eine Fahrgemeinschaft, ich fahre nur zweimal die Woche alleine, sonst fahren wir zu dritt. Dann denke ich ja auch schon ein bisschen mit an die Umwelt. Aber das ist jetzt nicht der erste Grund, dass ist halt das Geld. Aber da denkt man auch schon ein bisschen dran, das ist halt schon wirklich viel, was da ausgestoßen wird. Aber primär denke ich da nicht dran.
I: *Also es würde für dich jetzt auch nicht dadurch, dass du aufs Auto angewiesen bist, würde es für dich jetzt auch nicht in Frage kommen, auf das Auto zur Liebe zur Umwelt zu verzichten?*

B: Nee, wenn ich für die Umwelt zur Liebe mit dem Zug fahren würde, müsste ich ja fast eine Stunde früher los und das will ich nicht.

Student Anglistik, 24
B: Es ist einfach das notwendige Übel, dass überhaupt CO_2-Ausstoß stattfindet. Das ist schon schlimm genug. Aber das kann ich dann genauso gut mit einem Kleinwagen tun, weil der für die Bedürfnisse einfach reicht. Das ist doch besser, wenn man zwei Fliegen mit einer Klappe schlägt: ich gebe nicht zu viel Geld für ein neues Auto aus, bleibe im Rahmen der Notwendigkeit und brauche kein Luxusfahrzeug fahren, nur weil es schön ist. Er [der Kleinwagen] verbraucht weniger Benzin, es gibt weniger Folgekosten und man hat noch weniger CO_2-Ausstoß und damit auch noch was für die Umwelt getan.

Klavierbauer, 24
I: Okay. Also du hast mir ja vorhin gesagt, du würdest den 3er Cabrio wählen, den BMW. Wie wichtig ist dir denn dabei der Umweltschutz? Machst du dir darüber Gedanken wenn du jetzt ein Auto kaufst?
B: Naja, zum Teil zwingender Maßen, gezwungener Maßen natürlich, weil ich wohne in der Stadt. Abgasnorm usw. grüne oder zumindest gelbe Plakette muss ich deswegen natürlich haben. Und ich find's auch ganz sinnvoll, also zumindest ein Kat sollte schon in einem Auto verbaut sein. Und ich find diese Erdgastechnologie ganz interessant, vor allem da hat man auch jeden x-beliebigen Benziner, für Umrüsten, das Ganze ist weitaus umweltfreundlicher und auch billiger.
I: Ist das jetzt für dich, also ein vorrangiger Grund, oder steht das mehr so hinten an beim Autokauf. Was ist dir denn am wichtigsten?
B: Naja, dass der Wagen keinen zu hohen Verbrauch hat, nicht zu teuer in der Versicherung ist. Sicher ist. Und also, würde Geld keine Rolle spielen, dann ganz klar, dann wär' ich auch dabei sofort mit 'nem Erdgasmodul. Oder, vielleicht sogar glatt ein Hybridauto, nur ich find' die im Design furchtbar. Die sehen halt aus wie ein Stück Seife teilweise.

Originalaussagen: Öffentlicher Personenverkehr

Wenn die Frage nach ökologisch bedingten Alternativen ansteht, spielen natürlich die Öffentlichen Verkehrsmittel eine wichtige Rolle. Der Impuls zur Auseinandersetzung mit dem ÖPV wurde zwar nicht in einer konkreten Frage gesetzt, sondern ergab sich in der Diskussion um die Möglichkeit des umweltgerechten Verhaltens und dabei vor allem auch in der Diskussion um die Bedeutung der selbstbestimmten Mobilität im Alltag. Diese Unabhängigkeit und Flexibilität war ja ebenfalls eine der Kernaussagen der quantitativen Befragung.

Abiturient, noch kein Studienplatz, 21
B: Einmal, dass es halt extremst bequem ist, dass ich von A nach B fahre, ohne irgendwie kompliziert [...], zum Beispiel. Also ich mag öffentliche Verkehrsmittel nicht, weil erstens hab ich hier zwei Haltestellen und ich wohn genau dazwischen, dann muss man da natürlich genau auf die Uhr gucken. Deswegen mag ich, was das angeht, Autofahren ganz gerne, natürlich auch wenn' im Winter ein bisschen kälter ist, ist auch schön, obwohl's denke ich eigentlich jedes Mal, wenn ich dann einsteige, auch ziemlich beschissen ist, weil das Auto ja eigentlich auch tierisch kalt ist erstmal, bis die Heizung läuft und so. Aber ... ich finde, das ist so wie ein eigener Raum, wenn man da drin ist. Ich kann immer sehr gut zur Arbeit und zurück irgendwie so'n bisschen entspannen, weil man halt so für sich ist und wenn ich halt in der U-Bahn sitze, dann ist das alles voll. Und [im Auto] natürlich, dass man nebenbei auch Radio hören kann und so, nicht nur mit Kopfhörern. Und einfach auch, weil ich das Fahren an sich ganz gerne mag, es bringt Spaß, das ist für mich kein Stressfaktor. Deswegen, wenn man das Auto hat, nutzt man das natürlich auch gern, logisch.

Auszubildende zur Immobilienkauffrau, 22
B: Weil es einfacher war. Also, einfach, ja, angenehmer. Man braucht sich ja nur, wenn man Einkaufen geht oder Wasserkisten wegbringt oder so, das ist einfacher. Jogginghose, ab ins Auto, eben wegbringen, wiederkommen. Das ist 'ne Fahrt von 'ner Viertelstunde. Wenn Du mit dem Nahverkehr, raus aus der Haustür ... und ich bin dann jemand, der nicht gern in Jogginghose so'ne halbe Stunde mit der Bahn oder so fährt.
I: Ja, kann ich verstehen.
B: So mit dem Auto ist das einfach, das ist einfach angenehmer gewesen, weißt Du? So zack zack.
(Ohne Nachfrage zum Car-Sharing)
B: Na ja, ich finde es etwas unheimlich sich mit jemandem fremdes ins Auto zu setzen irgendwie und bis Frankfurt, sind bestimmt vier bis fünf Stunden, Smalltalk zu halten. Aber ich habe das noch nie gemacht, also ich habe noch niemals bei dieser Mitfahrzentrale mitgemacht, aber bisher nur Positives gehört: einfach und schnell, je nachdem wie schnell das Auto ist, aber kostengünstig, sehr kostengünstig.

Studentin Politikwissenschaften, 22

B: Also ich denk, dann würd' ich schon ganz gern 'n Auto haben, weil's ja auch einfach praktischer ist, geht halt am schnellsten. Und wenn man mal guckt, wie teuer die Bahnpreise jetzt schon sind. Ich glaub, das wird sich schon ziemlich ändern, wie ich so mich vorwärtsbewege, ich denk mal weniger Fahrrad.

I: *Also in der Stadt wäre das Perfekte das Fahrrad und wenn du außerhalb von Hannover wohnst, dann das Auto auf jeden Fall. Also würden auch die öffentlichen Verkehrsmittel für Dich gar nicht in Frage kommen?*

B: Nee, eher nicht.

I: *Weswegen ist das so?*

B: Es ist mir ... es sind mir zu viele Leute auf zu engem Raum und weiß nicht ... gerade im Winter mit dem Krankheitsaspekt, wenn alle durcheinander husten, das ist mir ... da fahre ich lieber mit dem Fahrrad oder dem Auto. Das ist irgendwie nichts für mich.

Studentin Tiermedizin, 23

B: Mein Bruder und ich sind ja ausgezogen, also haben die das Auto ja für sich. Aber da ist es trotzdem so, dass beide total die Zugfahrer sind, dass halt morgens, also gut Papa fährt sogar mit dem Rad zum Bahnhof den Kilometer, aber Mama nimmt immer das Auto. Weil sie halt so, weiß ich auch nicht, um 6 Uhr morgens noch keine Lust hat, mit dem Rad die Brücke rüber und so. Aber ansonsten fahren die halt total wenig Auto. Also wirklich nur zum Bahnhof hin, na ja Kurzstrecken soll man ja eigentlich auch nicht so viel, aber dann halt Zug. Aber davon sind sie eigentlich auch total gestresst, vom Zugfahren. Also, ob das jetzt so die super Fortbewegung ist, weiß ich auch nicht. Ich mein gut, man muss zwar selber nicht fahren und sich nicht konzentrieren und nichts, aber ich glaube, die Leute um einen herum nerven einen irgendwann unglaublich.

Student Anglistik, 24

B: Das ist das Problem. Ich meine Mobilität ist von den Außenbedingungen abhängig. Selbst, wenn man Auto fährt, hat man genügend Gründe, sich aufzuregen ... auf der Autobahn oder man sucht ständig nach einem Parkplatz und findet keinen. Das ist sehr situationsabhängig von dem, was ich möchte und erreichen möchte dort. Wenn ich privat möglichst viel Spielraum haben möchte, dann ist das klar, dass ich mir ein Auto kaufe. Wenn ich natürlich was in der Stadt brauche und verkehrsgünstig wohne und alles verkehrsgünstig gelegen ist, kann ich genauso gut mit der Bahn hinfahren.

Auszubildende zur Kauffrau für Groß- und Außenhandel, 24
B: Wenn ich für die Umwelt zur Liebe mit dem Zug fahren würde, müsste ich ja fast eine Stunde früher los, und das will ich nicht.

Originalaussagen: Mobilitätsgerechtigkeit

Am Ende des Gesprächs wurde schließlich das Thema der eigenen Zukunft direkt mit dem bereits angesprochenen Verhalten der Vorgängergenerationen kurzgeschlossen. So wie für den Vergleich von Marken und Modellen einige Bilder vorgelegt wurden, gab es nun den Impuls durch die oben zitierten Statements. Die Frage erlaubte es, die Bedeutung der individuellen Mobilität noch einmal aus einer anderen Perspektive zu prüfen. Die Antworten sind ebenfalls sehr bestimmt und wurden nicht weiter diskutiert, daher sind auch hier nur die Statements und nicht die Gesprächspassagen zitiert.

Auszubildende zur Arzthelferin, 16
B: Gleiches Recht für alle. Wenn die soviel gefahren sind, dann können wir Jugendlichen es ja genauso machen.

Gymnasiastin, 18
B: Es kommt jetzt drauf an, wie viel die Eltern halt so fahren bzw. gefahren sind. Ich finde schon, dass es jedem frei gestellt ist, wie viel er Auto fährt. Aber wie schon gesagt, man sollte halt gucken, dass man es nicht übertreibt. Aber an sich würde ich jetzt nicht sagen, die Jugendlichen dürfen weniger fahren. Da können die Eltern und so genauso drauf achten.

Fachabiturientin, 18
B: Ja, natürlich kommt es von früher, dass die Umwelt jetzt so geschädigt ist. Aber wenn man jetzt drauf achtet beim Autokauf, dass die Autos nicht so umweltschädlich sind, und es wird ja jetzt auch einiges dafür getan, dann können die Jugendlichen auch weiterhin viel fahren.

Realschüler, 19
B: Ach du scheiße, das ist aber eine gemeine Frage! Also wie gesagt, die Jugendlichen sollten auch Auto fahren, sie müssen es ja irgendwie lernen. Die Älteren können ja mal ein bisschen zurück stecken, die können es ja schon. Ich meine so ein Rentner sollte jetzt nicht die ganze Zeit durch die Gegend fahren, nur weil er nichts zu tun hat. Sondern eher jemand, der es beruflich nötig hat, der sollte fahren

können, soviel er muss bzw. will. Aber so ein Rentner sollte jetzt nicht sonntags sagen, komm Mutti wir fahren jetzt mal ein Ründchen. Das muss ja nicht unbedingt sein, also könnte man da schon was zu steuern. Jetzt nicht so unnötige Wege machen und so. … Es gibt ja jetzt Verbesserungen. Früher waren ja die Autos auch noch nicht so gut entwickelt. Also denk ich mal heute ist es weniger umweltschädlich als früher. Also können wir soviel Auto fahren wie wir meinen. …

Studentin Umweltwissenschaften, 22
B: Ja klar, die ältere Generation ist bestimmt öfter … ja sie haben die Welt bestimmt stark belastet. Aber vielleicht sollte man da auch noch bedenken, dass früher das Wissen nicht so präsent war wie heutzutage, wie es bei der jungen Generation vorhanden ist. Und jetzt wo ältere und jüngere Generationen dieses Wissen haben, sollten halt alle sich einschränken und Statement a: die Jungen Menschen haben das gleiche Recht wie die vorherigen Generationen viel Auto zu fahren auch wenn dadurch die Umwelt stark belastet wird . Da kann ich eigentlich nur drüber lachen. Ich weiß nicht, wer das gesagt hat. Das ist, ja ich finde es ziemlich dumm. Ich glaube, ich habe das wichtigste dazu gesagt.

Studentin Politikwissenschaften, 22
B: Naja, also ich denke, dass die damals ja noch nicht so richtig wussten, wie viel sie die Umwelt damit belasten. Wir wachsen ja mit'm völlig andern Bewusstsein auf und bekomm das ja auch in den Medien alles mit, wie schädlich das ist und so. Ich denk, es ist jetzt ja auch viel einfacher sich einzuschränken, weil's ja viel mehr Busse und Bahnen gibt. Also, man sollte schon versuchen, sich da einzuschränken, weil's ja auch voll oft einfach was mit Bequemlichkeit zu tun hat.

Bundeswehrsoldat, 22
B: Dass die jungen Menschen genauso, also in gewisser Weise haben sie natürlich das Recht, äh, genauso viel Auto zu fahren, also wer kann's ihnen verbieten? Davon mal abgesehen. Äh, ich könnt jetzt nicht sagen als junger Mensch, hey, Vater ist im Leben so und soviel 100 000 km gefahren, das darf ich doch wohl auch. Kann mir der Staat jetzt nicht vorschreiben, dass ich's nicht darf, glaub ich jedenfalls nicht dran. Also wenn ich an Umweltschutz denke, mach ich's natürlich nicht, dann beweg ich mich mit öffentlichen Verkehrsmittel, ansonsten, also, ist nicht unbedingt mein Statement.

Also, klar einschränken, also ich denke mal, ich sollte mir schon überlegen, wann ich das Auto benutze, wenn ich natürlich jetzt nur von hier 200 Meter weit zum Supermarkt fahre, nur weil ich ein Paket Milch brauche, macht ja kein Sinn. Die 200 Meter kann ich gehen oder schnapp' mir schnell das Fahrrad. Ansonsten, einschränken ist gar nicht so schlecht.

Studentin Lehramt, 22

B: Direkt nicht, da ich denke, sie haben es nicht besser gewusst. Aber ich glaube, was auch ein Problem ist, dass wir in Europa oder in Deutschland, dass es viel mehr länderabhängig ist und nicht nur von der Zeit, von der Generation, in der wir leben. Aber klar hätte die vorige Generation auch mehr tun können, aber was hilft das Nachdenken? Wir müssen jetzt was ändern!

Studentin Tiermedizin, 23

B: Ja, unsere Eltern klar, und die haben ja auch noch viel umweltfeindlichere Autos gefahren als jetzt und ich würde sagen die *(heutigen jungen Leute)* haben auf jeden Fall das Recht dazu, weil das ja jetzt gerade auch auf dem Dorf und so während der weiß ich jetzt auch nicht, Schuljahren, die beste Möglichkeit ist sich fortzubewegen und man so ja auch irgendwie im sozialen Netzwerk bleibt und sonst ja irgendwann auch einfach ausgeschlossen ist, wenn man nirgendswo mehr hinkommt. Ich meine, was soll man machen, man kann ja nicht 15 Kilometer Radfahren bis in den nächsten Ort. Ich mein, kann man auch, aber nicht immer. ... Und ja, wenn sich das weiter entwickelt mit den umweltfreundlicheren Autos, dann würd' sich das wahrscheinlich auch wieder in eine andere Richtung entwickeln, dass das die Umwelt dann nicht mehr so stark belastet.

Kamera-Assistent, 23

B: Autofahren ist ja echt so was wie Freiheit und mobil sein, ist ganz wichtig. Und ich glaube, die Leute nehmen sich einfach das Recht, wenn sie können. Kann man ja gar nicht verbieten. Ist ja auch Marktwirtschaft einfach auch. Autos werden verkauft und die werden ja trotzdem alle auch umweltfreundlicher die neuen Wagen. Irgendwann wird es ja auch Elektroautos geben, weit verbreitet und dann wird es nicht mehr so schlimm sein. Also die Leute werden weiter Autofahren.

Auszubildende zur Kauffrau für Groß- und Außenhandel, 24

B: Also, dass die jungen Menschen das gleiche Recht haben, ist klar. Aber es gibt ja bald auch diese Autos, die mit Strom oder Wasser keine Ahnung was fahren, Gas. Und wenn die irgendwann günstiger werden und die sich auch andere Menschen leisten können und wenn es dafür beispielsweise auch mehr Tankstellen für geben würde, dann wäre das auch alles viel einfacher. Und mit dem zur Umwelt einschränken denke ich nicht. Nee, das denke ich nicht, das wäre ja doof, wenn es alle machen müssten. Weil manche können's auch einfach nicht, arbeitstechnisch. Dann ... die Jugend darf nicht so viel Auto fahren wie ihre Eltern oder die älteren. Denke ich auch nicht, das hat auch wieder mit dem Aspekt von der Arbeit zu tun. Weniger fahren wäre zwar besser, aber auch nicht. Die ältern Generationen haben es stark beeinflusst. Am meisten wahrscheinlich, weil die Jugend durch die Älteren lernen kann, aber was auch nicht so einfach ist. Da die neuen Autos ja auch teuer sind und die sich auch nicht leisten können. Also am ehesten d, vielleicht. Obwohl das auch nicht leicht durchzusetzen ist.

Student Anglistik, 24

B: Das ist eher die Frage, ob sie es wissen konnten, ob sie damals schon einen so negativen Einfluss hatten oder nicht. Nur ist es halt so, dass durch viele Autobahnbauten in den letzten 40 Jahren in anderen Bereichen, wo man mehr hätte tun können, viel weniger Geld hineingeflossen ist. Auch wenn heute der Nahverkehr deutlich besser organisiert ist und die Anbindungen von Dörfern, die früher nur dreimal am Tag von Bussen angefahren wurden, viel besser geworden sind, die Eisenbahn viel schneller geworden ist, ist es so, dass in den alten Köpfen immer noch drin ist, dass sich die junge Generation auf die Alten bezieht und da auch die Legitimation hernimmt. Wenn das Bewusstsein da wäre, müsste man auch die Konsequenzen daraus ziehen und sagen, die Jungen sollten weniger fahren als die Alten, was jedoch auch wieder standortabhängig ist. Wenn ich wirklich jemanden habe, der in der Botanik wohnt und auch gern am gesellschaftlichen Leben Teil haben möchte, der kann auch ruhig mit dem Auto irgendwo hin fahren oder sich fahren lassen, aber auch dafür sorgen, dass mehr Fahrgemeinschaften gebildet werden, was ohnehin immer mehr schon stattfindet.

Student Biologie, 24

B: Wenn jeder nur soviel fährt, wie er muss und das auch angemessen im Tempo und so, dann geht das vollkommen in Ordnung. Ob das jetzt ein Recht auf Autofahren geben soll, weiß ich nicht. Aber jeder darf es und soll es auch machen. Mehr … weiß ich jetzt nicht zu sagen, das zweite ist ja auch so ähnlich …

Student Politikwissenschaften, 24

B: Also Mütter, Väter, Großväter, also die wussten einfach nicht und wurden auch nicht besser beraten, was das anrichten kann. Ich glaub, wenn die das gewusst hätten, hätten die schon anders entschieden.

Versicherungskaufmann, 25

B: Ich weiß nicht, ob es generell ein Recht darauf gibt, glaube ich eher nicht. Man sollte es denjenigen mit dem Grund Umwelt nicht verwehren. Man sollte eher daran arbeiten, Techniken zu entwickeln, die das gleiche Autofahren ermöglichen, aber mit weniger Umweltverschmutzung. Und ich denke mal, dass die Umwelt, dass es von der Masse her, die gefahren wird, vielleicht dasselbe ist wie früher, aber dass der CO_2-Ausstoß trotzdem geringer ist, weil die meisten Autos einfach besser sind von der Umwelttechnik her. Oder vom Umweltschutz im Gegensatz zu den Kisten, die vor 20, 30 Jahren durch die Gegend gefahren sind.

Motive der Leitfaden-Interviews

Die Ergebnisse spiegeln die Befunde der quantitativen Erhebung recht deutlich und strukturiert wider. Wenn beispielsweise in den quantitativen Erhebungen nur ungefähr jeder fünfte Befragte zu Protokoll gab, dass ihm Prestige und Image eines Fahrzeugs wichtig seien, zeigt sich in den Gesprächen ein etwa gleich hoher (bzw. niedriger) Anteil von Personen, die Wert auf diese Merkmale legen.

Ein großer Teil der Befragten formuliert die Vorstellung, in Zukunft auf jeden Fall ein Auto, und wenn man zum Zeitpunkt der Befragung bereits über ein Auto verfügt, ein größeres und besseres Auto zu besitzen als zum Zeitpunkt der Befragung.

Durchwegs erwarten Jugendliche und junge Erwachsene (auch) im Hinblick auf die selbst bestimmte Mobilität in der näheren Zukunft im Zuge ihrer biografischen Entwicklung eine Veränderung.

Die Zukunft mit einer Familie, das heißt auch mit Kindern, spielt durchaus eine Rolle, und sie ist unmittelbar mit der Vorstellung von einem Familienauto, in einigen Fällen auch von mehreren Autos, verbunden.

In der jüngeren Generation ist die Haltung zu Produkten und Produktgruppen insgesamt nicht ausgereift. Die Bedeutung in der Jugendphase und bei jungen Erwachsenen erfassten Einstellungen und Einflussfaktoren kann daher nicht ohne die Berücksichtigung der biografischen Dynamik hochgerechnet werden.

Was die Mobilitätspraxis in der eigenen Herkunftsfamilie betrifft, sind die Einschätzungen uneinheitlich. Sie tendieren zwar dazu, die Selbstverständlichkeit hoher Mobilitätsfrequenzen in Frage zu stellen. Nur in wenigen Fällen aber planen die Jugendlichen und jungen Erwachsenen, ihre Mobilität ganz anders zu organisieren, als ihre Eltern das getan haben.

Allerdings ist wie bei der quantitativen Befragung eine deutlich nachlassende Bedeutung des „immateriellen Zubehörs" der Autos, wie etwa Status und Prestige, zu bemerken.

Die konventionellen Marken-Images sind dennoch stark verbreitet, betreffen insbesondere Opel und BMW, darüber hinaus auch Harley-Davidson und den Mini. Offensichtlich prägen immer noch emotionale Kriterien die Einschätzung von Autos.

Die Selbstverständlichkeit, mit der das Auto den Alltag bestimmt – und, wenn nachgefragt wird, auch die Faszination – besteht trotz der deutlich diagnostizierbaren Relativierung fort.

Die Kosten – sowohl was die Anschaffung als auch was den Unterhalt betrifft – stehen grundsätzlich im Vordergrund und rangieren deutlich vor ökologischen Erwägungen.

Für dieses Motiv gilt allerdings auch der Umkehrschluss: Ökologisch angemessenes Verhalten wie die Verringerung von Autofahrten resultiert oft aus der Erwägung, Geld zu sparen.

Die Art der Mobilität in der Zukunft wird auch von der zukünftigen – vor allem berufsbedingten – Wohnortsituation abhängig gemacht.

Die prognostizierte Bereitschaft zu einem veränderten und nachhaltigeren Umweltverhalten ist somit auch deutlich an das spätere Einkommen geknüpft: Je höher das Einkommen, desto eher werden Möglichkeiten zur Verknüpfung von Ökologie und Mobilität gesehen.

In den Interviews wird deutlich, dass Verständnis-Defizite über die Zusammenhänge von Mobilität und CO_2-Ausstoß herrschen.

Auffallend deutlich wird die Auseinandersetzung mit Umweltfragen bei der überaus kritischen Bewertung von Geländefahrzeugen oder anderen größeren Autos. Es scheint, als kristallisiere sich die Kritik hier in einem repräsentativen Objekt.

Im Zusammenhang mit dem gegenwärtigen oder künftigen umweltschonenden Verhalten werden die bereits entwickelten neuen Technologien (Katalysator, umweltschonendere Motoren etc.) als Legitimation für das eigene Autofahren angeführt.

Gleichzeitig formulieren die jungen Befragten die deutliche Forderung an die Unternehmen, technologische Lösungen zu entwickeln, um ihnen auch für die Zukunft Mobilitätschancen zu garantieren.

Was die Urlaubsgestaltung betrifft, werden durchweg das Flugzeug und der Leihwagen vor Ort als die besten Mobilitätsmöglichkeiten benannt.

In einer Reihe von Gesprächen werden unangenehme Begleiterscheinungen der Nutzung des Öffentlichen Nahverkehrs wie Enge, fehlende Intimsphäre und andere Unannehmlichkeiten beklagt.

Zum Thema Mobilitätsgerechtigkeit ist die Kritik an den Vorgängergeneration eher verhalten, weil man davon ausgeht, dass ausreichendes ökologisches Wissen nicht zur Verfügung stand.

Andererseits lehnt die Mehrheit der Befragten ab, dieses Defizit durch eigenen Verzicht zu kompensieren – wenngleich eine Einsicht darin besteht, zurückhaltender mit der Mobilität umzugehen.

Dass das Thema der Automobilität weniger als früher die alltägliche Kommunikation der Befragten prägt, zeigt sich auch darin, dass nur zwei von dreißig Befragten auf die entsprechende Frage am Ende des Gesprächs noch eigene Gedanken formulieren. Die Globalisierung der Mobilität wird von keiner interviewten Person auch nur angedeutet.

Tabelle 14   Die wesentlichen Motive aus den unterschiedlichen
Erhebungsmodulen im Überblick (in absteigender Bedeutung)

Zeitschriften	TV-Werbung	Onlinebefragung	Interviews
individuell sinnvolle Mobilitätskonzepte	Prestige	Freiheit Unabhängigkeit	Flexibilität
Nützlichkeit Zweckgebundenheit Flexibilität Unabhängigkeit	Flexibilität Unabhängigkeit	Kompaktheit Sportlichkeit Schnelligkeit	Individualität Unabhängigkeit Schnelligkeit
Prestige Marke Status	Umweltbewusstsein	Umweltfreundlichkeit Komfort	Komfort
Umweltfreundlichkeit	Sparsamkeit Sicherheit	Prestige	Umweltfreundlichkeit

Modul 4: Strategisches Issue Management

Zum Umgang mit empirischen Befunden

Bei der Durchsicht der vorliegenden empirischen Studien, die sich mit der Haltung Jugendlicher und junger Erwachsener zu Fragen der Mobilität und dabei insbesondere zur Frage der Bedeutung des Autos in ihrem Alltag und in ihren Zukunftsvorstellungen beschäftigen, stößt man, wie oben skizziert, auf erhebliche Irritationen und einige Inspirationen. Diese Diagnose beinhaltet gleichzeitig auch einen Hinweis auf die uneinheitliche Medienberichterstattung, aus der weder für die jungen Konsumenten, noch für die Produzenten deutliche Impulse abzulesen sind. Schließlich zeigt die Skizze der Entwicklungspfade unterschiedliche Wege der Kontinuität oder des Wandels auf, deren Motive zum Teil in den Konventionen der Vergangenheit bereits angelegt sind, zum Teil abrupte Brüche darstellen. Es lag also nahe, im Sinn der eingangs skizzierten Praxis des Strategischen Issue Managements und seines Kerns der Weak Signal Research, auf dieser Grundlage die Sichtweisen der Betroffen und in eigener Sache Sachkundigen zu eruieren – der Jugendlichen und jungen Erwachsenen.

Die Inkonsistenzen in den Studien, Berichten, in den Antworten und Gesprächspassagen, auch die Unsicherheit, die sich in den tastenden Antworten auf die Fragen nach der Zukunft zeigen, sowie die unausgesprochenen oder gar nicht thematisierten Aspekte des Autofahrens und des Autobesitzes legen es nahe, nun einige Gedanken über die praktische Bedeutung derartiger empirischer Forschungsergebnisse zu formulieren. Es mag dabei zunächst befremdlich anmuten, wenn diese Gedanken vor allem Relativierungen der Aussagekraft empirischer Ergebnisse beinhalten. Aber diese Relativierungen enthalten wichtige Hinweise für den weiteren pragmatischen Umgang mit den Befunden – und das heißt auch: mit ihrer Bedeutung als Handlungsoptionen für das Strategische Issue Management – Vorsichtsmaßnahmen also, die davor schützen sollen, vorschnell anekdotische Beobachtungen als „schwache Signale" zu objektivieren oder Präferenzverfälschungen und überdehnten Interpretationen der Ergebnisse aufzusitzen, wie sie beispielsweise im Modul 1 in einer Reihe von Studien nachgewiesen werden konnten.

Erste Einschränkung: Enger Interpretationsspielraum

Eine quantitative Befragung spiegelt die Einstellung der Gruppe, der Kohorte oder des Milieus, für die das Sample steht, unter bestimmten begründet ausgewählten Aspekten wider. Diese Aspekte – in der Empirie „Indikatoren" (Anzeichen) genannt – sind aus thematischen und forschungsökonomischen Gründen begrenzt. Selbst in der differenziertesten Studie wird also nur ein Ausschnitt aus dem ganzheitlichen Alltagsverhalten sichtbar. Das Thema selbst steht ja in einem allgemeinen alltagskulturellen Kontext, der durch die Indikatoren nicht vollständig abgebildet wird, sie aber letztlich mit begründet. Im vorliegenden Zusammenhang bedeutet dies, dass Mobilität und hier insbesondere die selbst bestimmte Mobilität mit dem Auto eine Ausdrucksform des gesamten Alltagslebens und der ihm zu Grunde liegenden individuellen und kollektiven Einstellungen repräsentiert. Erst die Kenntnis dieses Kontextes ermöglicht es, die Bedeutung der Befunde zu erfassen. Das heißt aber, dass man die Sphäre der statistischen Validität verlässt und Mutmaßungen formuliert, die sich durch die Befunde begründen lassen.

Zweite Einschränkung: Reduktion auf den Erhebungszeitraum

Die Aussagekraft einer empirischen Studie für die Zukunft ist weiter durch die Einzigartigkeit des Zeitpunktes bestimmt, an dem sie unternommen wurde. Einschränkungen dieser Art sind bei Studien, die Jugendliche und junge Erwachsene betreffen, besonders angebracht. Denn Jugendliche und junge Erwachsene stehen vor einer prinzipiell offenen Zukunft und erheblichen biografischen Weichenstellungen, wie oben schon einmal dargelegt wurde: Berufs- oder Studienwahl; Wahl der Partnerschaft und die grundsätzliche Haltung zur Zukunft, Gründung eines Hausstands und Konsolidierung ihres Konsums – nicht zuletzt auch die Organisation der beruflichen und privaten Mobilität. Die Bewältigungsstrategien für all diese Herausforderungen resultieren natürlich aus der eigenen wie aus der allgemeinen Geschichte, nehmen also die Impulse der Vergangenheit als Fundamente für die Interpretation der Zukunft. Im Moment der Befragung zu einem bestimmten Thema treffen die prägenden Komponenten der alltagskulturellen Geschichte auf die Vorstellungen davon, wie es in der Zukunft weitergeht. Grundsätzlich also müssen die Befunde daraufhin interpretiert werden, ob sie eher die Kontinuität der kulturellen Entwicklung, eine Variation oder eine Änderung nahe legen. An diesem Punkt überschreitet die reine empirische Forschung erneut die Grenze zur pragmatischen Umsetzung ihrer Befunde. Und wieder ist es nur möglich, Mutmaßungen zu formulieren.

Dritte Einschränkung: Kontextabhängigkeit der Befunde

Um die alltagskulturellen Horizonte zu erfassen, in deren Rahmen sich die Antworten als im Hinblick auf ihre Bedeutung für die Zukunft interpretieren lassen, steht keine systematische Methode mehr zur Verfügung. Auch wenn die Studien der „Cultural Studies" und ihrer analytischen Vordenker sich immer wieder um eine an der Ethnologie geschulte Systematik bemühten, bleibt der Versuch einer ganzheitlichen Orientierung grundsätzlich ein „Essay", der die Vergangenheit im Hinblick auf ihre Bedeutung für die gegenwärtigen Befunde zu erfassen und gleichzeitig aus diesen gegenwärtigen Befunden Schlussfolgerungen für die Zukunft abzuleiten sucht.

Nun versuchen vor allem so genannte „Management-Vordenker" immer wieder, solche Essays in systematische Erklärungssysteme zu fassen, die den Eindruck einer der Marktentwicklung eingeschriebenen Logik nahelegen. Beliebt sind vulgarisierte Formen der Evolutionstheorie oder Chaosforschung, Beobachtungen vorgeblicher „Schwarmintelligenz" und andere naturwissenschaftliche Inspirationen. Doch der entscheidende Unterschied zu den aus der Naturwissenschaft entlehnten Systemen ergibt sich schlicht aus dem „freien Willen" der Marktteilnehmer, denen man ja nun mittlerweile selbst in der Wirtschaftswissenschaft (mit erheblicher Verspätung) unberechenbare Emotionalität zugesteht. Es geht um Gewinn, Macht, Einfluss, Status, Image, individuelle oder Gruppen-Interessen, um rationale und irrationale Nutzenerwägungen.

Das Umsetzungsproblem der Sozialwissenschaft besteht also darin, dass unzählig viele Elemente aufeinander wirken und eine Wirklichkeit erzeugen, die in ihren Ausdrucksformen unvorhersehbar ist. Der Begriff „Zukunft" ist, inhaltlich gesehen, also eine Metapher, nichts sonst. Zwei Hilfskonstruktionen sind denkbar: der Rückgriff auf die Grundbedürfnisse von Menschen einerseits, zum anderen der Rückgriff auf die Konventionen, die sich zur Befriedigung dieser Bedürfnisse herausgebildet haben. Dazu diente der Essay über die „Entwicklungsfade".

Vierte Einschränkung: Perspektiven der Interpretationen

Doch auch hier ist Vorsicht geboten. Denn wenn man diese Pfade von bestimmten Zeitpunkten der Vergangenheit aus in die Gegenwart verfolgt, gerät man in die Falle, dass man den Ursprung aus der Perspektive eines Ergebnisses definiert, aber nicht sicher sein kann, dass diese Definition auch den tatsächlichen Ausgangspunkt der Entwicklung identifiziert. Das Problem ist in der Wissenschaftstheorie der Geschichtswissenschaften hinlänglich diskutiert.

Man muss sich also der Tatsache bewusst sein, dass eine Rückverfolgung der Ursachen einer heute zu beobachtenden Wirkung bestimmten Präferenzen unterliegt. Wenn also hier der Ursprung des Entwicklungspfads, der bis heute die automobile Kultur der Bundesrepublik und vergleichbarer Gesellschaften prägt, in die späten 40er und die 50er Jahre gelegt wird, ist das eine – plausible – arbeitshypothetische Entscheidung. Denn viele Indikatoren sprechen dafür, dass die vergangenen 60 Jahre durch eine bestimmte Automobilkultur geprägt waren, die es vorher nicht gab: vor allem durch die Massenproduktion für die gesamte Bevölkerung – jenes unverbriefte Recht auf die selbst bestimmte Mobilität also, die natürlich auch die Fantasien der Bewohnerinnen und Bewohner von Schwellenländern bewegt (und stets bewegt hat). Ein Blick auf diesen Ursprung ermöglicht auch eine Einschätzung der weiteren Entwicklung. Deshalb wurde sehr deutlich darauf hingewiesen, dass die Geschichte, die der Entwicklungspfad 1 umfasst, auch aus einer anderen Perspektive hätte erzählt werden können – und wie sich zeigte, ebenfalls mit dem Zeitzeugen David Riesman beginnend, um jene heute machtvoller in den Vordergrund drängenden neuen Motive der Automobilität in ihrer Genese zu verstehen.

Einschränkungen als Inspiration

Für die Arbeit des Strategischen Issue Managements bedeuten diese Einschränkungen auf den ersten Blick einen Verlust an klarer Orientierung. Dennoch aber bietet gerade die Einsicht in die zeitliche und räumliche Begrenztheit einer empirischen Erhebung einen wichtigen Impuls für die Handlungsoptionen im untersuchten Bereich – vor allem wenn, wie im vorliegenden Fall, die Antworten eine große Unsicherheit gegenüber dem Forschungsgegenstand bei den Befragten erkennen lassen. Dieses Eingeständnis der Offenheit ist der beste Weg, den oben beschriebenen Fehler einer linearen oder wie auch immer modellierten Fortsetzung bestimmter Tendenzen in der Zukunft zu vermeiden und die Mutmaßungen als Optionen zu formulieren. Es wird also deutlich, dass die Mutmaßungen gestalterische Elemente sein können, mit deren Hilfe die diagnostizierten Unsicherheiten bei den Befragten geklärt werden könnten.

Barrieren des konventionellen Denkens

An diesem Punkt setzt die Aufgabe der Zukunftsgestaltung durch Unternehmen an, die entweder den klassischen Entwicklungspfad weiter verfolgen und allenfalls technologische Korrekturen anbringen, um die Vereinbarkeit der Konventionen und der neuen Erkenntnisse zu den ökologischen Folgekosten des auf diesen Konventionen beharrenden Verhaltens zu bewältigen – oder einen neuen Weg zu beschreiten, der tatsächlich den Bruch mit vordergründigen Konventionen darstellt. Zukunft wird durch Handeln bestimmt, das plausible Ziele auf der Grundlage denkbarer Interpretationen des Vorfindlichen formuliert. Doch auch hier sind enge Grenzen gesetzt, zumindest, was die Übertragung in Produkte betrifft. Das, was technisch möglich ist, überschreitet in der Regel die Vorstellungskraft der Betroffenen, die sich aus den Konventionen der Vergangenheit nährt. Dies gilt umso mehr, je tiefer ein Produkt und die mit diesem Produkt verbundenen Dienstleistungen in der kulturellen Logik des Alltags verankert sind.

Die konventionellen Vorstellungen und die offensichtliche Unkenntnis der Möglichkeiten behindern die Einbeziehung von Kundenvorstellungen in die strategische Zukunftsplanung – und das aus zwei Gründen: Erstens aus der erwähnten Notwendigkeit, die aktuellen Produkte in der Gegenwart abzusetzen und damit auf Vorstellungen der Neuwagenkäufer auszurichten – variiert in den unterschiedlichen Angebotsklassen. Gleichzeitig orientieren sich die Jugendlichen und jungen Erwachsenen an den Vorfindlichkeiten des Marktes, definieren ihre Bedürfnisse weniger aus der Freude an technologischen Innovationen als aus der Kombination von selbstverständlichen Mobilitätsangeboten, in deren Zentrum das eigene Auto steht, und der Möglichkeiten ihrer Budgets. Das Dilemma ist offensichtlich: Jugendliche und junge Erwachsene finden ihren Weg in die Zukunft der Mobilität (zumindest was die Automobilität betrifft) über die Angebote von gestern: preiswerte Gebrauchtwagen.

Diese preiswerten Gebrauchtwagen repräsentieren aber allenfalls die herkömmlichen Innovationspfade, das heißt: Optimierung der verbreiteten Technik des Verbrennungsmotors. Die Diskussion um alternative Antriebe wie Hybrid- oder Elektro-Motoren erreichen die jüngere Generation nur mittelbar. Sie stellen weder eine ästhetische Alternative zu den gewohnten habituellen Modellpaletten dar, noch eine technologische Alternative, weil sie einfach zu teuer sind. Diese Fortsetzung der konventionellen Muster alltäglicher Ausdrucksaktivitäten finden sich – ganz im Gegensatz zum publizistischen Lärm um technologische Innovationen, in vielen Bereichen des Alltags, zum Beispiel bei der Nutzung des Internets für den Einkauf von Waren. Überdies scheint der öffentliche Diskurs über die alternativen Mobilitätskonzepte Jugendliche nicht zu erreichen, das konkrete Wissen ist gering.

Unspezifische Veränderungsbereitschaft

Noch ist nicht abzusehen, wie weit die hier behandelten Fragen der Umorientierung eine mentale Bewegung vor allem bei jüngerem Publikum auslösen könnten. Es ist daher eine wichtige Frage, wann und in welchem Umfang und zu welchen Kosten Technologien zur Verfügung stehen, die drei Ansprüche erfüllen: Mobilität, Umweltverträglichkeit und gefühlte Mobilitätsgerechtigkeit zwischen den Generationen und den Regionen. Ob sich die Jugendlichen und jungen Erwachsenen als eine Art experimenteller Testmarkt für die zu erwartende Konkurrenz um Marktanteile bezahlbarer ökologischer Technologien eignen, ist offen. Wenn dem so wäre, müsste sich das Strategische Issue Management sowohl thematisch als auch substanziell und vor allem im Hinblick auf neue Statusträger überlegen, wie das Thema in den konventionellen und virtuellen Social Networks platziert werden kann.

Die Frage muss lauten: Wie können Mobilitäts-Produkte, und hier insbesondere Autos diese Funktionen erfüllen und damit auf neue Weise zu Statusträgern werden? Das heißt, dass die Bedingungen für die Eröffnung eines dritten Entwicklungspfades auch im Kontext der globalen Konkurrenz gesehen werden müssen. Eine wesentliche Aufgabe des Strategic Issue Management ist also die Sondierung des Innovationsklimas in der jüngeren Bevölkerung auf dem Binnenmarkt, um ihnen statusbehaftete experimentelle Lösungen für die Mobilität der Zukunft anzubieten, die sich auf einem Entwicklungspfad 3 weltweit vermarkten lassen und gleichzeitig die Konjunktur der Automobilität auf dem Binnenmarkt stützen. Eine weitere Frage ist dabei auch, wie das Thema in der Öffentlichkeit behandelt wird, welche ordnungspolitischen Maßnahmen die nationale und internationale Politik ergreift und wie die Kommunikationsbeziehungen der Welt sich weiter entwickeln. Es müssen Optionen formuliert werden – kulturelle, politische, technische, emotionale.

Die Daten aus der quantitativen Untersuchung und die Äußerungen in den Gesprächen bieten, wenn man alles zusammenfasst, einen pragmatischen Interpretationsansatz, der gerade aus der diagnostizierten Unsicherheit bei der Bewertung der eigenen Zukunft seine Attraktivität bezieht. Die Motive zeigen ja insgesamt eine unerwartet offene Mentalität, die sich bei der Zukunftsorientierung aus zwei scheinbar widersprüchlichen Haltungen begründet: Konventionalität und Bereitschaft zur Akzeptanz neuer Lösungen, wenn diese Lösungen wenig kosten. Beide bereits dargelegten Motive sind als Ausgangspunkte für unternehmerisches, aber auch politisches Handeln insofern von hoher Bedeutung, als die in einem Kontext relativer Indifferenz gegenüber einer Reihe von früher bedeutsamen Zusatzfunktionen des Autos formuliert werden. Viele Antworten in den Gesprächen zeigen, dass sich Jugendliche und junge Erwachsene heute weit weniger emotional und engagiert mit ihrer automobilen Zukunft beschäftigen als das in ihren Vorgänger-Generationen die Regel war. Die Offenheit für Neues ist also größer als früher, wobei die konventionellen Vorstellungen wiederum doch auch Anknüpfungspunkte bieten.

Man kann dieses Bündel unscharfer Motive – oder „schwacher Signale" – als die Bereitschaft interpretieren, neuen Ideen zu folgen, mit denen sich die alten Bedürfnisse zeitgemäß befriedigen lassen. Schwache Signale, auch dies ergibt sich aus den pragmatischen Überlegungen, sind also keine objektiv und zweifelsfrei interpretierbaren Elemente, die sozusagen Informationen aus der Zukunft in die Gegenwart zurückstrahlen. Sie sind immer nur Konstellationen aus Werten, Handlungsoptionen und Ausdrucksaktivitäten, die als Module einer weiteren Ausgestaltung genutzt werden können. Was umgekehrt heißt: Das Strategische Issue Management ist aufgefordert, der jüngeren Generation (und möglicherweise über sie hinaus auch den Konsumenten generell) aktiv technologische Zukunftsideen zu vermitteln, die auf ihre nur vage formulierten Bedürfnisse eingehen und Optionen bieten.

Internetbasierte Kommunikation

Die Befunde einer Vielzahl anderer Studien und die referierten Forschungsarbeiten legen mit großer Plausibilität nahe, die Präsenz des Unternehmens als Teil der verschiedenen sozialen Netzwerke zu forcieren und dabei das allgemeine Motiv „Mobilität" stärker als bisher neben den Marketingbemühungen für die einzelnen Produkte zu spielen.

Das Unternehmen wird auf diese Weise Mitinitiator eines gesellschaftlichen Zeitgesprächs und wächst in die Rollen des Partners und des Problemlösers.

Dass der Weg über das pauschal so bezeichnete Web 2.0 führt, scheint mittlerweile zweifelsfrei. Das Internet sei, so schlussfolgerte das Beratungsunternehmen Mercer, als Vertriebskanal primär für Gebrauchtfahrzeuge unersetzbar. Für Neuwagen diene es als „Presales-Medium", für die Marke als „Community-Medium" (Web-Dokument 19).

Eine wichtige Frage für das Strategische Issue Management zielt auf die kulturelle Bedeutung der webbasierten Kommunikation: Sind „Social Media" auch Instanzen gesellschaftlich-kultureller Lernprozesse? Erst, wenn diese Frage beantwortet ist, ist die Auseinandersetzung mit konkreten Strategien sinnvoll: An welchen Stellen setzt man an? Wie müssen Botschaften aufbereitet sein?

Da die Antwort auf diese Frage für das Strategische Issue Management eine große Bedeutung besitzt, werden nun zum Schluss der Überlegungen einige aktuelle Studien der einschlägigen Forschung vorgestellt, in denen die Dynamik der Kommunikation und der Bedeutung von Produktbotschaften in sozialen Netzwerken untersucht wurde. Dabei wird der Begriff des sozialen Netzwerkes zunächst einmal unabhängig von seiner technischen (also web-bezogenen) Bedeutung verwendet, um dann auf der Grundlage allgemeiner Aussagen über die Dynamik von Trendentwicklungen die Perspektive auf die konkreteren Probleme der webbasierten Marketing-Kommunikation zu konzentrieren.

Ein Anspruch auf Vollständigkeit kann bei der Auswahl natürlich nicht eingelöst werden. Doch die Auswahl der Studien ist vom Bemühen geprägt, wichtige (das heißt oft zitierte und auch argumentativ zusammenhängende) Projekte ausfindig zu machen. Die erstgenannte Arbeit von Duncan J. Watts und Peter S. Dodds kann in dieser Hinsicht als eine der weithin anerkannten Referenz-Studien gesehen werden.

Studien über das Web 2.0

Studien Beispiel 1: Zweifel an Opinion Leaders

Watts, D. J., Dodds P. S.: Influentials, Networks, and Public Opinion Formation. Journal of Consumer Research, Dezember 2007 und Web-Dokument 20

Duncan Watts und Peter Dodds stellen als Ergebnis einer experimentellen Simulation die verbreitete These in Frage, nach der Trends von einzelnen Trend-Settern, Mitgliedern einer meist unbestimmten Avantgarde, von exaltierten Künstlern, Medienpersönlichkeiten und Literaten initiiert werden. Ihre kritische Analyse richtet sich konkret gegen die Auffassung, die gesellschaftlichen Veränderungen resultierten aus dem Wirken benennbarer „Influentials", entweder Persönlichkeiten oder Leit-Milieus, die einen bestimmten Lebensstil vorgeben, den andere Milieus kopieren. Diese These wird in den letzten Jahren durch den Verweis auf die innovative Bedeutung der Kommunikation im World Wide Web erweitert – auch und insbesondere, was die Strategien des Marketings betrifft. Nach den ersten Experimenten erscheinen gesellschaftliche Veränderungen, die als „Trends" sichtbar werden, eher als Ergebnisse eines wechselseitigen, multilateralen Einflussprozesses in den Lebenswelten von Menschen.

Informations- und Beeinflussungs-Kaskaden entstehen nach Auffassung von Dodds und Watts also dadurch, dass leicht zu beeinflussende Menschen sich wechselseitig beeinflussen. Meinungsführer haben erst dann eine Wirkung, wenn sie in einem sozialen Netzwerk leicht beeinflussbarer Menschen beheimatet sind: „In our models, influentials have a greater than average chance of triggering this critical mass, when it exists, but only modestly greater, and usually not even proportional to the number of people they influence directly. They may also participate in the critical mass, especially when they are simultaneously hyper-influential and easily influenced, but under most conditions they do not." Wie diese Prozesse konkret verlaufen, welchen Ausgangspunkt sie haben und welchen Verlauf sie nehmen, unterliegt einer unberechenbaren (oder besser: beim gegenwärtigen Stand der Forschung noch nicht berechenbaren oder in ihren Strukturen durchschaubaren) Dynamik. Auf jeden Fall lässt sich für Dodds und Watts die These des einflussreichen Meinungsführers und Innovators nicht bestätigen. Die Ergebnisse der Studie legen nahe, dass sich die einflussreichen und möglicherweise als Innovatoren wahrgenommenen Personen sogar eher als Repräsentanten der sich in den Alltagskulturen andeutenden Innovationen darstellen als deren Urheber. Ihr Einfluss werde weit überschätzt.

Studien Beispiel 2: Unvorhersehbarkeit von Trends

Sarah Macdonald: Influentials or Accidentals? Investigating Interpersonal Influence in the Telecommunications Market (Web-Dokument 21)

Auch McDonald falsifiziert die These, einflussreiche Personen („Influentials") bestimmten die Trends der anderen. Es sei nicht einmal klar, wer sich wie vielen und welchen persönlichen und sonstigen Kontakten aussetze, um etwas über Produkte zu erfahren und aus welchem Grund. Die Verhaltensmuster der Menschen seien zu individuell, um daraus eine generelle Struktur für das Marketing zu modellieren. Die Schlussfolgerung bestätigt die in der Zusammenfassung der Ergebnisse unserer Studie bereits angedeuteten Relativierungen: „Finally, despite all the work being done to understand how individuals influence each other, the way trends actually start is still vague."

McDonald bestätigt in ihren eigenen Untersuchungen auf dem Telekommunikationsmarkt die Überlegungen von Watts, Dodds und ihren Ko-Autoren, differenziert aber die Dynamik der Beeinflussungsprozesse. Denn, so McDonald, nicht alle Personen in einem sozialen Netzwerk verhalten sich auf die gleiche Weise. Daher seien vorgefasste Kriterien, die das Marketing benutzt, um Zielgruppen und ihr mutmaßliches Verhalten in der nahen Zukunft zu beschreiben, oft invalide – ja tautologisch. „Marketing research techniques exist which can be used to identify influencers, [but] these usually make use of pre-defined criteria."

McDonald stellt die bisherigen Annahmen und die pragmatischen Schlussfolgerungen der einschlägigen Studien über die Influentials in einem Diagramm zusammen:

„Influencer Marketing"	**„Accidential Marketing"**
Those people who are more influential than others are disproportionately important in getting trends started	While some individuals may be more influential than others, they are not more instrumental in starting trend
The success of a trend depends on the influencers who spread it and the content of the message	The success of a trend depends on how receptive an overall society is to it, i.e. a critical mass of easily influenced people influencing other easy-to-influence people
The few (influencers) are more important than the many (non-influencers)	Anyone can start a trend
Trends spread like epidemics through a social group – individuals are instrumental in making them spread.	Trends spread like forest fires – certain environmental conditions cause a trend to take hold and spread through a social group
Trends can be engineered	Trends happen at random

Studien Beispiel 3: Relativität der Produkt-Qualität

Duncan J. Watts and Steve Hasker: Marketing in an Unpredictable World (Web-Dokument 22)

Die Befunde der vorangehenden Studie für das Marketing bestätigen sich in einer weiteren Arbeit, die sich mit der Vermarktung von Unterhaltungsprodukten beschäftigt. Watts und Hasker prüfen hier noch einmal die Rolle der „Influentials" und stoßen wieder auf die in den Konventionen der Alltagskultur verborgene Dynamik wechselseitiger Beeinflussung mit dem unausgesprochenen und unbewussten Ziel der Bestätigung dieser Konventionen. „New research shows, much of the success of entertainment products derives from social influence – the effect that consumers have on one another's decisions. So in addition to anticipating which features individual consumers might find desirable, executives should adopt strategies that take social influence into account."

Diese Untersuchung ist für den vorliegenden Zusammenhang deshalb interessant, weil empirische Daten zum jugendlichen Verhalten herangezogen werden. Auch wenn es sich um amerikanische Jugendliche handelt und das Thema das Download-Verhalten von Songs aus dem Netz ist, illustrieren die Befunde die These der wechselseitigen Beeinflussung im alltäglichen sozialen Umgang miteinander: „The results suggest that the success of a particular entertainment product cannot be explained by any measure of intrinsic quality or even by ‚appeal' – the fit between the product's attributes and consumers' preferences. … In other words, experts fail to predict hits not because they are uninformed or incompetent but because hits are driven by complex networks of social influences that render accurate prediction of specific outcomes impossible."

Watts und Hasker fassen zusammen: „Rapid changes in the technology of media production, distribution, and consumption are driving a proliferation of choices for consumers – the so-called long tail. Some believe that this trend will reduce the importance of hit songs, blockbusters, and best sellers, as sophisticated search algorithms enable audiences to find and consume increasingly niche oriented forms of entertainment."

Dieser Befund relativiert eine gängige Marketingvorstellung, dass sich vor allem bei Jugendlichen durch die Nutzung des Internet eine dramatische Differenzierung der Kaufentscheidungen zu Gunsten von Nischenprodukten entwickeln könnte. Die Forscher gehen vom Gegenteil aus: „We believe, however, that precisely this proliferation of choice will further challenge consumers' limited capacity to discover and digest content, thus strengthening their tendency to like – or at least preferentially consider – what they think other people like."

Studien Beispiel 4: Das Märchen vom Long Tail

Elberse, A.: Das Märchen vom Long Tail. Harvard Business Manager 8/2008, S. 32–45

Manjoo, F.: Long Tails and Big Heads. Why Chris Anderson's theory of the digital world might be all wrong (Web-Dokument 23)

In der vorangehenden Skizze ist das Stichwort „Long Tail" gefallen. Zur Erläuterung: Wenn auf der y-Achse die Zahl der Käufer und auf der x-Achse die Zahl der gekauften Produkte eingetragen werden, entsteht mit der wachsenden Zahl der Produkte bei gleicher Zahl von Konsumenten eine immer länger auslaufende Linie – der „Long Tail". Unter ihm verbergen sich die neuen (das heißt durch das Netz neu wahrgenommenen) Nischenangebote. Da es sehr viele sind, die nun durch das Netz ins Aufmerksamkeitsfeld des Konsumenten geraten, zieht sich die Linie also länger als früher hin. Ihre Höhe ist geringer als die der klassischen Produkte, weil die Verkaufszahlen für jedes einzelne dieser Produkte ebenfalls gering sind.

Die These ist nun, dass mit zunehmender Verlagerung der Interessen auf diese Nischenprodukte der hoch aufragende Teil der Kurve („Short Tail"), der die Verkäufe klassischer Produkte repräsentiert, abnimmt. Zum Beleg werden von den Befürwortern der Theorie eindrucksvolle Zahlen zitiert: Amazon beispielsweise erwirtschafte bis zu 40 Prozent der Umsätze über solche Bücher, die in der Regel nicht in einem klassischen Buchgeschäft zu finden seien. Ein ähnliches Phänomen machte der Herausgeber von Wired und Urheber der Long Tail-Theorie, Chris Anderson, bei Videotheken aus. Eine durchschnittliche amerikanische Videothek beherberge etwa 3000 Filme – eine Mischung aus aktuellen Titeln und beliebten Klassikern. Die Online-Videothek Netflix, die DVDs per Post an ihre Kunden ausleiht, biete jedoch zusätzlich noch 62 000 weitere Filme an. Der daraus generierte Umsatzanteil: immerhin 21 Prozent.

Anita Elberse, Associate Professor für Business Administration an der Harvard Business School, prüfte die These wissenschaftlich. In ihrem im Harvard Business-Manager publizierten Projekt kam sie zu einem nicht mehr sehr erstaunlichen Ergebnis: Das Web 2.0 führe nicht nur nicht dazu, dass Nischenprodukte in nennenswertem Maße mehr verkauft würden als früher, sondern sogar zum gegenteiligen Befund: Es stärke die Handlungsmuster der klassischen Konsumkultur und erlaube einer größeren Zahl von Konsumenten einen leichteren Zugriff auf die „Blockbuster".

Ein anderer Kritiker, der Fachjournalist Farhad Manjoo, rechnete auf der Basis der Recherchen von Elberse vor: „In 2007, 24 percent of the nearly 4 million digital songs available for sale through stores like iTunes sold only one copy each, and 91 percent of available tracks sold fewer than 100 copies each. The story is the same for the movie business, where, between 2000 and 2005, the number of titles that were purchased only a few times ‚almost quadrupled'."

Es kommt dazu, dass die bekannten Artikel durchwegs auch besser beurteilt werden als die weniger bekannten Nischenprodukte. Anderson reagierte in seinem Blog auf Elberse eigentlich nur durch einen Hinweis darauf, dass man unterschiedliche Definitionen benutze – eine eher schwache Replik, die nicht den Kern der Sache trifft.

Im Zuge dieser Diskussion zwischen den Verfechtern der „Long Tail"-Theorie und den Verfechtern der Konventionalitätsthese hat sich eine kritische Diskussion etabliert, die deshalb hoch interessant ist, weil sie eine neue Komponente in der Dynamik von Trends im Netz aufzeigt: Nicht mehr Marketing- und Produktmanager haben durch große Werbekampagnen (allein oder hauptsächlich) den Einfluss auf Entscheidungen – die Dynamik von Trends wird auf ihre ursächliche Logik zurückgeführt. Jeder einzelne Nutzer des Internets hat einen Einfluss auf die Veränderung des Marktes. Dieser Einfluss ist zunächst unsichtbar, unscheinbar, nebensächlich. „The real Long Tail created by the internet is not the long tail of consumption, but the long tail of influence", schreibt ein Kritiker. „The long tail of influence, combined with instant feedback loops, leads to a short tail of consumption. The Facebook app market is a leading indicator of the path the entire media industry will take in years to come."

Die Frage ist nur, unter welchen Bedingungen ein solcher Einfluss mächtiger werden kann und zu einer im Alltag spürbaren Veränderung führt. Die folgenden Studien, die sich dieser Frage widmen, zeigen sich höchst differenziert, bestätigen allerdings eines alle gleichermaßen: Das Verhalten im Netz hängt ebenso wie das Verhalten im Alltag von den gelernten Konventionen ab und scheint in erster Linie eine technologisch variierte Ausdrucksform des konventionellen Verhaltens im Alltag zu sein. Dass die technische Variation allerdings an einem bestimmten, allerdings nicht bekannten, Punkt zu sozialen Veränderungen führen kann, ist damit nicht ausgeschlossen. Ob dafür dann bestimmte zentrale Elemente zuständig sind (Trendverstärker, Trendsetter, Opinion Leader oder ähnliche Instanzen) untersuchen die folgenden Projekte.

Studien Beispiel 5: Lokalisierung der Trendsetter im Netz

Yasuaki Sakamoto, Elliot Sadlon, Jeffrey V. Nickerson: Bellwethers and the Emergence of Trends in Online Communities (Web-Dokument 24)

Die Autoren arbeiten am Center for Decision Technologies der Howe School of Technology Management des Stevens Institute of Technology in Hoboken, New Jersey. Der Begriff „bellwether" stammt aus dem Englischen und bezeichnet einzelne oder mehrere Personen in einem sozialen Zusammenhang, die Trends schaffen oder verstärken. Ein bekanntes Beispiel ist die Bedeutung bestimmter Kleinstädte, in denen das demografisch erfasste Wählerverhalten die tatsächlichen Wahlergebnisse für das gesamte Land präzise vorwegnimmt.

In dieser Studie ist anhand eines Social Web – www.digg.com – untersucht worden, welchen Einfluss bestimmte Personen auf das Nutzungsverhalten aller anderen in diesem Netzangebot kommunizierenden Personen ausüben. In Digg werden Zeitungsartikel bewertet und in einem Ranking gelistet. User schlagen den Download der URL einer Web-Story vor, die ihnen gefällt (digg), oder sie schlagen vor, bestimmte bereits heruntergeladene Artikel abzuwählen (bury). Die Seite basiert, so die Forscher, auf einem „demokratischen Algorithmus", der das Wahlverhalten der Online Community abbildet. Wie kommen nun Trends zustande? Das heißt: Wie kommt die Ungleichheit der Wahlen für bestimmte Artikel zustande?

Eine These ist die, dass bestimmte Individuen einflussreicher seien als andere, zum Beispiel dadurch, dass sie schneller interessantere Artikel finden und platzieren. Die Autoren testen nun, ob die Häufung der Zustimmung zu solchen Artikeln an der Qualität der Artikel liegt oder daran, dass sie von einflussreichen Personen gefunden und verbreitet werden. Nun weiß man, dass gleichartige Personen dazu tendieren, sich zusammenzufinden und dann auch zusammenzubleiben – dies auch in der virtuellen Kommunikation. Im untersuchten Social Web zeigt sich, dass tatsächlich solche Communities entstehen, die sich um bestimmte Artikel kristallisieren. Die nächste Frage ist also: Wie entstehen diese Communities?

Die Frage wird leider nur mit dem Hinweis auf die notwendige weitere Forschung beantwortet: Die Autoren plädieren dafür, als arbeitstechnische Vorbereitung in kontrollierten Experimenten herauszufinden, wie die Beeinflussungsprozesse in der realen Welt stattfinden. Um Trends und ihre Entstehung analysieren zu können, sei es wichtig, die Interaktion zwischen dem Verhalten einer Gruppe und der Individuen in dieser Gruppe besser zu verstehen. Mit anderen Worten: Die Autoren kommen zwar zu dem Ergebnis, dass „bellwethers", also individuelle Trendsetter, im untersuchten Netz digg.com ihren Einfluss ausüben, gehen aber davon aus, dass bei der Frage nach den Ursachen die Analyse der soziokulturellen Rahmenbedingungen in der gelebten Alltagskultur Hinweise auf das Web-Verhalten bietet.

Studien Beispiel 6: Social Value von Netzwerken

Jacob Goldenberg, Oded Lowengart, Daniel Shapira: Integrating the Social Network to Diffusion Model and Evaluation of the Value of Hubs in the Adoption Process (Web-Dokument 25)

Offensichtlich ist nicht nur die Existenz bestimmter Positionen für die Dynamik in einem Netzwerk wichtig, sondern auch die Zahl der sozialen Kontaktmöglichkeiten und in diesem Kontext die Art der Verdichtung der Kontakte. Netzwerke mit großer Mitgliederzahl bieten mehr Impulse für Konsumenten-Milieus als Netzwerke mit geringerer Zahl von Mitgliedern oder geringerer Dichte der sozialen Kontakte. „We find that where consumers' decisions to purchase a new product are almost entirely induced by word-of-mouth communications, seeding a small number of hubs whose social-connectedness is about 10 times greater than that of ordinary individuals, may help initiate a valuable diffusion process in which the NPV is increased by several tens of percentage points."

Die Autoren bezeichnen diese soziale Reichweite als „Area of influence" oder „Hubs", was soviel bedeutet wie „Naben" oder „Zentren", in denen die Mitglieder intensiver miteinander kommunizieren als der Durchschnitt. Die Studie legt in ihren pragmatischen Vorschlägen eine Rangfolge von „Hubs", also sozialen Netzwerken mit unterschiedlich hoher Vernetzung mit anderen „Hubs", nahe und errechnet auf diese Weise (theoretisch) den „Social Value". Die Autoren zeigen, dass Marketingmaßnahmen – etwa Produkteinführungen – in einer kleinen Zahl von „Hubs", die sehr hohe Vernetzungen aufweisen, effektiver sind als eine breit gestreute Kampagne.

In diesen „Hubs" ist allerdings die Loyalität gegenüber Produkten kürzer als in anderen sozialen Bereichen mit geringerer Vernetzung. „We find that the ratio of hub-to-non-hub degree has the most significant impact on reducing life cycle length, and its effect exceeds other effects (i. e., the average proportion of hubs among individuals' neighbors, the intensity of external influence, or word-of-mouth communications)."

Wichtig für den vorliegenden Zusammenhang ist die Einsicht, dass offensichtlich die Beeinflussungsprozesse ihre Dynamik im jeweiligen sozialen Netzwerk entwickeln – also in Nachbarschaften, Social Webs, Online Communities. Die in diesen sozialen Kongregationen geltenden Regeln schaffen die Konventionen für das Konsumverhalten. Diese Konventionen wiederum, das zeigen die anderen in diesem Modul skizzierten Studien, lassen sich deutlich aus Ausdrucksaktivitäten der „Contemporary Culture" interpretieren.

Studien Beispiel 7: Markenabhängigkeit des Social Value

Barak Libai, Eitan Muller, Renana Peres: The Social Value of Word-of-Mouth Programs: Acceleration versus Acquisition (Web-Dokument 26)

Das hier beschriebene Projekt nimmt ebenfalls den Grad der Vernetzung von Personen zum Maßstab des „Social Value", der die Wirkungen des „Word-of-Mouth-Marketing" begründen oder erhöhen könnte. Ziel war die Identifikation von Prozessen, die einerseits die Verbreitung, andererseits die Geschwindigkeit der Akzeptanz von Produkten beeinflussten. Fünf Szenarien mit zwei Markenprodukten (A und B) wurden getestet. Eine Gruppe zufällig ausgewählter Kunden wurde mit einer Gruppe von Kunden konfrontiert, die sich aus den 10 Prozent der am höchsten vernetzten Mitglieder sozialer Netzwerke rekrutierten. Die Ergebnisse weisen erneut die maßgebliche Bedeutung der alltagskulturellen Konventionen aus und bestätigen die hohe Komplexität der Voraussetzungen von Einflüssen und Wirkungen, die eine für die praktische Umsetzung fruchtbare empirische Erfassung unmöglich machen. Die Studie setzt allerdings einen wichtigen Akzent, der im Marketing bislang relativ wenig berücksichtigt wird: die Unterscheidung zwischen Initiation eines Trends und seiner Beschleunigung.

Die Autoindustrie hat derartige Programme gelegentlich im zweiten Sinne genutzt. So verteilte zum Beispiel Ford im Jahr 2009 den neuen Ford Fiesta an 100 Blogger. Mit dieser Aktion verband sich die Hoffnung, dass der Einfluss dieser Personen die Verkäufe durch die wechselseitigen Informationen und die Wahrnehmung durch die Leserinnen und Leser der Blogs steigern würde. Zuvor schon hatten andere Firmen mit ihren Produkten Ähnliches versucht – Philipps mit elektrischen Zahnbürsten, die 2006 an 33 000 amerikanische Verbraucher verteilt wurden; Microsoft hatte – ebenfalls 2006 – sein Windows 95 an 450 000 meinungsführende PC-Nutzer verteilt; Nokia überantwortete im selben Jahr 90 Foto-Handies an junge Erwachsene, und Hewlett Packard bot 100 als einflussreich identifizierten Bloggern den neuen Laptop Dragon HDX an. Die Begleitforschung brachte laut HP zu Tage, dass der Verkauf der Dragons um 85 Prozent stieg und die Firmen-Website signifikant häufiger besucht wurde.

Das Projekt zeigte eine Reihe von Effekten, die für eine einschlägige Theoriebildung interessant sein könnten. Zwei von ihnen sind besonders bemerkenswert.

- Der „Social Value" entfaltet seine Bedeutung vor allem in Konkurrenzsituationen zwischen gleichwertigen Produkten oder Dienstleistungen.
- Eine stärkere (also etablierte Marke) profitiert vom „Social Value" weit weniger als schwache Marke.

Das Problem ist nur, dass auch diese Studie keinen Hinweis darauf bietet, in welcher Weise sich diese Prozesse vollziehen. Das gesamte Spektrum der Befunde zeigt die Abhängigkeit der Beschleunigungs- und Absatzchancen in Marketingprogrammen von einer unübersehbaren Vielzahl von Faktoren, die miteinander eine Vielzahl von Kombinationen eingehen können: eine unterschiedliche Intensität in zufällig ausgewählten oder den Vernetzungsgrad berücksichtigenden Testgruppen bei kürzeren oder längeren Laufzeiten in Wettbewerbs- oder Monopolsituationen und so weiter. Zieht man noch in Betracht, dass wiederum auch das Auftreten von „Influentials" Zufällen unterliegen kann (beschrieben etwa bei Watts, Duncan J. 2007. The accidental influentials. Harvard Business Review 85(2): 22–23), erscheint die Sache unter strategischen Gesichtspunkten vollends undurchsichtig.

Auch nach der Analyse dieser Studie kann nur eine generelle Schlussfolgerung gezogen werden: Marketing stößt mit den üblichen Programmen auf eine empirisch nicht ausreichend erfassbare Situation, die so sensibel auf kleinste Variationen reagiert, zumal nun noch die Bedeutung unterschiedlicher Produktkategorien als Differenzmerkmal aufscheint.

Die wichtigste Einschränkung der Forscher aber bezieht sich auf die biografische Dynamik des „Social Value": „While we did not vary the direct customer profitability, in some industries we can find large variations in the lifetime value among customers. An interesting question is how a variance in lifetime value correlates to social value dynamics."

Studien Beispiel 8: Positionen im Netz

Ceren Budak, Divyakant Agrawal, Amr El Abbadi: Where The Blogs Tip: Connectors, Mavens, Salesmen and Translators of the Blogosphere. 1st Workshop on Social Media Analytics (SOMA '10), July 25, 2010, Washington, DC, USA (Web-Dokument 27)

Die Autoren dieses Beitrags bestätigen die Zweifel an den Modellen mathematischer Berechnungen von Marketingerfolgen, weil diese Berechnungen im besten Falle Ausschnitte der wirklichen Welt, meist aber opportune Modelle konstruieren, die mit der Wirklichkeit wenig zu tun haben. Die Autoren plädieren dafür, den umgekehrten Weg zu wählen und die mathematischen Methoden erst auf der Grundlage der Beobachtung der Realität einzusetzen. In diesem Projekt werden diese Beobachtungen systematisch genutzt, um Beeinflussungsprozesse besser berechnen zu können. Das Projekt ist daher also sowohl unter soziologischen, als auch unter marketingtechnischen und wissenschaftstheoretisch-mathematischen Aspekten interessant.

Das wichtigste inhaltliche Ergebnis für die Entwicklung eines formalisierten Prognose-Ansatzes ist die Einsicht, dass Beeinflussungsprozesse eine Reihe unterschiedler sozialer „Funktionäre" benötigen. Die Autoren unterscheiden dabei vier Positionen:

- Connectors: Knotenpunkte, an denen sich ein sehr hoher Grad an Vernetztheit zeigt
- Mavens: Personen mit hohem Wissensstand und einer ausgeprägten Bereitschaft, ihr Wissen weiterzugeben
- Salesmen: Personen mit großem Charisma und der Fähigkeit, erfolgreich Ideen zu „verkaufen"
- Translators: Personen, die Brücken zwischen verschiedenen Communities schlagen und durch ihre Aktivitäten Kontexte verändern können

Die Studie bestätigt mithin die schon mehrfach identifizierten „intrinsischen Beeinflussungsprozesse" – eine in den sozialen Netzwerken, Nachbarschaften, Communities, Clans oder wie immer gearteten sozialen Kongregationen eingelagerte Tendenz zur Verbreitung gemeinschaftlicher Vorstellungen durch die wechsel-

seitige Verstärkung und Artikulation der Ausdrucksformen solcher Vorstellungen. Die formalen Ableitungen dieses Projekts sind hier weniger wichtig als die
Schlussfolgerung, die sich aus den mathematischen Simulationen ergeben: „Cascades that involve such actors are significantly more likely to be successful. More
interestingly, we show that the cascades where these actors act as intermediaries
rather than initiators are more likely to reach a larger size."

Die Studie bezieht sich auf Blogs, lässt sich aber, so die Autoren, auf die
nicht-virtuellen sozialen Beziehungen übertragen – was im Umkehrschluss auch
bedeutet, dass die Kommunikationsbeziehungen und Einflussprozesse in der realen Welt die Verhaltensformen im Netz prägen. Allerdings sind diese Verhaltensweisen für praktische Belange wieder kaum in konkrete Marketingmaßnahmen
umzusetzen, weil sie zu viele unterschiedliche Ausdrucksformen annehmen
können. „We believe that different social networks provide different ways of
interacting which means that certain actors, while not so significant in certain
networks, can be highly influential in others."

Studien Beispiel 9: Verankerungen in der Alltagskultur

**Jonah Berger: Cultural Habitats. How Fit with the Environment Influences
the Stickiness of Products and the Success of Ideas. Advances in Consumer
Research 2008 (Volume 36), 198–202**

Der Begriff der „Cultural Habitats" spielt auf die nun schon mehrfach identifizierte Bedeutung von Umweltfaktoren für die individuellen Entscheidungen an. Je
mehr „Environmental Triggers" eine Botschaft enthält, desto wahrscheinlicher sei
es, schreibt Jonah Berger, dass sie in die alltägliche Kommunikation übernommen
wird. Der Ausgangspunkt der Überlegungen ist die Vermutung, dass Produkte
oder Ideen Teile dieses „Habitats" seien. Als Beispiele für diese These führen die
Autoren die Bedeutung bestimmter Farben an, die in unterschiedlichen kulturellen Kontexten unterschiedliche Bedeutungen annehmen. „Specifically, we suggest that products and ideas will be more likely to stick in memory and succeed
more broadly if they are cued more frequently by the environment."

Es mag mit dieser kulturellen Aufladung symbolischer und ästhetischer Nor-
men zusammenhängen, dass zum Beispiel über alle Generationen und Milieus für
Autos die Farben Schwarz und Silber dominieren. Warum das so ist, bleibt ebenso
offen wie die Frage, ob es sich – und wenn ja, wann und warum – ändert. Antworten lassen sich weniger auf experimentellem Weg als durch eine ethnografische
und ethologische Analyse finden, die sensibel die vielfältig zusammengesetzten
Selbstverständlichkeiten des alltäglichen Verhaltens zu erfassen suchen. Wenn

man die bislang referierten Studien unter diesem Gesichtspunkt auswertet, stößt man auf die „narrativen" Muster der Alltagsrealität und der auf sie bezogenen Kommunikation, den „Small Talk" der Contemporary Culture. Die These legt nahe, dass Konsum immer auch als Teil einer für das jeweilige Produkt anschlussfähigen Geschichte sein muss. Nur auf diese Weise können die „Environmental Triggers" lebensnah identifiziert werden. Um diese „Triggers" lassen sich Nachbarschaften inszenieren.

Studien Beispiel 10: Prognosefähigkeit von Web-Communities

Jacob Goldenberg: Local Neighborhoods as Early Predictors of Innovation Adoption. Working Paper 2010 (Web-Dokument 28)

Die Studie zielt darauf, modellhaft derartige „Nachbarschaften" zu identifizieren, in denen sich früher als in anderen Trends zu erkennen geben. Sie werden „Predictive Neighborhoods" genannt – ähnlich jenen bereits oben erwähnten Gemeinden, die als „bellwethers" fungieren und die tatsächlichen Wahlergebnisse vorwegnehmen. Die Frage ist also, ob es derartige „Predictive Social Webs" für Konsumbereiche gibt. Der Terminus „Neighborhood" kann dabei in zweierlei Hinsicht verstanden werden: einerseits können bestimmte geografisch eingrenzbare „Nachbarschaften", Stadtteile, Regionen gemeint sein; andererseits die durch ein zentrales Merkmal definierten Gruppen, deren künftiges Verhalten für den Markt von Bedeutung ist. Dieses zentrale Merkmal ist in der Regel keine bereits auf Konsum ausgerichtete Handlungsoption, sondern die Identifikation der alltagskulturellen Voraussetzung für ein solches Verhalten. „Neigborhoods" wären also „kulturelle Habitate", in denen die „Environmental Triggers" ihre Bedeutung erhalten. „Basically, large and central neighborhoods that adopt early predict overall adoption better than average neighborhoods or random samples. Smaller dense neighborhoods are relatively poor predictors, possibly because of their relatively closed and isolated nature." Der nächste Schritt ist nun, die wesentlichen Einflussprozesse in diesen „Nachbarschaften", das heißt also, die Rolle von Individuen („Influentials") zu bestimmen. Diese Rolle ist allerdings durch die bereits erwähnten Studien deutlich relativiert worden. Insofern kann dieser zweite Schritt sich nur noch auf die Identifikation der Treiber beziehen, die im Netzwerk gleichberechtigter Partner die Rolle von Agenda Settern, Multiplikatoren, Beschleunigern oder Übersetzern spielen. Dabei kommen die Forscher wieder auf Zentren zu sprechen („Hubs"), die verschiedene Funktionen haben. Sie unterscheiden sie in „Innovator Hubs" und „Follower Hubs".

Eine formale Identifikation der wesentlichen Treiber von Beeinflussungs-
und Innovationsprozessen führt allerdings zu einem unausweichlichen Zirkel:
Wichtig sind Individuen mit einer Sensibilität für zukünftige Tendenzen in einem
Kontext beeinflussbarer Personen (siehe oben). Gleichzeitig sind diese Individuen
aber wiederum sozusagen Produkte ihrer Umgebung. Aus diesem Zirkel hat sich
die Forschung bislang nicht befreien können.

Studien Beispiel 11: Vernetzungsgrad und Einflussmöglichkeiten

**Raghuram Iyengar, Sangman Han, Sunil Gupta 2009: Do Friends Influence
Purchases in a Social Network?** (Web-Dokument 29)

Dass sich in den Befunden der wechselseitigen Beeinflussung der Menschen in
ihrem normalen Alltag tatsächlich eine bedeutungsvolle Einsicht verbirgt, belegen Studien, die die modernen Kommunikationstechnologien in die Frage von
Marketing-Aktivitäten einbeziehen. Wie beispielsweise, fragten die Autoren dieser Studie, allesamt Harvard Ökonomen, beeinflussen sich „Freunde" in den Social Networks? Der methodologische Ausgangspunkt war das Kaufverhalten von
208 Nutzern im Netz über einen Zeitraum von zehn Wochen. Gemessen wurde
die Zahl der Käufe und die Höhe der ausgegebenen Summen. Im Hintergrund
stand die Frage nach der Beeinflussung dieser Kaufentscheidungen oder des Ver-
zichts auf einen Kauf durch das Verhalten der „Freunde" im Netz. Im Ergebnis
zeichnet sich eine differenzierte Schichtung der Teilnehmerinnen und Teilnehmer
in drei Statusgruppen ab: high, middle and low. Definiert wird die Statushierar-
chie durch die jeweilige Vernetzungsintensität.

- Bei der Identifikation der Kaufentscheidungen zeigt sich, dass der Einfluss
  von „Freunden" in den Bereichen des mittleren, locker vernetzten Status (ca.
  40 Prozent der User) am höchsten ist.
- Die Mitglieder der, am Grad der Vernetzungsdichte gemessenen, höheren
  Statusgruppen (12 Prozent) scheinen eher einen ausgeprägten Individualismus zu pflegen und reagieren zum Teil negativ auf Impulse ihrer Peers. Das
  Interesse an einem Produkt sinkt in diesem Segment auch dann, wenn es in
  der Gruppe mit mittlerem Status steigt.
- Die niedrigeren Statusgruppen (48 Prozent) zeigen die geringsten wechselseitigen Einflüsse – offenbar, weil sie ohnehin geringer miteinander vernetzt
  sind und weniger kommunikative Kontakte besitzen.

Wichtiges Ergebnis am Rande: Eine einheitliche Nutzung des Social Web und damit eine einheitliche Struktur des Verhaltens aller Web-User konnte nicht festgestellt werden. Für die pragmatische Umsetzung im Marketing legt diese Studie erneut die Berücksichtigung des „Social Value" nahe. Dieser „Sozialwert" entsteht auf der Grundlage der Berücksichtigung geteilter alltäglicher Konventionen – die, so die Mutmaßung der Autoren – im Web reproduziert werden.

Studien Beispiel 12: Das Märchen von der „Netzgeneration"

Rolf Schulmeister, Gibt es eine „Net Generation"? Zentrum für Hochschul- und Weiterbildung, Universität Hamburg. 2008 (Web-Dokument 30)

Jan-Hinrik Schmidt, Ingrid Paus-Hasebrink, Uwe Hasebrink, Claudia Lampert: Heranwachsen mit dem Social Web Zur Rolle von Web 2.0-Angeboten im Alltag von Jugendlichen und jungen Erwachsenen. Hans Bredow Institut: Hamburg/Salzburg 2009 (Web-Dokument 31)

In einer bemerkenswerten Analyse prüft der Hamburger Bildungswissenschaftler Rolf Schulmeister die Literatur der „Propagandisten der Net Generation" und kommt zu dem Ergebnis, dass „das für das Thema berufene Deutsche Jugendinstitut, nach den relativ zurückhaltenden Studien von Wahler, Trully und Preiß (2004), ... sich ... aufgrund neuerer Forschungen bemüßigt [fühlt], auf seiner Webseite eine Warnung anzubringen: ,Es ist ein populärer Irrtum zu glauben, dass schon Kinder im Umgang mit neuen Technologien kompetenter seien als Erwachsene – sie sind meist nur unbefangener am Computer und im Internet. Die Mystifizierung einer ,generation @' hält der wissenschaftlichen Untersuchung nicht Stand'" (Web-Dokument 32).

Schulmeister kommt in seiner eigenen Analyse zu dem Ergebnis, dass das Generationenkonzept – weder in den vorangehenden Zuschreibungen der Generation X oder Y, noch in den oben genannten Etikettierungen „keine kognitionspsychologische oder sozialisationstheoretische Substanz besitzt."

Die Skepsis, die Rolf Schulmeister mit Hilfe einer Sekundäranalyse der wesentlichen Literatur zur handlungsleitenden Bedeutung des Internets formulierte, wird durch ein Projekt des Hamburger Hans Bredow Instituts eindrucksvoll bestätigt.

Die Autoren der Studie stellen fest, dass „eine selbst gesteuerte, über den jeweiligen Gestaltungsrahmen des Angebots hinausgehende Umgangsweise ... sich nur in sehr wenigen Fällen" fand. „Die weitaus meisten befragten Jugendlichen und jungen Erwachsenen, dies lässt sich zusammenfassend sagen, schöpfen die vielfältigen Potenziale des Social Web nicht aus, sondern bedienen sich seiner Angebote in einer vorgegebenen, im Rahmen des Angebotsspektrums eher konventionellen Art und Weise, um ihre Anliegen umzusetzen. Allerdings lässt sich auch beobachten, dass etwa die Videoplattform *YouTube* als eine Art Suchmaschine für unterschiedliche Themen eingesetzt wird oder dazu, verpasste Serienfolgen zu sehen." Unterschiede sind bei weniger integrierten Jugendlichen mit Migrationshintergrund festzustellen.

Die Studie dokumentiert sowohl auf der Grundlage einer quantitativen Erhebung als auch auf der Grundlage von Gesprächen die geschmeidige Integration des neuen technischen Mediums in den Bezugsrahmen des konventionellen Verhaltens – selbst bei Jugendlichen. „Als übergreifendes Ergebnis zu beiden Bereichen ist festzuhalten, dass der Umgang mit dem Social Web im Allgemeinen und mit Netzwerkplattformen im Besonderen eng mit anderen Kommunikationsformen verbunden ist. Dies bedeutet etwa, dass sich Unterschiede im Umgang mit anderen Medien- und Kommunikationsdiensten auch in Unterschieden im Umgang mit dem Social Web niederschlagen."

Fundamentale Änderungen des Verhaltens stellen die Forscher nicht fest: „Erstens weisen die online abgebildeten sozialen Netzwerke in aller Regel hohe Überlappung mit den festen Beziehungsstrukturen (,Strong Ties') auf, die auch außerhalb des Internet existieren. Zweitens erreichen die online vorliegenden Netzwerke eine Größe, die weit über den Freundeskreis im engeren Sinn hinausgehen und vielmehr auch ehemalige Schulfreunde, Urlaubs- oder Partybekanntschaften (,Weak Ties'), umfasst."

Studien Beispiel 13: Die Logik des kulturellen Wandels

Bentley, R. A. and Lipo, C. P. and Herzog, H. and Hahn, M. W.: Regular rates of popular culture change reflect random copying. Evolution and Human Behavior 3/2007, S. 151 (Web-Dokument 33)

Die Studie ist bereits in vorangehenden Arbeiten (z. B. in Rust 2008) erwähnt, soll aber hier noch einmal kurz referiert werden. Die Autoren sind Kulturanthropologen und haben sich über Jahre hinweg mit der Logik der alltagskulturellen Veränderungen beschäftigt, indem sie die zeitlichen Perioden der Veränderung von Vornamen für Kinder, Musikvorlieben und die Beliebtheit von Hunderassen in den USA in den letzten 100 Jahren analysiert haben. Sie sind dabei auf eine Art berechenbaren Zeitrhythmus gestoßen, in dem sich diese Vorlieben ändern.

So ist zum Beispiel die Turnover-Rate (also die absolute Frequenz des Austausches von Titeln) in den Pop-Charts konstant bei 5,6 pro Woche – gemessen immerhin über 20 Jahre. Ähnlich verhält es sich mit den Kindernamen und wechselnd beliebten Hunderassen. Nach Durchsicht der Daten von einschlägigen Institutionen der USA lieferten die Computerberechnungen das Resultat eines gleichförmigen Austauschs: sie fanden alle vier Jahre 12 Prozent neue Arten. Zwar ändern sich bei den Kindernamen die Moden für Mädchen mit 18 Prozent neuer Namen pro Jahrzehnt schneller als die der Jungen, bei denen alle zehn Jahre 13 Prozent neue Namen auftauchten. Trotzdem blieb die Rate des Austausches gleich.

Unabhängig von der wachsenden Bevölkerung und der wachsenden Zahl von Musikalben, Kindernamen und Hunderassen in den Untersuchungszeiträumen bleibt der Kernbefund bestehen: Die Turnover-Rate ist auch auf diesem Gebiet konstant und erzeugt die als oberflächlich als Zufälle erscheinenden Veränderungen durch eine soziologisch noch nicht endgültig offengelegte kulturelle Logik, die durch wechselseitig Beeinflussung und Imitation entsteht.

Populärkultur, so fassen Bentley und seine Kolleginnen und Kollegen zusammen, bedeute eigentlich nichts anderes als das Resultat einer steten wechselseitigen Imitation der Menschen in ihrem Alltag: „Imitation is arguably the simplest form of culture transmission, termed ‚unbiased transmission' …, which occurs when each individual acquires his or her behavior simply by copying from another individual within the population." Und umgekehrt, müsste man ergänzen, um den unübersehbaren und vielpoligen Transformationsprozess zumindest zu skizzieren.

Es gibt bislang keinen empirischen Nachweis darüber, nach welchen soziologischen Gesetzen sich diese Prozesse vollziehen und wie sie genutzt werden könnten. Unumwunden charakterisieren die Forscher den Prozess als „zufällig" und warnen vor den Versuchen von Prognosen: „Trends and fashions are constantly changing, with future outcomes potentially irrational and nearly impossible to predict."

Motive aus den Studien zur Web-Kommunikation

Die Entstehung von Trends ist weniger auf die Macht von Trendsettern zurückzuführen als auf die wechselseitigen Wirkungen, die leicht beeinflussbare Menschen im Alltag aufeinander ausüben. Es ist nicht möglich, die Entstehung und die Dauer von Trends begründet zu identifizieren, weil die sozialen Zusammenhänge, die diesen Prozess beeinflussen, zu komplex sind.

Der Erfolg eines Produkts ist weit mehr von unwägbaren und höchst komplexen sozialen Konventionen abhängig als von seiner Originalität.

Das Netz führt nicht in dem Maße, wie es von Trendforschern behauptet wird, zu einer Erosion der klassischen Märkte, sondern bestärkt im Gegenteil die konventionellen Handlungsmuster.

Der „Social Value" eines Marketingprogramms hängt von einer so großen Zahl von unwägbaren Einflussfaktoren ab, dass die Befunde einzelner empirischer Experimente nur eng begrenzte Aussagekraft besitzen.

Die Verbreitung gemeinschaftlicher Vorstellungen durch die wechselseitige Verstärkung und Artikulation der Ausdrucksformen solcher Vorstellungen vollzieht sich in unterschiedlichen Netzwerken auf verschiedene Weise durch eine Reihe unterschiedlicher, gleichberechtigter Positionen.

Einflussprozesse in größeren Segmenten der Gesellschaft (des Marktes) gehen von sehr stark vernetzten Zentren aus, die mit vielen weniger stark vernetzten Zentren in Kontakte stehen.

Um Marketing und Strategisches Issue Management erfolgreicher zu gestalten, ist es notwendig, ihre Strategien und Botschaften in den kulturellen Konventionen der angesprochenen Konsumenten zu verankern.

Es gibt soziale Kongregationen („Neighborhoods"), in denen sich eher als in anderen gesellschaftlichen Bereichen Trends und neue Handlungsoptionen erkennen lassen.

Menschen mit mittlerem Status, das heißt durchschnittlicher Vernetzung in ihren sozialen Segmenten, reagieren stärker auf die Beeinflussung von Nachbarn als Menschen mit niedrigerem und höherem Status.

Entscheidend für das Verhalten im Web 2.0 sind die Voraussetzungen, die im Erziehungs- und Sozialisationsprozess in der alltäglichen Wirklichkeit gelegt worden sind. Das Konzept einer vom Web 2.0 geprägten „Generation" ist empirisch nicht haltbar.

Jugendliche nutzen das Internet als Social Web zur Sicherung ihrer sozialen Beziehungen nach den Konventionen, unter denen sie im realen Leben sozialisiert worden sind. Diese Konventionen gelten auch für die Erweiterung, die durch das Internet möglich werden.

Kulturelle Veränderungen könnten einem zeitlich identifizierbaren Rhythmus folgen, der als periodische Konsequenz der wechselseitigen Einflüsse im Alltag erscheint. Die Logik dieses Prozesses ist nicht entschlüsselt, scheint aber eine Bedürfnislage nach kontinuierlicher Veränderungen und Abwechslung zu entsprechen.

Die Idee, dass das Web sich eher zur Promotion von Nischenprodukten eignet und damit den Markt verändert, ist auf eine unzulässige Summierung von Nischenprodukten zurückzuführen, die, einzeln betrachtet, kaum das Potenzial zu wirtschaftlichen „Blockbuster" besitzen.

Schluss

Soziologisierung des Strategischen Managements

Interessant ist, dass auch bei der Durchsicht von Studien zur Nutzung des Web 2.0 das Ergebnis nicht eindeutig ausfällt. Zu viele Faktoren sind zu berücksichtigen, die den Erfolg einer Marketing-Kampagne mitbestimmen und die eine unübersehbare Zahl von Kombinationen der Erfolgsvoraussetzungen zur Folge haben. Also gelten auch in diesem Zusammenhang der web-basierten Kommunikation die oben angesprochenen Einschränkungen für die pragmatische Umsetzung empirischer Befunde: Originalität und Unverwechselbarkeit sind die wesentlichen Gestaltungskriterien, um die Originalität und Unverwechselbarkeit eines Produkts und der sie flankierenden Dienstleistungen zu transportieren. Insbesondere scheint es wichtig, das Konsumverhalten in einflussreichen, das heißt also hoch vernetzten Bereichen des Alltags („Social Hubs") zu verstehen, um neue Ideen oder Produkte zu vermitteln und ihre Verbreitung zu sichern. Das bedeutet, die Verhaltensweisen und Bedürfnisse besser zu verstehen, die sich mit dem jeweiligen Produkt in verschiedenen Lebenssituationen und Regionen verbinden. Beruhigend ist allerdings die Einsicht, dass die Kommunikationsbeziehungen in den „Social Media" weit konventioneller sind als in vielen Trendstudien angenommen. Die Motive, die in diesen Kommunikationsbemühungen gesetzt werden müssen, müssen also an die klassischen Konventionen und die mit ihnen verknüpften Bedürfnisse anschließen, um Innovationen zu begründen.

Je deutlicher sich die Forderung der Konsumenten nach Handlungsorientierung abzeichnet, je klarer sie die Kompetenz der Unternehmen herausfordern, die unübersehbaren Signale nach einer andersartigen Gestaltung der Zukunft zu beherzigen, desto wichtiger wird das Verständnis der alltagskulturellen Zusammenhänge und ein auf die Stärkung dieses Verständnisses ausgerichteter Diskurs in den Unternehmen selbst. Erst mit dieser Strategie lassen sich die Ansatzpunkte für neue Botschaften erkennen, die gleichermaßen Konventionen, Optionen und Utopien vermitteln. Dabei deutet das wichtigste Ergebnis dieser Studie auf einen neuen Weg im Marketing hin. Kundenorientierung gestaltet sich in der Zukunft als Orientierung der Kunden über die Information technologischer Möglichkeiten und weniger als die Orientierung an den Kundenbedürfnissen.

Letztlich wird die Aufhebung der Grenzen zwischen den Ressorts Marekting, Vertrieb, Einkauf, Verkauf, Forschung notwendig, um die denkbaren Zukünfte aus möglichst vielfältigen Perspektiven entwerfen zu können. Im Hintergrund

steht dabei die Einsicht, dass ein Auto zwar nur einen Teil einer alltagskulturellen
Konvention – Contemporary Culture – darstellt. Die Themenbreite, die sich um
dieses Produkt spannt, ist allerdings größer geworden und umfasst alle Aspekte
der Mobilität in den unterschiedlichen Bedingungen. Vom Modell der drei Entwicklungspfade ausgehend, entsteht ein Bezugsrahmen, der die konventionellen
Vorstellungen der künftigen Kunden auf dem Binnenmarkt sowie auf den neuen
Märkten (beschrieben durch den Entwicklungspfad 2) miteinander synchroni-
siert und auf einen dritten Entwicklungspfad lenkt. Dieser Bezugsrahmen ist das
erweiterte Thema („Issue"), auf das sich die Vorbereitungen des Marketings konzentrieren müssen. Das Auto muss nicht mehr als Produkt mit eigener Kultur,
sondern als integraler Bestandteil der Contemporary Culture betrachtet werden.
Das Produkt ist also auch Teil einer im Alltagsleben mittlerweile im Grundsatz
nicht mehr bezweifelten Lebensweise, die im Einklang mit den Maximen des
globalen Umweltschutzes steht.

Innovationslabor „Binnenmarkt"

Eine ökologische Innovations-Offensive auf dem Binnenmarkt erscheint be-
triebswirtschaftlich zunächst prekär, auch wenn die soziologische Analyse eine
relativ große Bereitschaft zur Akzeptanz des Wandels zeigt. Die vom Weltmarkt
losgelöste Entwicklung solcher Alternativen birgt die Gefahr einer Insellösung,
wenn die Attraktivität der Konzepte des Binnenmarktes sich nicht auf andere
Märkte übertragen lässt. Gleichzeitig könnten Backlash-Effekte eintreten, wenn
preiswerte Produkte mit klassischer Technologie importiert werden, um die Bedürfnisse der konservativen Klientel zu befriedigen – bzw. weiterhin Mobilität
kostengünstig zu ermöglichen, wenn die erwähnte Umsteuerung nicht gleichzeitig in den aufstrebenden Schwellenländern vollzogen wird.

Andererseits könnten sich aber im Wertewandel der jungen deutschen Käu-
ferinnen und Käufer erste Hinweise auf eine künftige Veränderung in den Importnationen andeuten. Hier muss dann auch die Frage gestellt werden, ob sich
aus dieser Sicht Alternativen für den Zeitpunkt entwickeln lassen, an dem die
benannten Importnationen ihrerseits den klassischen Entwicklungspfad verlassen (müssen). Die Frage, die daraus wiederum folgt, ist die nach der Attraktivität
eines neuen Entwicklungspfades, der Abstrahlungseffekte aus dem bundesrepu-
blikanischen Binnenmarkt auf den Weltmarkt hat. Das heißt, die Betrachtung des
nachwachsenden Binnenmarktes ist keineswegs ein rückständiger Regionalismus,
der die Anforderungen einer globalisierten Wirtschaft außer Acht lässt, sondern
im Gegenteil die Betrachtung von Innovationspotenzialen für diesen Weltmarkt.

Und eine weitere Frage ist zu stellen: Ob der volkswirtschaftliche Terminus des Binnenmarktes eigentlich der Verfasstheit der modernen Welt noch gerecht wird. Möglicherweise liegt nämlich ein Ansatzpunkt für Veränderungen in einer neuen Perspektive auf Segmente der globalen Märkte, in denen sich für bestimmte Alters- oder sonst wie definierte Kohorten auch auf dem Automobilmarkt Demonstrationsmärkte mit neuen Statusträgern etablieren lassen. Es wäre zu prüfen, ob sich die Erwartungen von Jugendlichen und jungen Erwachsenen an die Unternehmen, Impulse zu setzen, auch andernorts bestätigen. Diese latente Forderung verändert die Marketingstrategie, die nun weniger von Modellen der Realität ausgeht als von den Möglichkeiten der Realitätsgestaltung durch Produkte, Dienstleistungen, Ideen und Konzepte.

In diesem Zusammenhang ist noch einmal der Hinweis darauf wichtig, dass sich die Jugendlichen und jungen Erwachsenen nicht ausreichend von den Unternehmen angesprochen fühlen. Das mag auch mit einer Werbung zusammenhängen, die nicht den Prioritäten der Mehrheit entspricht und – wie sich gezeigt hat – eher Prestige ins Zentrum der Botschaften stellt. Möglicherweise (das müsste untersucht werden) gibt es aber andere kommunikative Barrieren. Darüber kann diese vorliegende Untersuchung keine Auskunft geben, weil sich die Irritation erst im Laufe der Arbeit gezeigt hat. Die Aufgabe des Strategischen Issue Management ist also Agenda-Setting: in einem relativ engen Rahmen Alternativen zur rückhaltlosen und uneingeschränkten Mobilität zu formulieren und dazu technische Lösungen zu unterbreiten – ohne allerdings zu wissen, ob diese technischen Lösungen auch akzeptiert werden. Wenn ein Unternehmen diese Rolle nicht annimmt, wird das Bedürfnis nach dem Thema ohne dieses Unternehmen befriedigt – das heißt: Es besteht die Gefahr, aus dem öffentlichen Diskurs eliminiert zu werden.

Neue Statusträger

Am Ende bleibt die Frage, ob nicht ein wesentliches Element des Entwicklungspfades 1 – Statusgewinn durch die Art und Weise der individuellen Mobilität – zu einem Anreiz für eine Mobilitäts-Avantgarde auf dem Binnenmarkt und von diesem Fokus aus für den Weltmarkt werden kann. Das setzt Lernprozesse voraus, vor allem aber die gezielte Information. Die Teilhabe von Kunden an der Realisierung der neuen Mobilitätskonzepte muss einen unmittelbaren (das heißt also materiell spürbaren) Nutzen und eine öffentlich sichtbare Imagefunktion haben – einen „immateriellen Markenkern", auf dessen Grundlage sich neue Statusträger etablieren können. So ist es zum Beispiel klar geworden, dass die jüngere Generation Sympathie für Technologien entwickelt, wenn diese ihre Wünsche nach sozialer Mobilität und Integration sowie zeitgemäßer Status-Dokumentation und spielerischer Gestaltungsfähigkeit erfüllen.

Für eine mögliche Antwort spielen zwei gesellschaftliche Gruppen eine erhebliche Rolle, die auf dem Entwicklungspfad 1 bereits die Akzeptanz für technologisch anspruchsvolle Kleinwagen ebneten – Frauen und junge Leute und insbesondere, wie sich auch in unserer Befragung zeigt: jüngere Frauen. Das Modell des Entwicklungspfades 1, das unter dem Schlagwort „Snob – ma non troppo" oben erörtert worden ist, hat sich als Ausgangspunkt für die Vermarktung neuer Kleinwagentechnologie bereits bewährt.

Der Weg führte aus der „Befreiung" von der automobilen Vorherrschaft des Mannes durch den kleinen Zweitwagen in den späten 50ern über die Selbstbestimmung (wie sie sich bereits in den Werbungen für Frauen und Autos seit den 40ern zeigt) in den 1970er und 80er Jahren zur selbstbestimmten Wahl eines Autos. Diese selbstbestimmte Wahl bevorzugte in zunehmendem Maße statussichere Kleinwagen. Der Kauf eines kleinen Autos wirkt seit den veredelten Variationen des Cinquecento, etwa den Lancia-Modellen und heute dem Mini, als eine selbstbewusste Auslegung der weiterhin geltenden klassischen Bedürfnisse nach individueller Mobilität – *un po' snob* – auch im Alltag. Als Motiv, das vor allem durch die Jugend inszeniert wurde, bleiben die „Kustom Cars" in Erinnerung. Vielleicht deuten sich, was die Mobilität von morgen betrifft, auch in diesen Spielereien innovative Impulse an, die für neue Strategien aufgegriffen werden können – vielleicht sogar erneut von „alternativen" Herstellern in irgendwelchen Garagen. Ein charmanter Gedanke: Es wäre die Rückführung des Prinzips der „Garagenfirmen" auf den Ursprung des Produkts, für das die Garagen ehedem standen. Denn es ist nicht ausgemacht, dass die Akteure der Innovationen auf dem Gebiet der Mobilität immer die klassischen Unternehmen sein müssen, oder auch, dass die klassischen Unternehmen nicht selbst die Mentalität von „Garagenfirmen" annehmen. Für beide Linien stehen interessante Produkte wie Einliterautos, batteriegetriebene Sport-Boliden, Solarfahrzeuge und vieles mehr. Kurz: Motive, die sich auf dem Entwicklungspfad 1 zeigten, sollten als „schwache Signale" einer denkbaren Zukunft geprüft werden, in der sich zeigt, dass Innovationen nicht unbedingt die Welt auf den Kopf stellen, sondern mit revolutionären technologischen Lösungen alte Bedürfnisse erfüllen.

Veränderungen werden auf dem dritten Entwicklungspfad unausweichlich sein und das Kunststück bewerkstelligen müssen, die Vermächtnisse des ersten Entwicklungspfades und seiner Fortsetzung zu überwinden, ohne die grundlegenden sozialen Bedürfnisse nach Mobilität, Ästhetik und auch Status zu vernachlässigen. Allerdings sind diese Veränderungen zu komplex, um aus den hier gesammelten und interpretierten empirischen Befunden konkrete Ideen zu begründen. Das widerspräche einmal dem Kernbefund, dass sich diese Ideen möglicherweise erst im öffentlichen Diskurs entwickeln. Und zweitens wäre natürlich vermessen, wenn ein einzelner Autor sich dieser Aufgabe gewachsen fühlte. Umso mehr als der zentrale Befund dieser Studie in der Bestärkung einer aktiven Rolle der Unternehmen im Lernprozess für eine technologisch fundierte neue Mobilitätskultur besteht, alle Risiken und Chancen eingeschlossen.

Das Team

Was die eben gebrauchte Formulierung des „einzelnen Autors" betrifft, sind einige relativierende Worte angebracht. Der „einzelne Autor" ist hier nur der Vermittler von Einsichten, die von jungen Leuten auf den Impuls einer Befragung und in einer Reihe von Gesprächen formuliert worden sind. Dass dabei auch im Projekt selbst, wie in allen meinen wirtschaftssoziologischen Projekten, Studierende in den letzten Semestern mit einer umfangreichen Ausbildung in den Methoden und Techniken der quantitativen und qualitativen Sozialforschung beteiligt waren, führte insbesondere hier zu authentischen Auseinandersetzungen um das Thema. Daher sei hier den Teilnehmerinnen und Teilnehmern noch einmal für ihre hervorragende Arbeit gedankt. Viele von ihnen sind nun längst in Masterstudiengängen, manche in Praktika, wenige schon im Beruf.

Die praktische Arbeit wurde in drei Forschungs-Einheiten (Research Units) vollzogen: Quantitative Befragung, Qualitative Befragung und Contentanalyse. Die Studierenden waren aktiv an der Entwicklung der Instrumente beteiligt und führten die Befragungen, Gespräche und Analysen selbstverantwortlich durch. Die Auswertungen wurden nach den üblichen empirischen und statistischen Regeln vollzogen. Die drei Research Units standen während der gesamten operativen Phase miteinander in einem inhaltlichen Diskurs. Das führte insbesondere in der Phase der Pretests zu einer wechselseitigen Bereicherung. Die Voraussetzungen zum Gelingen dieser Arbeit waren in Vorlesungen, Seminaren und Übungen in quantitativer und qualitativer Forschungsmethodologie, Auswertungsverfahren und Statistik gelegt worden. Für spezielle Aufgaben wurde professionelle Hilfe zugekauft.

Die Namen der studentischen Mitarbeiterinnen und Mitarbeiter: Verena Berg, Franziska Czech, Robert Engelmann, Mareike Felsch, Nadine Fürstmann, Andreas Grotekemper, Sarah Jankowski, Annika Jansing, Melike Janßen, Mathias Kerschke, Sarah Klinger, Michaela Knoll, Katharina Konti, Johanna Körner, Gabriele Lyko, Maria Mandler, Dominique Moré, Anne Niemann, Andrea Oelkers, Khaleda Raufi, Joris Steg, Rüdiger Von Wick, Charlotte Wagner, Arne Wolf.

Danksagung

Ein besonderer Dank gilt den Repräsentanten der Abteilung Zukunftsforschung und Trend-Transfer der Konzernforschung der Volkswagen AG, Christiane Krebs-Hartmann und Wolfgang Müller-Pietralla, die es den Studierenden ermöglichten, ihre Befunde vor einem höchst interessierten Publikum aus Managern und Managerinnen vorzustellen und zu diskutieren. Es ist in diesem Zusammenhang wichtig zu bemerken, dass das professionelle Interesse an diesem Projekt von keinerlei inhaltlichen Vorgaben geprägt war. Im Gegenteil: Die freie Arbeit von jungen Leuten an einem ewig jungen Thema wurde als innovativer Impuls für die weitere gedankliche Arbeit außerordentlich positiv aufgenommen. Die Anregungen werden nun in weiteren Kooperationen verdichtet. Damit wird einer neuen Generation von angehenden Sozialforscherinnen und Sozialforschern wieder die Möglichkeit zur praktischen Umsetzung ihrer Kompetenzen gegeben.

Insgesamt ist zu beobachten, dass das Interesse der Unternehmen an derartigen Projekten zunimmt, das heißt an Projekten, die nicht aus den unmittelbaren Tagesgeschäften heraus formuliert sind und kurzfristige pragmatische Ziele verfolgen, sondern die Kontexte des Strategischen Managements ausloten. Ein Indikator dafür ist, dass eine wachsende Zahl von Unternehmen sich bereit erklärt, Studierende auch nach der Umstellung auf Bachelor-Studiengänge als Praktikanten zu beschäftigen, sie darüber hinaus dazu ermuntert, ihre Bachelor-Arbeiten im Unternehmen zu schreiben, um auf diese Weise neue Impulse zu bekommen. Dies entspricht jener neuen Managementkultur, die sich in den Projekten der vergangenen zehn Jahre immer pointierter andeutete und in der Vorbemerkung zu dieser Studie skizziert wurde.

Materialien

Literatur

Ansoff, I. 1980: Strategic Issue Management. Strategic Management Journal Jg. 1, 131–148

Ansoff, I. 1976: Managing Surprise and Discontinuity. Strategic Response to Weak Signals. Zeitschrift für betriebswirtschaftliche Forschung. 28. Jg., S. 129–152

Deutsche Energieagentur 2009: siehe Website der DENA mit den jeweiligen aktuellen Projekten

Dichter, E. 1979: Getting Motivated by Ernest Dichter. The Secret Behind Individual Motivations by the Man who was not Afraid to Ask ‚Why'. New York: Pergamon Press

Heubach, A. 2008: Generationengerechtigkeit – Herausforderung für die zeitgenössische Ethik. Göttingen: V&R unipress,

Höffe, O. 2001: Gerechtigkeit: eine philosophische Einführung. München: C. H. Beck Verlag München

Hösle, V. 2003: Dimension der ökologischen Krise – Wege in eine generationengerechte Welt. In: Stiftung für die Rechte zukünftiger Generationen (Hg.): Handbuch Generationengerechtigkeit, München: Ökom Verlag, 125–151

Klocke, U. 2002: „Bedingungen umweltrelevanter Mobilitätsentscheidungen: Umweltschutz durch staatliche Maßnahmen, bei der individuellen Verkehrsmittelwahl und beim Autokauf" in: Scholl, W., Sydow, H. (Hg.), Mobilität im Jugend- und Erwachsenenalter. Eine fünfjährige Längsschnittstudie zu Mobilitätsformen, Fahrzeugvorlieben, Freizeit- und Risikoverhalten und deren Abhängigkeit von Umwelt- und Technikeinstellungen, Werten und Persönlichkeit Münster: Waxmann Verlag, S. 424–466

Kreibich, R. 2003: Generationengerechtigkeit im Zeitalter globaler Umweltkrisen. In: Stiftung für die Rechte zukünftiger Generationen (Hg.): Handbuch Generationengerechtigkeit. München: Ökom Verlag, 221–242

Mienert, M. 2007: Die Tugend für die Jugend. In: Total diffus – Erwachsenwerden in der Jugendlichen Gesellschaft. Wiesbaden: Verlag für Sozialwissenschaften, 157–165

Osgood, C. E., Saporta, S. Nunnally J. G., 1956: Evaluative Assertion Analysis. Litera, 3. Jg., Heft 1, 47–102

Riesman, D. 1966: Wohlstand wofür. Essays. Frankfurt/M.: Suhrkamp 1966 (Erstausgabe 1964)

Rust, H. 2008: Zukunftsillusionen. Kritik der Trendforschung. Wiesbaden: Verlag für Sozialwissenschaften

Rust, H. 2009: Die ‚Dritte Kultur' im Management. Ansichten und Absichten der nächsten Führungsgeneration. Wiesbaden: Verlag für Sozialwissenschaften

Rust H. 2011: Strategie? Genie? Oder Zufall? Befunde zur Erfolgslogik des Zukunftsmanagements. Wiesbaden: Wirtschaftsverlag Gabler

Schönhammer, R. 1993: Kulturwandel im Spiegel der Automobilwerbung. Psychologie und Geschichte, 3/4, 247–262

Tully, C. J., Baier, D. 2006: Mobiler Alltag. Mobilität zwischen Option und Zwang. Vom Zusammenspiel biographischer Motive und sozialer Vorgaben. VS Verlag für Sozialwissenschaften, Wiesbaden

Wolfe, T. 1968: Das bonbonfarbene tangerinrot-gespritzte Stromlinienbaby. Reinbek: Rowohlt Verlag; Original: New York: Farrar, Straus and Giroux, 1965

Internet-Literatur

Web-Dokument 1: http://library.fes.de/fulltext/fo-wirtschaft/00327002.htm

Web-Dokument 2: http://www.americanheritage.com/articles/magazine/ah/1984/2/1984_2_20.shtml

Web-Dokument 3: http://www.chinatoday.com.cn/ctgerman/soziales/txt/2010-11/03/content_309051.htm

Web-Dokument 4: http://www.mobilitaet-in-deutschland.de/

Web-Dokument 5: http://www-static.shell.com/static/deu/downloads/aboutshell/our_strategy/mobility_scenarios/shell_mobility_scenarios.pdf

Web-Dokument 6: (http://www.degrowth.eu/v1/index.php?id=121)

Web-Dokument 7: http://www.ifmo.de/basif/pdf/publikationen/2002/Zukunft_der_Mobilitaet_Szenarien_2020.pdf

Web-Dokument 8: http://www.welt.de/die-welt/motor/article5043678/Jugend-ohne-Auto.html

Web-Dokument 9: http://www.jugendmarketing.de/2010/05/studie-automarken-verlieren-die-jugend/

Web-Dokument 10: http://www.welt.de/motor/verkehr/article9170599/iPhone-schlaegt-das-Auto-als-Statussymbol.html

Web-Dokument 11: http://www.jugendmarketing.de/2010/05/studie-automarken-verlieren-die-jugend/http://www.stern.de/auto/service/jdpower-kundenzufriedenheitsstudie-gluecklich-mit-billig-autos-1576979.html

Web-Dokument 12: www.spiegel.de/auto/aktuell/0,1518,716537,00.html

Web-Dokument 13: http://www.adlittle.de/uploads/tx_extthoughtleadership/ADL_Zukunft_der_Mobilitaet_2020_Langfassung.pdf

Web-Dokument 14: http://www.ref-sg.ch/anzeige/projekt/105/175/wie_ticken_jugendliche_zusammenfassung_der_sinus_milieustudie_u27.pdf

Web-Dokument 15: www.ey.com/Publication/...LOHAS.../Summary_LOHAS_June_2008.pdf

Web-Dokument 16: http://www.trendscope.de/marktstudien/radreisen-der-deutschen

Web-Dokument 17: http://web.berner.de/cps/berner/de-de/downloads/DE07_09_Alternative_Antriebe_im_Strassentest_ein_ADAC_Bericht-Dr.-Ing._Reinhard_Kolke.pdf

Web-Dokument 18: http://www.welt.de/wirtschaft/article6872067/Neuwagen-werden-2010-um-3000-Euro-teurer.html

Web-Dokument 19: www.mercermc.de
www.presseportal.de/story.htx?nr=414765&action=preview
Web-Dokument 20: http://www.gsb.stanford.edu/FACSEMINARS/events/marketing/documents/mktg_03_08_dodds_paper1.pdf)
Web-Dokument 21: www.researchsurveys.co.za/.../SAMRA2010_S_Macdonald_Influentials_or_Accidentals.pdf
Web-Dokument 22: http://www.princeton.edu/~mjs3/watts_hasker06.pdf
Web-Dokument 23: http://www.slate.com/id/2195151/
Web-Dokument 24: www.stevens.edu/jnickerson/sakamotoCogSci2008.pdf
Web-Dokument 25: http://ssrn.com/abstract=1526490
Web-Dokument 26: http://www.complexmarkets.com/files/SocialEquityNovember2009h.pdf
Web-Dokument 27: snap.stanford.edu/soma2010/papers/soma2010_15.pdf
Web-Dokument 28: http://papers.ssrn.com/sol3/papers.cfm?abstract_id=1545245
Web-Dokument 29: http://www.hbs.edu/research/pdf/09-123.pdf
Web-Dokument 30: http://www.zhw.uni-hamburg.de/pdfs/Schulmeister_Netzgeneration.pdf
Web-Dokument 31: http://www.lfm-nrw.de/downloads/zusammenfassung_socialweb.pdf
Web-Dokument 32: http://www.dji.de/cgi-bin/projekte/output.php?projekt=786
Web-Dokument 33: http://www.bio.indiana.edu/~hahnlab/Publications/Bentley_etal2007.pdf

Tabellen-Übersicht

Der Fragebogen der quantitativen Erhebung

Mobilität der Zukunft
Vorstellungen Jugendlicher & junger Erwachsener

Mobile Zukunft – Wie seht Ihr das?

Politiker und Umweltschützer, Vertreter der Autoindustrie und Reiseveranstalter – alle reden über die Mobilität von morgen und wie man sie gestalten sollte. Nur selten aber werden junge Leute nach ihren Bedürfnissen und Vorstellungen gefragt und danach, wie sie sich ihre eigene Zukunft in dieser Hinsicht vorstellen: Schüler und Lehrlinge, Studenten und junge Berufstätige zwischen 16 und 25 Jahren.

Als studentische Forschungsgruppe der Leibniz Universität Hannover interessieren uns die Vorstellungen junger Frauen und Männer - somit auch deine! Wir wollen wissen, was du denkst und wie du deine Mobilität in der Zukunft gestalten willst. Deshalb bitten wir dich, den folgenden Fragebogen zu beantworten.

Selbstverständlich bleiben alle Daten anonym und dienen allein wissenschaftlichen Zwecken.

Mobilität - heute

Im ersten Abschnitt findest du eine Reihe von Ansichten zum Thema „Mobilität im Alltag". Wir möchten von dir wissen, wie sehr du ihnen zustimmst.

* Diese Fragen müssen beantwortet werden

Bitte bewerte folgende Aussagen *

	Stimme voll und ganz	Stimme eher zu	Weder noch	Stimme eher nicht zu	Stimme gar nicht zu	Keine Angabe
Ein Auto ist für die Freizeitgestaltung unabdingbar	○	○	○	○	○	○
Es ist schön, mit Freunden in der Freizeit mit dem Auto „durch die Gegend" zu fahren.	○	○	○	○	○	○
Ich fahre so oft es geht mit dem Fahrrad.	○	○	○	○	○	○
Es ist kaum möglich, den beruflichen Alltag ohne ein eigenes Auto zu bewältigen.	○	○	○	○	○	○
Züge sind für Reisen innerhalb Deutschlands ein optimales Fortbewegungsmittel.	○	○	○	○	○	○
Wenn sich Menschen verschiedener Kulturen besser verstehen sollen, sind Reisen in andere Länder unabdingbar	○	○	○	○	○	○
Um fremde Länder kennen zu lernen kann man auf Flugreisen nicht verzichten.	○	○	○	○	○	○
Das umfangreiche Angebot an Billigflügen ist eine tolle Sache.	○	○	○	○	○	○
Jeder Mensch muss sich ein schnelles und großes Auto leisten können.	○	○	○	○	○	○

Ein Auto soll zeigen, was sich jemand leisten kann.	○	○	○	○	○	○
Autofahren löst Glücksgefühle aus.	○	○	○	○	○	○
Viele Menschen fahren ausschließlich mit dem Auto, deshalb habe auch ich das Recht dazu.	○	○	○	○	○	○
Die Autofirmen stellen sich zu wenig auf die finanziellen Umstände junger Leute ein.	○	○	○	○	○	○
Auswirkungen von Umweltverschmutzungen werden in Medienberichten dramatisiert.	○	○	○	○	○	○
Ich will mir genauso wenig Sorgen um Umweltverschmutzungen machen wie alle vorherigen Generationen.	○	○	○	○	○	○
Mir ist es lieber, im eigenen Auto im Stau zu stehen, als mich mit vielen Anderen in öffentlichen Verkehrsmitteln zu drängen.	○	○	○	○	○	○

weiter

1 of 10

Autofahren bedeutet für mich *

☐ Kosten
☐ Prestige
☐ Gefahr
☐ Spaß
☐ Umweltverschmutzung
☐ Unabhängigkeit
☐ Stress (z.B. Stau, Parkplatzsuche, etc.)
☐ Zweckmäßigkeit
☐ Zeit (z.B. zeitintensive Pflege, Wartung, etc.)
☐ Komfort (bequem)

weiter   zurück

2 of 10

Mobilität - morgen

Der nächste Abschnitt befasst sich mit Mobilität und Zukunft.
Wir bitten dich um eine Einschätzung deiner Lebenssituation in den nächsten 5- 15 Jahren.

Wie wichtig, glaubst du, sind folgende Fortbewegungsmittel für deine berufliche Zukunft? *

	sehr wichtig	eher wichtig	weder noch	eher unwichtig	unwichtig	weiß nicht
Zug	○	○	○	○	○	○
Flugzeug	○	○	○	○	○	○
Auto	○	○	○	○	○	○
Schiff	○	○	○	○	○	○
Fahrrad	○	○	○	○	○	○
Öffentlicher Nahverkehr	○	○	○	○	○	○

weiter zurück

Und was glaubst du, wie wichtig folgende Fortbewegungsmittel in Zukunft außerhalb deines beruflichen Alltags sein werden? *

	sehr wichtig	eher wichtig	weder noch	eher unwichtig	unwichtig	weiß nicht
Zug	○	○	○	○	○	○
Flugzeug	○	○	○	○	○	○
Auto	○	○	○	○	○	○
Schiff	○	○	○	○	○	○
Fahrrad	○	○	○	○	○	○
Öffentlicher Nahverkehr	○	○	○	○	○	○

weiter zurück

Wie wichtig sind dir folgende Kriterien für deinen zukünftigen Wohnort? *

	sehr wichtig	eher wichtig	weder noch	eher unwichtig	unwichtig	weiß nicht
fahrradfreundliche Umgebung	○	○	○	○	○	○
gutes öffentliches Verkehrsnetz	○	○	○	○	○	○
gute Anbindung an Autobahnen	○	○	○	○	○	○
Nähe zu einem Flughafen	○	○	○	○	○	○
Nähe zu einem größeren Bahnhof	○	○	○	○	○	○
ruhige und grüne Umgebung	○	○	○	○	○	○
wichtige Einrichtungen (z.B. Supermarkt, Arzt, Post, etc.) sollten gut erreichbar sein	○	○	○	○	○	○

weiter   zurück   5 of 10

Traumauto

Zeit kreativ zu werden: Stell dir vor, Geld spielt keine Rolle und du dürftest dir dein Traumauto bestellen. Gibt es eine bestimmte Marke, die du bevorzugst? Und wie würde das Fahrzeug dann aussehen (Technik, Farbe, Extras etc.)?

Bitte schreib einfach in Stichworten auf, wie du dir dein Traumauto vorstellst. *

weiter   zurück   6 of 10

Autokauf

Im Folgenden möchten wir dich zum Thema Autokauf befragen.

Welche Kriterien sind oder wären für dich bei einem Autokauf wichtig? *

	sehr wichtig	eher wichtig	weder noch	eher unwichtig	unwichtig	weiß nicht
Anschaffungskosten	○	○	○	○	○	○
Umweltfreundlichkeit	○	○	○	○	○	○
Design	○	○	○	○	○	○
Antriebsart	○	○	○	○	○	○
Energieeffizienz	○	○	○	○	○	○
Größe	○	○	○	○	○	○
Komfort/ Ausstattung	○	○	○	○	○	○
Leistung (PS)	○	○	○	○	○	○
Image/ Prestige	○	○	○	○	○	○
Sicherheit	○	○	○	○	○	○
Farbe	○	○	○	○	○	○
Marke	○	○	○	○	○	○
Haltungskosten	○	○	○	○	○	○

weiter   zurück

Allgemeines zur Person

Zum Abschluss bitten wir dich um ein paar Daten zu deiner Person.
Es ist weder möglich noch beabsichtigt, irgendwelche Personen im Nachhinein zu identifizieren.

Geschlecht *

◉ männlich

◎ weiblich

Geburtsjahr *

[   ]

Geburtsmonat *

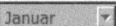

Familienstand *

◉ verheiratet

◎ geschieden

◎ verwitwet

◎ ledig

[weiter] zurück   **8 of 10**

Wohnort *

◉ Metropole

◎ Großstadt

◎ Stadt

◎ Kleinstadt

◎ Umland/ Dorf

Staatsangehörigkeit *

◉ deutsch

◎ andere, und zwar:

[   ]

Höchster angestrebter Abschluss *

◎ Hauptschulabschluss

◎ Realschulabschluss

◎ Abitur

◎ Studienabschluss

Besitzt du einen Führerschein? *

◉ ja

○ nein

Wenn nein, warum nicht?

◉ ich bin bereits bei einer Fahrschule angemeldet

○ einen Führerschein halte ich nicht für notwendig

○ ist aus finanziellen Gründen nicht möglich

○ ich habe mich bislang noch nicht bei einer Fahrschule
   angemeldet, plane dieses aber in naher Zukunft

Besitzt du ein Auto? *

○ nein

○ ja, diese Marke/Modell

[   ]

Wenn nein, hättest du gerne ein Auto?

◉ ja

○ nein

○ weiß nicht

Steht dir prinzipiell ein Fahrzeug zur Verfügung? *

◉ ja

○ nein

Wenn ja, von wem?

[   ]

Erwerbsstatus *

☐ ganztags erwerbstätig

☐ in Teilzeit erwerbstätig

☐ z. Zt. in Kurzarbeit

☐ geringfügig oder unregelmäßig erwerbstätig (weniger
   als 15 Stunden pro Woche)

☐ vorübergehend freigestellt (Erziehungsurlaub, Mutterjahr
   o.ä.)

☐ Hausfrau/Hausmann

☐ erwerbslos

☐ erwerbsunfähig

☐ Schüler(in)

☐ in Ausbildung

☐ Student(in)

☐ Wehr- oder Zivildienstleistender

☐ Freiwilliges soziales oder ökologisches Jahr

☐ sonstiges, und zwar

[   ]

| weiter | zurück   **9 of 10**

Besitzt Du eine Fahrkarte, die dich berechtigt öffentliche
Verkehrsmittel zu nutzen (z.B. Monats- oder Jahreskarten,
Schülerkarte, Studentenkarte etc.) *

⦿ ja

◌ nein

Wohin führte deine letzte nicht berufliche Flugreise? *

⦿ Deutschland

◌ Europa

◌ USA oder Südamerika

◌ Asien oder Australien

◌ ich hab noch nie eine Flugreise gemacht

Wie bist du auf die Umfrage aufmerksam geworden? *

⦿ StudiVZ

◌ SchülerVZ

◌ Xing

◌ Facebook

◌ Schule

◌ Fahrschule

◌ Andere

If you have any concerns about our products,
you can contact us on
ProductSafety@springernature.com

In case Publisher is established outside the EU,
the EU authorized representative is:
Springer Nature Customer Service Center GmbH
Europaplatz 3, 69115 Heidelberg, Germany

Printed by Libri Plureos GmbH
in Hamburg, Germany